不道徳な見えざる手

PHISHING FOR PHOOLS

The Economics *of* Manipulation *and* Deception

自由市場は人間の弱みにつけ込む

ジョージ・A・アカロフ / ロバート・J・シラー

George A. Akerlof / Robert J. Shiller

山形浩生〔訳〕

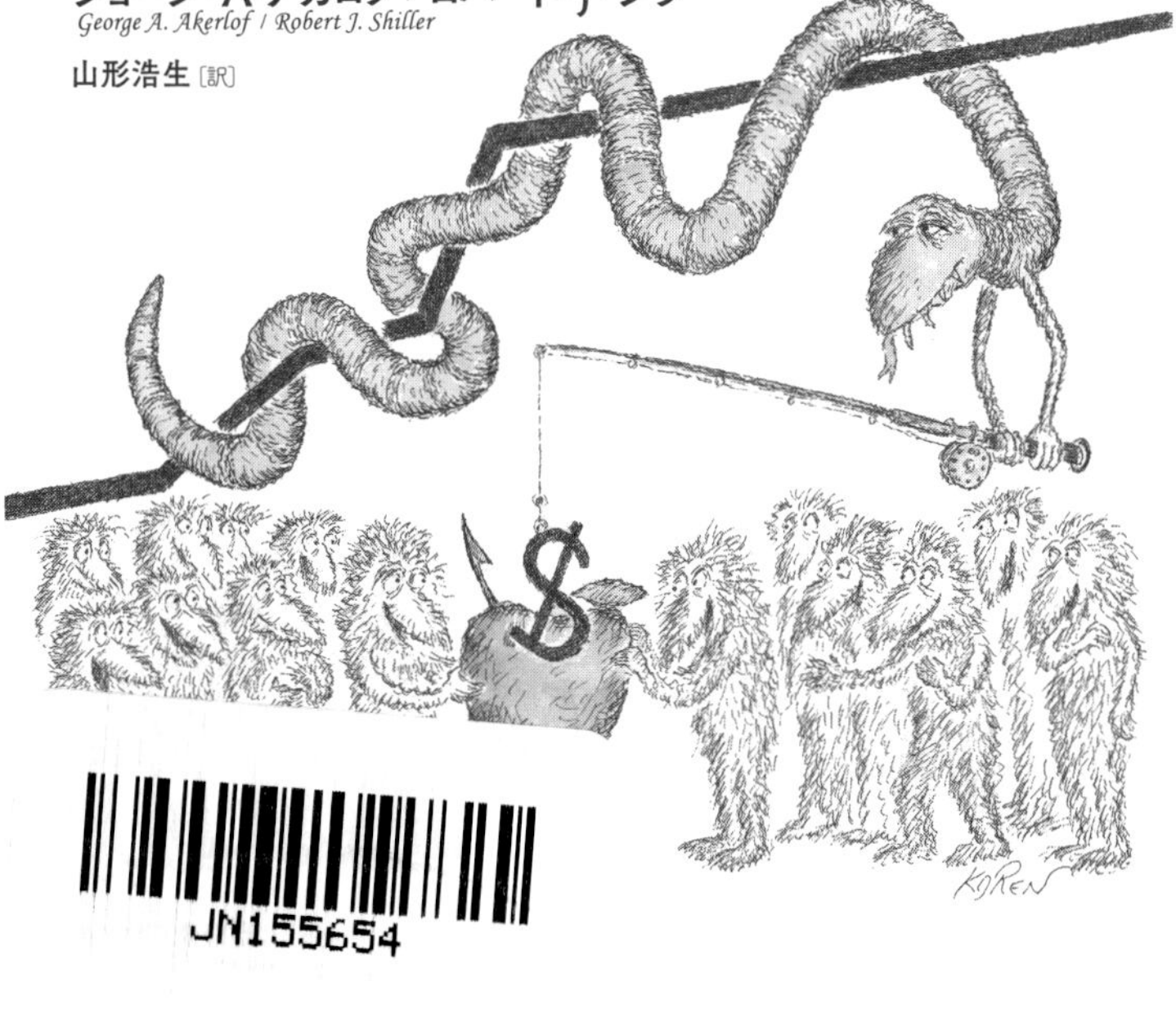

Original Title:
PHISHING FOR PHOOLS: The Economics of Manipulation and Deception
by George A. Akerlof and Robert J. Shiller

まえがき：経済はごまかしに満ちている

「バカだなあ、問題は経済なんだよ」と言ったのは、1992年に大統領候補ビル・クリントンの選挙活動顧問だったジェームズ・カーヴィルだ。かれは先代ブッシュ大統領の任期中に始まった経済不況につながる大量の経済問題について、同大統領を糾弾したかったのだ。

それはシステムのせい

でも、私たちはカーヴィルの発言について、もっと広い別の解釈を持っている。私たちの問題の多くは、経済システムそれ自体の性質から生じているというものだ。

もしビジネスマンたちが、経済理論で想定されているように純粋に利己的で純粋に自分のためだけに行動しているなら、私たちの自由市場システムはごまかしと詐欺を生み出しがちになる。問題は、悪いやつがたくさんいるということではない。ほとんどの人はルールを守るし、単によい生活を送ろうとしているだけだ。でも競争圧力のせいで、ビジネスマンたちはどうしてもごまかしと詐欺をやるようになり、おかげで私たちはいりもしない製品を買い、高すぎる金額を支払ってしまう。そして、ほとんど目的意識を与えてくれない仕事をやらされることになる。あげくに、どうして人生がこんなにおかしくなってしまったのかと不思議に思うことになる。

私たち著者2人は、自由市場システムの崇拝者として本書を書いたけれど、でもその中で人々がもっとうまく方向性を見つけてほしいと願っている。経済システムはごまかしだらけだし、みんなもそれを理解しておくべきだ。みんな自分の尊厳と誠実さを保つために、このシステムを乗り切る必要があるし、身の回りすべてを取り巻くイカレ具合にもかかわらず、がんばり続けるインスピレーションを見つける必要もある。

本書は、あらゆる詐術を仕掛けられていて自衛の必要がある消費者たちのために書いた。同僚たちのシニシズムを見て落ち込みつつ、経済的な必要性からそれをまねざるをえなくなっているビジネスマンたちのためでもある。ビジネスを規制するという、通常は感謝されない仕事をしている政府役人のためでもある。誠実さの側で働くボランティア、慈善家、オピニオンリーダーたちのために書いた。そして、将来にわたる仕事を前に、どうやってそこに個人的な意義を見つけられるだろうかと思っている若者たちのために書いた。

こうした人々にはすべて、「釣り」の均衡研究が役に立つ——つまり、阻止しようという勇気ある手立てを講じない限り、システムにごまかしと詐欺を組み込んでしまう経済の力の研究だ。また、英雄物語も必要となる。個人的な誠実さ（経済的な利得ではない）により、経済の中のごまかしを耐えられる水準にまで抑えるのに成功した人々の物語だ。そうした英雄の物語をたくさん紹介しよう。

それは自由市場の産物

19世紀末の発明家は大忙しだった。自動車、電話、自転車、電灯。でも当時の発明で、ほとんど注目されていないものがある。「スロットマシン」だ。当初のスロットマシンは、現在のような意味合いではなかった。あらゆる「自動販売機」がスロットマシンと呼ばれた。スロットにコインを入れる。すると箱を開けられるようになる。１８９０年代になると、スロットマシンはガムや、葉巻やたばこ、オペラグラス、個別の紙包みに入ったチョコレートロール、さらには電話帳の先駆けとなる町の電話番号一覧を見せるものまで、ありとあらゆるものを販売するようになった。基本的なイノベーションは、硬貨を投入することで錠が外れる仕掛けにあった。

でもそこで、新しい使い道が見つかった。まもなくスロットマシンはギャンブル用機械を含むようになった。当時の新聞を見ると、この現代的な意味でのスロットマシン登場は１８９３年だったようだ。(1) こうした初期の機械の中には、勝者への報酬をお金ではなくフルーツキャンデーで支払うものもあった。まもなくだれもが、ある珍しいできごと、つまり三つのサクランボの登場に、特別な意味づけをするようになった。

1890年代が終わる前に、新手の中毒症があらわれた。ギャンブル用スロットマシン中毒だ。1899年の『ロサンゼルス・タイムズ』報道によれば「ほぼあらゆる酒場にこうした機械が1台から6台ほど置かれていて、朝から晩までそれをプレーヤーたちの群れが取り囲んでいる。(中略)いったんこの習慣が身についてしまうと、ほとんどマニア状態になる。若者が、この機械で何時間もぶっ続けで遊んでいるのが見られる。かれらは最終的にまちがいなく敗者となるだろう(2)」

そこで規制当局が乗り出した。スロットマシンがあまりに人々の生活を破壊していたので、もっと広いギャンブル全般とあわせて、違法にするか少なくとも規制が必要になったのだった。スロットマシンは公共の場からは姿を消し、ほとんど周縁部でしか見られなくなった。カジノと指定された特別な場所や、また規制のゆるいネバダ州だけに置かれるようになっていた。

ネバダ州では、スロットマシンはスーパーマーケットでもガソリンスタンドでも空港でも広く見られる。この州の成人は平均で所得の4パーセントをギャンブルに使う。これはアメリカ全国平均の9倍だ。(3) でもこのネバダ州ですらある程度の制限はある。2010年にネバダ州ゲーム規制委員会は、コンビニ客が釣り銭を受け取るかわりにその分をスロットマシンに投じられるようにする、という提案を却下した。(4)

コンピュータ化でスロットマシンには新しいキャリアが開かれた。MIT（マサチューセッツ工科大学）のナターシャ・シュルによる2012年の著書の題名どおり、新しい機械は「中毒するよう設計」されている。[5] シュルがラスベガスのギャンブル中毒者更生集会で出会ったモリーは、この中毒が持つ人間的な側面を実証している。

モリーはシュルに、自分自身をどう見ているかという地図を描いて見せた。[6] そこには、孤独な棒人間のような自分がスロットマシンのそばにいて、丸い道路がそれを取り囲んで──閉じ込めて──いる。その道路は、彼女の人生で最も重要な6カ所を結んでいる。彼女が予約担当者として働くMGMグランド、ギャンブルを行う3カ所、[7] 彼女がギャンブル中毒を治そうとしているギャンブル中毒者更生集会の場所、そして最後に、不安障害を抑える薬をもらう場所だ。

モリーは自分の問題を熟知している。別に勝つつもりでスロットマシンに向かうわけではない。[8] 負けるのは承知のうえだ。彼女を動かしているのはむしろ強迫観念だ。そして、ギャンブルに没頭してしまうと孤独になる。その行動は素早くて連続的だ。「ゾーン」に入り込んでしまう。赤いボタンを押す。光とショーが始まる。勝ったり負けたりする。赤いボタンをもう一回押す。そしてもう一回。もう一回。さらにもう一回。さらに……としているうちにお金が底をつく。

モリーはラスベガスの特異例なんかではない。10年前には、カジノでの心筋梗塞による死亡は大きな問題だった。救急担当者たちがギャンブラーたちに道をふさがれて現場にたどりつけないのだ。とうとうカジノは、独自の心臓発作対策専門チームを置くようになった。ある監視ビデオを見ると、なぜそんな特別チームが必要なのかわかる。そのビデオでは、カジノのプレーヤーが心筋梗塞になり、チームが心肺蘇生を行っているのに、まわりのプレーヤーたちはそのままギャンブルを続ける。被害者が文字どおり足元に倒れているのに、没頭状態から脱する様子もない。(9)

市場は何をしてくれるのか

1890年代から現在に至る、スロットマシンの是非をめぐる歴史は、市場経済についての私たちの二重の見方をよく示してくれるものでもある。最も基本的なところで、私たちは市場を讃える。自由市場は平和と自由の産物であり、人々が恐怖におびえていない安定した時代に花開く。でも、ほしいものを与えてくれる開く箱を作ったのと同じ利潤動機が、中毒性の車輪を回し、その特権と引き換えにお金を奪うスロットマシンも創り出した。

本書のほとんどは、スロットマシンのよい面よりは、いわばスロットマシンの悪い面を扱うものだ。経済思想と経済そのものの改革論者である私たちは、世界ですでに正しいものを変えるつもりはなく、まちがっているものを変えたいと思っているからだ。でもそれを始める前に、市場が私たちのために何をしてくれるのかを見直すべきだ。

このためには、長期的な観点に立ち、19世紀末／20世紀初頭に戻ってみるといい。1900年12月号の『家庭婦人ジャーナル』で、土木技師ジョン・エルフレス・ワトキンス・ジュニアが

100年後の世界はどうなるか予想するという遊びに参加している。その予想では「通風口から熱い空気や冷たい空気が流れてくる」。「イギリスまで2日で行ける」高速船ができる。「飛行船もできて」、主に軍用ではあるが、ときには乗客や貨物用にも使える。「大オペラは一般住宅に電話で伝えられ、それが劇場のボックス席で聞いているかのような調和の取れた音響となる」[10]。予想はまだまだ続いている。

ワトキンスはこの予想が一見すると「奇妙でほとんど不可能」に思えるだろうと述べている。でも驚異的にも自由市場は、人々の求めるものを（少なくとも利潤が得られる限りにおいては）生み出そうというインセンティブのおかげで、かれの予想を実現させるどころか、それを上回る。でも、自由市場は、人々のほしがるあれやこれやをもたらしてくれるだけではない。人体の均衡状態の中で暮らす生物学的ながんにも似たビジネスの手口を使い、人々の判断を操作したり歪めたりする経済的事業にもきわめて都合がいい経済均衡を作り出すこともある。スロットマシンはその露骨な例だ。

規制され違法とされるまで、スロットマシンがあまりにどこにでも置かれ、避けようがなかったというのも偶然ではない。人々は自分が本当に求めるものを自分でもわからないという弱みがあり、そうした弱みを儲かるような形で生み出し活性化させられる。その限りにおいて、市場はそうした弱みにつけ込む機会を利用する。そこに注目して人々を利用しようとする。私たちをカモとして釣るのだ。

釣りとカモについて

釣り（phish）という単語は、オックスフォード英語辞典によれば、ウェブが確立しはじめた1996年に登場したようだ。この辞典によれば、釣りの定義は「インターネット上で特に有名な企業のふりをしたりするような詐欺を行い、個人情報を得たりすること。だますことにより個人情報を『狙い』、オンライン詐欺を行うこと[11]」だ。

本書で私たちは釣りという単語に新しいもっと広い意味を作り出している。コンピュータに関する定義を比喩と考えるのだ。釣りを違法と見るのではなく、ずっと一般的で歴史的にもずっとさかのぼる定義を行う。それは釣り師の利益にはなるが、その標的の利益にはならないことを人々にやらせるという話だ。魚釣りのように、ルアー（疑似餌）を水に入れて、用心深い魚が通りかかり、間違いをしでかして捕まるのを待つという話だ。釣り師は実に多いし、その疑似餌の多様性が実に巧妙なので、みんななるべく慎重になろうとしても、確率の法則によりだれでもいずれは引っかかる。だれも逃れられない。

私たちの定義では、カモ（Phool）は理由はどうあれ、うまいこと釣られてしまう人物だ。カモには二種類ある。心理的なカモと情報的なカモだ。心理的なカモもまた、さらに二種類に分かれる。一つは、心理的カモの感情が常識を蹴倒す場合だ。もう一つだと、認知バイアス（これは錯視のようなものだ[12]）のせいで現実を誤解してしまい、その誤解に基づいて行動してしまう。前出のモリーは感情的カモの例だが、認知的カモではない。スロットマシンを前にした自分の状況については驚くほどしっかりとした自己認識があるのに、それでもやめられないのだ。

情報的なカモは、意図的に誤解を招くよう作り上げられた情報に基づいて行動する。エンロン社の株主たちがこの例だ。エンロン社の台頭は、誤解を招く（そして後には不正な）会計の採用によるものだった。その驚異的な利潤は、「時価」会計の結果で、投資に対する将来の期待利潤をその投資の実施時点で計上してしまうことから生じたものだった[13]。より一般的なのは、その利潤が本当に実現されるまでは計上を待つやり方だ。１９９５年から２０００年にかけて、『フォーチュン』誌はエンロンを、アメリカで最も革新的な企業に選出した[14]。『フォーチュン』の言うとおりだった。ただ同誌の編集者たちは、その革新がどういう種類のものかを理解し損ねただけだったのだ。

ビジネスマンたちの道徳がよい（または悪い）かは本書のテーマではない。このどちらの面も登場することはあるが。むしろ私たちが考える基本的な問題は、誠実とは言いがたい行動を促す圧力が競争市場では奨励されてしまっているということだ。競争市場は、本当のニーズがある革新的な新製品を持ったビジネスマンヒーローのやる気を出させて報酬を与えるのに長けている。でも規制のない自由市場は、別種のヒロイズムにはなかなか報いてくれない。それは顧客の心理的、情報的弱みにつけ込むのを控える人々のヒロイズムだ。

競争的な圧力のせいで、こういう形で自制ができる管理職は、道徳的な抑えのきかない人物と首をすげ替えられることが多い。市民社会や社会規範は、こうした釣りに対して確かに多少のブレーキをかけてくれる。でも最終的に生じる市場均衡の中でも、釣りの機会があれば、本当の道徳的な誠実さを旨とする企業ですら競争と生き残りをかけて釣りをやらざるをえないのが通例だ。

なぜ利益にならない判断をするのか

本書は、人々がほとんど常に自分にとって最善の選択をすると考えている人たちには（よくても）不評だろうと予想する。自分自身に関わる選択について、その個人が最善の判断者ではない——常にまちがいなく最善ではない——と主張するなんて、このシラーとかアカロフとかいう連中は何様のつもりだ、と言うだろう。経済学の相当部分と同様に、この議論は抽象論としては筋が通っているように見える。でもこの問題を実際の決断を下す実際の人物についての記述として検討すると（本書では一貫してそれを行う）、人々は驚くほどしょっちゅう、カモとして釣られていることがわかる。その結果としてかれらは、自分自身の常識をちょっとでも適用すれば、自分の利益にならないとわかるはずの決断を下してしまっている。

人々がそういう決断を下していることを理解するのに、なにやら予断を持つ必要はない。どんな人だろうと絶対に望まないはずの決断を人々が下しているのを目の当たりにすれば、この点は明らかだ。ヘンリー・デヴィッド・ソローは「人々の大勢は静かな絶望の生活を送る」[15]と述べている。驚いたことに、それから1世紀半もたって、世界でほとんど前代未聞の富裕国であるアメリカにおいて、あまりに多くの人生はいまだに静かな絶望の中で送られている。ラスベガスのあわれなモリーのことを考えて見よう。

カモ釣りがよく見られる四分野

「どんな人だろうと絶対に望まない」ものがどれほど広まっているかを示す、四つの広い領域が挙げられる。個人の財務的な安全性に関する分野、マクロ経済（経済全体として）の安定性をめぐる分野、人々の健康をめぐる分野、政府統治の質をめぐる分野だ。この四分野それぞれで、カモ釣りが人々の生活に大きな影響を持つことがわかる。

個人の財務不安定　経済生活の根本的な事実の中で、経済学の教科書に決して書かれてこなかったものがある。富裕国においてですら、ほとんどの大人が毎晩のようにお金の工面を心配しているという事実だ。

経済学者たちは、人々が決まった予算の範囲内で支出するのが簡単だと思っている。でも、99パーセントの場合に注意していても、残り1パーセントの「お金なんかどうでもいい」かのようにふるまう場合があれば、それまでの規則正しさがすべて台無しになってしまうのだ、ということを忘れてしまう。そしてビジネスは、この1パーセントの瞬間を狙い澄ましている。愛（または他の動機）が予算的な慎重さを蹴倒すような人生のイベントを狙ってくるのだ。

人によっては、それが毎年のクリスマスの大盤振る舞いだったりする。人によっては冠婚葬祭だ。結婚式では、ウェディング情報が花嫁たちに「平均的な結婚式」が年間一人当たりGDPの半額近くもかかるのだと断言している。[16] 葬式では、葬儀場の担当者が棺桶の並べ方を工夫して、「海霧風の光沢仕上げと、内張りは600アクア最上級ビロード張りに入念なキルトとギャザーをほどこした」モナコ型を選ぶように誘導している。[17] あるいは子どもの誕生時には、ベビーザらスが「個人向け正式認定アドバイザー」をつけてくれる。[18]

でも、予算の範囲内にこだわるといい顔をされない人生の区切りは、冠婚葬祭だけではない。だからアメリカが史上空前の豊かさなのに、ほとんどの大人が未だにお金の工面に悩むのも偶然ではない。生産者たちは、人々が本当に持っているニーズを満たすのと同じくらい、生産されているものが必要だと人々に思い込ませる手法にも創意工夫を発揮してきた。だれもお金の工面の心配などしたくない。でもほとんどの人が心配させられている。[19]

そうした工面をめぐる人々の不満は、一部はぼったくりからきている。消費者たちは、日常的に安心して買い物ができる範囲を超えた、特別に高価な買い物をするときには、特に払い過ぎることになってしまいがちだ。[20] 新規住宅取得者への住宅販売のうち3割ほどでは、総取引手数料（売り手側と買い手側の合計）は買い手の頭金の半分以上を占めるという。[21] 自動車ディーラーは、これから見るように、人々が実際に求めるよりも多くの車を売りつける独自の入念な手口を開発している。さらには、人々に高値を払わせる手口も。だれだってぼったくられたくなんかない。でも、人生で最も考え抜いた買い物ですら、みんなぼったくられてしまう。

金融とマクロ経済の不安定　最悪の不景気をいくつも招いた最大の原因は、金融市場でのカモ釣りだ。金融危機については、いまや有名になった「今回はちがう《ディス・タイム・イズ・ディファレント》」という一語は、正しくもありまちがってもいる。[22] 暴落に先立つブームでは、釣り師たちは買い手たちに、自分たちが売りつけようとしている資産は「今回はちがう」のだと説得しようとする。それはたとえば、１９２０年代のスウェーデン製マッチだったり（クルーガー&トル社のイヴァール・クルーガー）、１９９０年代のドットコム企業だったり、２０００年代のサブプライム住宅ローンだったりする（カントリーワイド社のアンジェロ・モジロ）。

そう、毎回ちがってはいる。話はちがうし、登場する実業家たちもちがう。売りつける資産もちがう。でも一方で、毎回同じでもある。釣り師がいて、カモがいる。そして、まだ見つかっていない釣りのストックが山積みになると（経済学者ジョン・ケネス・ガルブレイスが「ベズル」と呼んだもの[23]）、資産価格は暴落する。

２００８年の暴落につながる株価高騰の中で、不良ローンを含んだパッケージを買った投資マネージャーたちは、そんなものをほしがったはずはない。そして、釣りが明るみに出ると、ひどい副作用が痛々しくも登場した。経済全体で安心感がなくなり、株価は半減、雇われていた人々は失職し、失業者は職を見つけられなくなった。長期失業は、大恐慌以来見られない水準にまで達した。

健康問題　すでに衣食住の足りている人々にとっては最大のニーズと思われる健康面ですら、薬の売りつけ屋たちはカモを釣る。1880年代に、ニューヨークにでかけたダニエル・ピンカムは、その地の女性たちがえらく腎臓問題を気にしているのに気がついて、一家で作っているピンカム錠剤が治療するはずの疾病一覧にそれを加えておけと手紙に書いた。(24)その助言は受け入れられた。

今日では、製薬業界はそう簡単に一覧に病気を加えたりはできない。アメリカでは、二回の厳しい審査をくぐりぬける必要がある。まずはアメリカ食品医薬品局の承認を得なければならない。これはランダム化対照実験を要求される。さらに、医師たちにその錠剤を処方してもらうよう納得させなければならない。でも、医薬品業界は、こうした障壁を突破する方法についても1世紀かけて学んできた。この厳しい審査の両方を見事にくぐりぬけた薬品の一部は、人々にとり便益がほとんどないも同然だったりする。それどころか一部は本当に有害だ。

たとえばヴィオックス（アリーブのような炎症防止薬）やホルモン補充療法などがそうだ。

1999年から2004年までの5年の処方期間で、ヴィオックスはアメリカで心筋梗塞による死者を2万6000〜5万6000件引き起こしたと推計されている。[25] 医師や製薬会社がホルモン補充療法についての疑念を女性に通知しなかったせいで、乳がんが9万4000件ほど生じたとされる。[26] ダメな医薬なんかだれもほしがるわけがない。

健康への影響は、ダメな薬をはるかに超えるものだ。食品とその影響を考えよう。アメリカ成人の69パーセントほどは体重が過大で、さらにその半分以上(つまりアメリカ人の36パーセント)は肥満だ。[27] 12万人以上を対象にしたコーホート調査は、驚くほど厳密な様子を描き出してくれる。[28] 調査対象者たちはおもに登録看護師で、1970年代末から2006年まで最大4年の間隔で追跡調査を受けた。4年平均の体重増は、1・52キロ(つまり20年では7・6キロになる)。統計分析によれば、この1・52キロのうち、0・77キロはポテトチップス、0・58キロはジャガイモ(ほとんどがフライドポテト)、0・45キロが砂糖入り飲料に関連づけられるとのことだ。

図式的に言えば、この看護師たちはポテチ(塩と脂肪)、フライドポテト(脂肪と塩)のドカ食いと、コーラ(砂糖)のガブ飲みをやめられなかったということだ。かれらはこの選択を自発的にやっている。でもこの看護師に限らずもっと一般的な話として、大手食品企業が科学研究所を雇って消費者たちの「至福ポイント」を計算し、人々が砂糖、塩、脂肪に対する渇望を最大化させるポイントを計算しているのはわかっている。[29] でも、肥満になりたい人なんてだれもいない。

たばことアルコールもまた、健康関連の釣りだ。でもこの両者の間には驚くほどのちがいがある。いまや喫煙が賢明だと思っている人はいない。アカロフが本書を書いているのはワシントンにある巨大なオフィスビル、国際通貨基金（ＩＭＦ）のＨＱ1（第一本部ビル）だ。屋内は禁煙だ。でも朝オフィスに到着したときには、外で喫煙している人々の間を通ってきた。喫煙者たちはみんな、慌ててこちらと目を合わせないようにする。一言もなくても、かれらは自分たちが命を危険にさらしていると思われているのを知っている。この検閲と自己規制を通じて、アメリカの喫煙者比率は、道理のわかるはずの人々が、たばこは健康にいいのだと論じていた時代に比べると半分以下に減った。(30)なぜ健康にいいかというと、減量に役立つから、というのが当時の理屈だった。(31)

たばこ以外にもう一つ別の合法ドラッグがあり、こちらのほうがずっと有害な可能性も高い。でもこちらははるかに非難が少ない。イギリスのデヴィッド・ナットたちと、オランダのヤン・ヴァン・アムステルダムとヴィレム・ヴァン・デン・ブリンクは、専門家グループを集めてそれぞれの国における各種ドラッグの相対的な害を評価してもらった。(32)自分自身への被害だけでなく他人への被害も考慮したうえで、ナットらは最悪なのがアルコールだと判断した。ヴァン・アムステルダムらは、クラックに次いで2位としたけれど、でもトップとの差はわずかだった。(33)後で（生涯追跡調査から）アルコール濫用こそがアメリカ人の生活を引き下げている最大の要因かもしれないということを示そう。でも酒場やレストランや飛行機や、宴会での友人たちまで私たちに、一杯どうだ、もう一杯、さらにもう一杯とすすめてくる。もう一杯やるのが、すでにあまりに容易な選択と化していることについての配慮はほとんどない。だれもアル中になんかなりたくない。でもお酒を控えろというよりはむしろ、すすめる声のほうが強い。

ダメな政府　自由市場は理想的な条件下では、少なくとも我慢できる程度にまともに機能するし、民主主義も同様だ。でも有権者たちは自分自身の生活で忙しい。だからほとんどの法制について、政治家たちが自分たちの真の願いから本当に逸脱しているのがいつなのかを理解するのは不可能に近い。そして私たちも人間なので、いちばん気持ちよくさせてくれる人物に投票してしまうことになる。結果として、政治は最も単純な釣りを起こしがちだ。政治家たちはだまって利益団体からお金を集め、そのお金を使って自分が「みんなの一人」なのだと誇示して見せる。

後出の章「政治でも見られる釣り」は、アイオワ州で2004年に起きたチャールズ・グラスリーの選挙戦を検討する。グラスリーは当時、上院財政委員長で、何百万ドルもの選挙資金を集め、同州で大量のテレビCMをうって、自分が家に帰ればトラクター式芝刈り機に乗っている「みんなの一人」でしかないというのを誇示した。この選挙運動でのお金の役割について、ことさら異様な部分はなかった。これを選んだのは、それが実に典型的だからというだけだ。でも（ほとんど）だれも、こういう形で票が買収される民主主義なんか求めていないはずだ。

本書の狙い

本書の狙いは、カモを釣る例をたくさん挙げて、それが私たちの生活にどれほど影響しているかを示すことだ。人々の活動、思考、目標、そしてその目標の失敗に影響が見られている。一部の事例は日常生活、たとえば自動車、食べ物、薬、売買したり暮らしたりする家に関連したものだ。他はもっと系統的で専門的なものになる。たとえば金融市場などだ。

でも何よりも、検討する事例は社会政策にも深遠な影響を持つ。特に政府が自由市場の足を引っ張るのではなくそれを補うためにはどうしたらいいかという点について——というのも、コンピュータが悪意あるソフトに対する保護を必要とするのと同様に、私たちももっと広く定義された、カモ釣りに対する保護を必要とするからだ。

【目次】

第1部

釣り均衡を考える

第1章 人生至るところ誘惑だらけ

第2章 評判マイニングと金融危機

第2部 あちこちにある釣り

第10章 マイケル・ミルケンがジャンクボンドを餌に釣り……226

第11章 釣りと戦う英雄たち……246

第3部 自由市場の裏面

あとがき

釣り均衡の重要性……288

序章

みんな操作されてしまう：釣りの経済学

心理学者たちは、1世紀以上もかけて——内容的にも文体的にも、ジークムント・フロイトからダニエル・カーネマンに至る多種多様なやり方で——人々がしばしば自分の最善の利益に反するような決断を行うことを指摘してきた。ありていに言うと、人々は自分にとって本当にいいことをやらない。本当にほしいものを選ばない。そうしたまずい意思決定のおかげで、カモ釣りに引っかかってしまう。この真理はあまりに基本的なので、聖書の最初の物語においても決定的な役割を果たしている。そこではヘビが純真なイブをだまして、愚かしい意思決定をさせてしまい、彼女はすぐに、永遠にそれを後悔することになる。[1]

経済学の根本的な概念はかなりちがっている。そこにあるのは市場均衡の概念だ。[2] 説明のために、スーパーのレジを例に取ろう。[3] スーパーでレジにやってきたとき、どのレジに並ぶべきか、通常は少し考えるはずだ。この決定には多少のむずかしさがある。というのもそれぞれのレジの列は――均衡の結果として――ほとんど同じ長さになっているからだ。この均衡が起こるのは、レジにやってくる人々が順番に、そのときに一番短い列に並ぶという、単純かつ自然な理由で生じている。

レジの列に見られる均衡の原理は、もっと一般的な経済すべてに当てはまる。ビジネスマンたちが、どんな事業を実施すべきか選ぶとき――そして既存事業のどこを拡張したり縮小したりすべきか選ぶとき――かれらは（レジに近づくお客のように）最高の機会を選ぶ。これもまた均衡を作り出す。通常以上の利潤を得る機会はすぐにかっさらわれてしまい、おかげでそうした機会はなかなか見つからない状況が生じる。この原理は、それがもたらす均衡概念と同様に、経済学の中心にある。

この原理はまた、カモ釣りにも当てはまる。つまり、人に何らかの弱みがあれば――通常以上の利潤を得られるカモ釣りのやり方があるなら――釣り均衡ではだれかがそれを利用する、ということだ。いわばレジにやってくる大量のビジネスマンたちは、まわりを見てどこに投資資金をまわそうか考えているうちに、一部の人は私たちの中からカモ釣りをすることで、異常な利潤を稼げないかを考えることになる。そしてそんな利潤機会があるなら、それこそが、いわばかれらの選ぶレジになる。

そして経済は、通常以上の利潤機会がすべてさらわれてしまう「釣り均衡」を持つ。この理解の実践として、3つの「練習曲」を見て釣り均衡の概念を適用してみよう。

練習曲1：シナボン

私たちが言おうとしていることの一例を考えてほしい。1985年に、シアトルのリッチ・コメンとその息子グレッグ・コメンは、あるマーケティング戦略をもとにシナボン社を設立した。「世界最高のシナモンロール」をその場で焼く店舗を出店しようというのだ。(4)

シナモンの香りは、蛾にとってのフェロモンと同じような魅力を保つ。物語によると「インドネシアへの無数の旅」により「上等のマカラシナモン」を入手したのだという。(5) シナボンはマーガリン入りだ。880キロカロリーある。そしてフロスティングが大量についている。「人生にはフロスティングが必要」というのがシナボン社のモットーだ。そして店舗は、プラカードと標語とともに、その香りと最高のシナモンロールという物語に弱い人々の通り道を慎重に選んで出店している。しかも空港やショッピングモールなど、あまり時間のない人を狙っている。もちろんカロリーについての情報は掲示されているけれど、見つけにくい。

シナボンは爆発的な成功をおさめているが、それはおいしいシナモンロールのおかげだけでなく、コメンの戦略のおかげでもあり、それが何度も何度も繰り返されている。いまや世界30カ国以上に、750店舗以上のシナボン販売店がある。(6) ほとんどの人は、飛行機が遅れたのを待っているときに、まさにそこにシナボンの店があるのは当然だと思っている。人々に弱みが生じる瞬間を理解するためにどれほどの努力と技能がつぎ込まれ、それを活用する戦略を考案するのにどれほどの工夫があるかについては、なかなか気がつかない。またほとんどの人は、健康な食生活をしたいという私たちの計画を台無しにするシナボンの存在が、自由市場均衡の自然な結果だとは思わない。でも実はそうなのだ。

リッチ&グレッグ・コメンがやっていなければ、いずれだれかが似たような――とはいえほぼまちがいなく、完全に同じではなかっただろう――アイデアを思いついたはずだ。自由市場システムは私たちの弱みに自動的につけ込むのだ。

練習曲2：トレーニングジム

2000年春、ステファーノ・デラヴィグナとウルリケ・マルメンディアはハーバード大学の院生だった。(7) かれらはチャールズ川を下ったところにあるMITで、心理学と経済学の特別講義を受講していた。そして当時は目新しかったこの分野のテーマである、経済的にまずい意思決定の事例を見つけようと考えた。そして見つけたのが、ごく身近な事例だった。トレーニングジムだ。ここでのトレーニングジムに対する主な関心は、カモ釣りの事例としてだ。でもこれは、それ自体として少しおもしろい存在でもある。2012年にトレーニングジムは、アメリカで220億ドル産業であり、顧客は5000万人以上だ。[8]

デラヴィグナとマルメンディアは、ボストン地域のトレーニングジム7500カ所についてデータセットを構築した。[9] 顧客たちは、やる気満々のスポーツマンたちなので、最初にジムにやってきたときには自分たちのトレーニング計画について楽観視しすぎている。そして、お金を払いすぎる契約を選んでしまう。

通常、選択肢は三つの支払い方式だ。ジムに来場一回ごとに支払う方式、クレジットカードによる月次の自動更新払い（キャンセルまで続く）、年額払い。ほとんどの（補助を受けていない）顧客は月次契約を選ぶ。でもその8割は、一回ごとのほうが安上がりとなる。

さらに、このまちがった選択による損失は巨額だ。平均の年間支払額は1400ドルで、そのうち年600ドルが無駄なのだ。[10] さらに泣きっ面に蜂として、トレーニングジムはキャンセルをあれやこれやの手口で妨害する。デラヴィグナ＝マルメンディア調査対象の中で自動月次更新を行っていた83ジムのうち、実際にジムに来てキャンセルするのはどのジムも受け入れた。でも電話でキャンセルできるのは7カ所だけだ。手紙でのキャンセルを認めるのは54カ所だけ。そしてそれらのうち、25カ所では公証人の押印が必要となっていた。[11]

もちろんトレーニングジムが、人々が「ジムにいかないことに対して支払いをする」[12]という契約を提示していたのは偶然などではない。顧客は一回ごとの支払いよりも儲かる契約にサインする意思があったからこそ、そういう釣り均衡が存在するわけだ。そうでなければ、利用されない利潤機会が存在することになる。

練習曲3：肩の上のサルの嗜好

純粋な自由市場均衡の問題点は、そうした釣り均衡の比喩となるものを考えるほうが、想像しやすい。経済学者のキース・チェンと心理学者ヴェンカット・ラクシュミナラヤナンおよびローリー・サントスは、オマキザルにお金を使った取引を教え込むのに成功した。[13] 自由市場経済の見事な発端で、サルたちは価格と期待利得を理解するようになった。そして、お金とセックスの交換までするようになった。[14]

でも心眼を使って、すでに行われた実験のはるか先を見通してみよう。仮にこのサルたちが、人間とかなり全般的な取引ができるようにしたとしよう。大量のオマキザルにかなりの所得を与え、人間が運営する営利事業の顧客となれるようにして、しかも規制面の安全策を講じないとする。自由市場システムが、サルたちの買うものなら何でも供給するだろうとすぐに想像がつく。オマキザルの奇妙な嗜好にアピールする手管《てくだ》を使った経済均衡が生じると予想される。こうした手管はサルたちに選択どおりのものを与える。でもそうした選択は、かれらを幸せにするものとはかけ離れたものだろう。

すでにチェン、ラクシュミナラヤナン、サントスの研究から、かれらがマシュマロ入りフルーツロールが大好きなのがわかっている。[15] オマキザルは誘惑に抵抗する能力が限られている。だからどう考えても、サルたちは神経質になり、栄養失調で、疲れ切り、中毒し、争いが増え、病気になるはずだ。

ここでこの思考実験の要点にやってくる。それが人間について何を意味するかを考えるのだ。サルに対する私たちの見方は、かれらの行動に経済学者が「嗜好」と呼ぶものが二種類あるかのような分析をしている。最初の「嗜好」は、オマキザルたちが自分たちにとってよいはずの決断を下した場合のものだ。二番目の「嗜好」――フルーツロールへの嗜好――はかれらが実際に実行する嗜好だ。

人間はまちがいなくサルより賢い。でも人間の行動についても同じ見方ができる。ヒトもサルのように、二種類の嗜好があると想像できる。最初の「嗜好」の概念は、私たちにとって本当に有益なものをあらわしている。でも、サルの場合と同じく、ヒトの決断も常にそれが基準になっているとは限らない。二つ目の「嗜好」概念は、人々が本当に、実際に選択を行うときの嗜好だ。そしてそうした選択は実は、「私たちのためになる」ものではなかったりする。

この二種類の嗜好のちがいと、サルの例は示唆的なイメージを与えてくれる。経済を考えるときには、私たちみんなが買い物に出かけたり経済的な意思決定をしたりするときに、肩の上にサルが乗っかっていると思えばいい。この肩の上のサルたちは、長年にわたりマーケティング担当者たちが利用してきた私たちの弱点という形を採っている。こうした弱点のため、私たちの本当の選択は、「本当に求める」ものではない。あるいは別の言い方をすると、私たちのためになるものではない。私たちは一般に、肩にいるそのサルには気がついていない。だから市場に対して何か規制がない限り、肩のサルが相当部分を決めているところで経済的な均衡に達することになる。

自由市場均衡の最適性と称するもの

経済学のまちがいなく核心にある、人によっては驚くかもしれない結果がある。1776年に、この分野の父アダム・スミスが『国富論』で述べた、自由市場では「まるで見えざる手に導かれるように（中略）［各人が］自分の利益を追求すること」が、一般にとってもよいことを促進するのだ、というものだ。[16]

スミスの主張が正確に理解されるまでには1世紀強かかった。あらゆる経済学入門講義で普通に教わる現代版の説明によると、競争的な自由市場均衡は「パレート最適」だ。[17] つまりある経済がいったん均衡に達したら、全員の経済厚生を改善するのは不可能だということだ。何かそこに横やりを入れたら、だれかの状態が悪化する。大学院生には、この結論はある程度の数学的エレガンスを持つ定理として提示されることになる——おかげで自由市場の最適性概念が、なにやら高等科学的な成果に格上げされることになる。[18]

理論はもちろん、こうした自由市場の均衡を傷つけかねないいくつかの要因を認識している。

その要因には、ある人物の行動により直接他人が影響を受けるような経済活動が含まれる（「外部性」と呼ばれる）。またよくない所得分配も含まれる。だから経済学者たちは、こうした阻害要因がない限り自由市場の働きに介入したがるのはバカだと考えるのが通例だ[19]。そしてもちろん、経済学者たちは昔から、規模の大きい企業が市場を完全に競争的にしないかもしれないという点も認識してきた。

でもこの結論は、本書の中心的な懸念を無視している。完全に自由な市場があれば、そこにあるのは選択の自由だけではない。そこには釣りの自由もあるのだ。それでも、アダム・スミスの言うとおり、その均衡が最適にはちがいない。でもそれは、人々が本当に求めるものという観点からの最適ではない。むしろ肩の上のサルたちの嗜好から見た均衡だ。そしてこれは、私たち自身にとってもサルたちにとっても、幾重もの問題を引き起こす。標準的な経済学はこのちがいを無視してきた。

なぜかというとほとんどの経済学者たちは、ほとんどの人は実際に自分の求めるものがほとんどの場合にはわかっていると考えてきたからだ。これはつまり、本当に人々が求めるものと、むしろ肩の上のサルが告げるものとのちがいを検討したところで、さほど得る物はないということになる。でもこれは心理学の分野を無視することになる。心理学はおおむね、そうしたサルたちの影響を考える分野なのだ。

例外的に、行動経済学者は特に過去40年にわたり、心理学と経済学の関係を調べてきた。つまり、サルから得られる帰結を中心に置いたということだ。でも奇妙なことに、私たちの知る限り、その結果を見えざる手に関するアダム・スミスの基本的な考え方の文脈において解釈した例はない。それがあまりに明白だったからかもしれない。あのような観察をして、誰かが気づいてくれると思うのは子どもかバカだけだ。でもこれから見るように、この洞察は単純かもしれないけれど、本当の影響を持つのだ。特にそれが言えるのは、アダム・スミスなら言ったであろうように、他人が自分自身の利己性に基づいて、そうした肩の上のサルの嗜好を満足させようとするからだ。

だから、私たちは通常の経済学にごくわずかのひねりを加えただけかもしれない（本当の嗜好に基づく最適性と、肩の上のサルの嗜好に基づく最適性のちがいを認知したという意味で）。でも、経済学にとってのその小さなひねりは、生活に大きなちがいをもたらす。それは、人々に『選択の自由』を与えること――これはたとえばミルトン・フリードマンやローズ・フリードマンが、よい公共政策の必須条件と考えているものだ――が深刻な経済問題につながる理由となる。[20]

心理学と肩の上のサル

心理学のすべてが、人間の「機能不全」な意思決定の理由を考えているわけではない。その一部は、健全な人間の心の働きを記述している。でもこの分野の相当部分は、人々が本当に求めるものではなく、求めていると思っているものを与えてしまう意思決定に関するものだ。これは20

世紀半ばに教えられていた心理学の応用に戻ればわかる。

当時の心理学は主にフロイトに基づいており、いまや実験的にも裏づけられた、無意識の役割に関するフロイトの結論を特に強調していた。ヴァンス・パッカードはマーケティング担当者や広告業者が『隠れた説得者』である様子を描いた（これは1957年のかれの著書名でもある）。つまり、かれらは人々を無意識経由で操るのだ。

シラーとアカロフが2人とも50年以上前から記憶している例では、ケーキ用ミックスのメーカーたちは、無用に卵を加えるよう求めることで、主婦たちの創造性への欲望に訴えかけた。あるいは別の例だと、保険会社たちは死後の家族写真の中に、すでに他界しているはずの父親を描くことで、人々の不死への欲望を広告を通じて刺激した。[21]

社会心理学者でマーケターのロバート・チャルディーニは、心理学的なバイアスについての驚くべき証拠を満載した本を書いている。[22]この「一覧」によると、人々は贈り物や親切に返報したいときにカモにされる。気に入った人には親切にしたいと思うからだ。そして権威に反抗したくない。他人に追随したい。自分の意思決定を内面的に一貫性を持つものにしたい。損を忌避する。[23]

チャルディーニによると、それぞれのバイアスはありがちなセールスマンの手口と関連づけられる。一つの例がチャルディーニの兄リチャードで、同様の手口で大学の学費を稼ぎ出している。毎週リチャードは、地元新聞の広告から中古車を二、三台買う。そしてそれをきれいにすると、再び売りに出す。ここでリチャードは「損失忌避」を活用した。リチャードは、ほとんどの人とはちがって、見込み客の実地検分の時間をずらさなかった。それが重なるよう意図的に仕組んだ。検討しているその車自体の善し悪しはどうあれ、それぞれの買い手は、自分が競り負けるかもしれないと警戒した。相手が自分の車を獲得してしまうのではと懸念したのだ。(24)

情報カモ

釣りの相当部分は、別のところから生じる。誤解をまねく、あるいはまちがった情報を人々に与えることによるものだ。この手口の釣り師は、顧客たちが得ると思っているものを操作してみせる。お金を儲けるには二種類の方法がある。最初のものは正直な方法だ。顧客が1ドルの価値があると思うものを与える。そしてそれを、1ドルより安く生産するのだ。でももう一つは、顧客にまちがった情報を与えたり、かれらがまちがった結論に達するように促すことだ。それにより、実は1ドルより低い価値しかないものを、1ドルの価値があると顧客に思い込ませるのだ。

本書にはそうした例が満載だし、特に金融分野ではそれが顕著だ。金融の楽観論者たちは、ややこしい金融取引とはリスクと期待収益を最もよい形で優しく切り刻んで、嗜好のちがう人々の間で分割することだと思っている。ちょうど子どもたちがビー玉や野球カードを取引したのと同じことだ。

お題目によれば、金融分野の人々は賢いはずだ。金融市場を監督する最高の方法は、かれらに自分自身を監督させるようにすることなのだ、と。このお題目を公共政策に適用した大きな例としては、2000年の商品先物取引近代化法がある。これはとんでもなくややこしい金融商品が、ごく最低限の監督しか受けずに取引できるようにしている。市場が自分で自分を監督するのだ、と言われていた。

でも、そういうお題目を唱えられるからといって、それが真実だということにはならない。金融で儲けるもう一つのやり方は、人々が本当に求めるものを売ることではない。手品師の手品を思い出そう。三つのコップのどれかの下にコインを入れて、コップをあれこれ動かし、それをみんな開いてみせる。(25) するとコインは消えている。どこにいったんだろう? あら不思議、コインは手品師の手の中に! そしてややこしい金融の世界でもそれが起こる。たとえて言うと、コップをひっくり返したときに、そこにあるコインがすべてもらえるという証券を人々は買えるようなものだ。でもややこしい金融があれこれ動かされるうちに、なぜかコインは手品師の手の中に移ってしまい、コップがひっくり返されると、こちらは一銭ももらえない。

本書では後で、金融操作について三つの章をかけて話そう。それぞれの章は、あちこち動くコップからコインを取り出すに等しい手口をいろいろ示す。もっと具体的には、それらは巧妙な金融会計やあまりに楽観的な格付を使ったりする。この場合、人々は自分のほしいものはわかっている。でも情報の巧妙な操作により、ほしいものが得られているように見えて、実はまったくちがうものを手に入れていることになる。最後に、こうした手品師の手口で利潤が得られる限り、そうした手品師も消えないことを指摘しよう。それが経済均衡の性質だ。そしてこれが、特に金融市場が慎重な監督を必要とする基本的な理由でもある。が、それについては後で話そう。

理論と実践

ここまで、釣り均衡の理論を示し、それを説明するためにいくつか例を挙げた。この理論によれば、現実世界の経済均衡では、多くのカモ釣りが発生すると示唆される。この均衡が生じるのは、スーパーのレジの行列がだいたい同じ長さになりがちなのと同じ理由だ。次々にやってくるお客さんは、自分たちが最も短い行列だと思ったものを選んでいるからだ。同様に、競争市場ではカモ釣りにより利潤を得る機会があれば、その機会は活用される。

では、本書のこれからの構成をお示ししよう。そこでは、この一般原則が人々の生活で重要な役割を果たしていることを示す例を、次から次へと繰り出すことになる。

ここからの道筋：本書の概略

本書は、この「序章」と、三つの部に分かれている。

序章：みんな操作されてしまう：釣りの経済学　この序章の大きな役割は、釣り均衡の概念と、そこから生じる釣りの不可避性を説明することだ。シナボンの例に戻ると、その不可避性というのはつまり、コメン親子がいなくても、世界数十億人の中のだれかがその役割を担っただろうということだ。もちろん、コメン一家について言えることは、あらゆる釣り均衡にも当てはまる。ある人が利潤機会を利用しなければ、他のだれかがそれを利用するだけだ。

第1部：釣り均衡を考える　私たち（シラーとアカロフ）が肩の上のサルのイメージを作り出したり、釣りとかカモとか言い放ったり、抽象的に経済均衡の話をしたりするのは簡単だ。でもそうした用語や均衡が人々の生活に重要な役割を果たしていることを示すとなると、かなり別の話となる。第1部を構成する次の二つの章は、この論点をがっちり納得してもらうための第一歩となる。

第1章では、ほとんどの消費者が毎月、毎週、お金の工面に苦労していて、各種の支払いがひんぱんに遅れてしまう理由を示す。だれしもまちがいはするものだし、こうしたまちがいの多くは、「何かを売りつけようとする」人々により促進され、悪化させられているのだ。

第2章は、2008年金融危機（リーマンショック）で、カモ釣りが果たした役割を示し、それが引き起こした壮絶な世界的影響を見る。この物語の相当部分は、多くの企業やアドバイザーたちが行った、私たちが評判マイニングと呼ぶものについての話となる。これは、苦労して築き上げた誠実さという評判を利潤のために切り売りするという、おおむね意図的な行動のことだ。

執筆時点で、私たちは未だにこの危機から完全に回復してはいない。そしてこの金融危機をもたらしたのと同じ力が、私たちの経済均衡の一部となっている。こうした力は、なかなか抑えにくいものだし、それを理解しないと、こうした危機が再発する確率も下がらないし、そうした危機が起きたときにそれに対処することもできなくなる。


第2部：あちこちにある釣り　第2部は新しい方向性をとる。ここでは、個別の具体的な文脈でカモ釣りが果たす役割を扱う。広告とマーケティング、不動産、自動車販売、クレジットカード、ロビイングと政治、食品と医薬品、イノベーションと経済成長、酒とたばこ、そして二つの具体的な金融市場。これらについては、そこまできたときに改めて概説しよう。

第2部はさらに、人々の生活でカモ釣りがいかに重要かという点を強調する。でも他にも重要な教訓がある。本書の多くの事例は、カモ釣りについての認識と理解を得る実践的な練習問題にもなっているのだ。第2部は、釣り均衡の新しい事例を示し、それに伴い釣りが悪人たちによるものではなく、経済システムの自然な働きの結果として不可避なものなのだということを示す。

加えて、最も大事かもしれない点として、さまざまな場面におけるカモ釣りをめぐるこうした練習問題から得る経験は、それらがどこでどんな形で実践されているかについて、新しい視点をもたらしてくれる。広告業者やマーケティング（かれらの仕事は、販売促進のために雇われたものを人々が買うように仕向けることだ）をめぐる章に始まり、人々を操られやすくするものについて（チャルディーニの一覧や現在の行動経済学の知見を超えて）もっと一般的な新しい視点を提供する。

人々はおおむね、自分自身をある物語の中に置いて考える。人を操るための主要な戦略は、古い物語に新しい物語（釣り師に都合のいいもの）を接ぎ木するようカモたちを促すことだ（カッコ書きで追加しておくと、心理学者の大きな役割は――まさにフロイトからカーネマンまで――人々が自分に言い聞かせているこうした物語を引き出すことだ。心理学者たちはこの物語を示す専門用語を持っている。たとえば「メンタルフレーム」「脚本」といったものだ[26]）。

第3部：自由市場の裏面　これで「結論」にやってくる。第1部と第2部は、消費者支出から金融市場といったきわめて一般的な場面から、議員選挙や大手製薬会社たちが規制当局を迂回して、医薬品を処方する医師たちを釣る方法に至るかなり具体的なものまで、さまざまな場面でのカモ釣りを見ることになる。こうしたバラバラな事例と、私たちの釣りの理論を元に、私たちに――そして願わくば皆さんにも――経済学についての新しい見方を与えてくれるような、私たちなりの新しい特性を説明しよう。そこにカモ釣りに対する認識と、それがいつどこで起こるかという認識を加えるのだ。

結論「自由市場のすばらしい物語を見直そう」では、この新しい視点が現在のアメリカにおける経済社会政策にどう適用できるかを示そう。その際には、三つのちがった経済政策分野から例を示す。

続いて「あとがき」だ。これは特に、本書への潜在的な批判者たちを念頭に書かれている。批判者たちは、本書に何も新しい知見はないのではと尋ねるだろう。このあとがきは、本書が何を、どこで、どんなふうに経済学に対して貢献しているのかについて、私たちの見方を示すものとなる。

私たちは本書をとてもまじめな本にしたつもりだ。でも同時に、楽しい本にもしたいと思った。結論とあとがきに至る道筋での物語や洞察を楽しんでいただければと思う——「カモ釣り」の適切な認識に関わる大文字の「教訓」を超えて楽しんでいただければ幸いだ。

第1部

釣り均衡を考える

第1章

人生至るところ誘惑だらけ

アメリカ人ならほとんどだれでもちょっと見ただけでスージー・オーマンがわかる。アカロフが経済学者の友人にオーマンについて尋ねたところ、期待どおりの反応が得られた。かれはオーマンのテレビ番組を10秒しか見なかったという。この友人の経済学者は、彼女の「ママは何でも知っている」「だから言ったでしょうに」式の声色が耐えがたかったのだという。そしてその投資アドバイスは単純すぎると考える。さらに、経済学者にしては奇妙なことだが、かれらは彼女のアドバイスがお金にばかりこだわりすぎると考える（経済学者こそお金をかなり心配する人々なのに）。

でもこの反応は、私たちが知る中で最も賢い人物の一人、テオドラ・ヴィラグラの反応とは正反対だ。彼女は国際通貨基金（ＩＭＦ）のレジ係だ。ダニエル・オルテガ政権のニカラグアからの難民で、キャピトル・ヒルに家を買っている。息子は大学から借金なしで卒業したばかりで、電気工学の学位を得ている。そして実に驚くべきことに、彼女は「続きはまたこんどね」的な会話を毎日何百人もの顧客とかわしつつ、かれらの支払い額やお釣りをきちんと数えているのだ。テオドラによると「スージー・オーマンが語るのはお金じゃない、人間なのよ」とのこと。そしてスージー・オーマンの財務アドバイス本を自分で買い、さらには同僚のレジ係にも1冊買ってあげたのだった。

テオドラと、当のスージー・オーマンの話をきいていると、これまで私たちにとって謎だったものが解けてくる。なぜオーマンの聴衆たちが、彼女の言うことをすべて鵜呑みにするのか、ということだ。この謎のかけらをつなぎあわせることで、世界中の何十億人にも影響する大きな経済問題が解明される。

スージー・オーマンvs経済学基礎

オーマンの最も人気ある本（300万冊以上の売り上げ）は『金銭的な自由への9ステップ：心配をやめるための実用的精神的ステップ』(1)だ。彼女が描く消費者支出と貯蓄の姿は、経済学者たちの考え方（そしてその経済学教科書での描かれ方）と実に正反対だ。

通常の経済学入門教科書は、スーパーにでかけたときのことを考えるよう告げる。支出の予算をあらかじめ決めてあり、それを――なんとも想像力のないことに――リンゴかオレンジかに使うことにしてあるのだと言う。その予算だと、さまざまな価格ごとに、リンゴとオレンジをさまざまな組み合わせで買える。だから人々は、その組み合わせの中で自分を最も幸せにしてくれる組み合わせを買うのだと言う。これで、それぞれの価格において人々が買うリンゴの数とオレンジの数が決まるのだと言われる。こうして得られる、消費者の買いたがる量と価格との対応関係が「リンゴの需要」「オレンジの需要」なのだ、と生徒は聞かされる。(2)

この意図的につまらなくしてある物語は、一見したほど無邪気なものではまったくない。これは科学ではなく、強力なレトリックなのだ。教科書の標的となる聴衆の大学新入生は、むしろある宣告を与えられている。後に、リンゴとオレンジの買い物だけでなく、あらゆる経済的な意思決定がこういう形で行われるのだという含意が出てくる。つまり意思決定者には予算があり(リンゴとオレンジの果物の例と同じだ)、人は価格に応じてちがう選択を行う。そして人は、最も選好する結果をもたらす選択を行うのだという。これは強力なレトリックだ。というのもスーパーでの果物選びという文脈だと、他のふるまいをする人がいるとはなかなか想像できないからだ。

この物語に説得力がある理由がもう一つある。この教科書を読んでいる一年生は、たぶんこれに対して文句を言わないだろうということだ。というのも、このリンゴとオレンジをめぐる寓話が、教科書のその先でもほとんど疑問視されることなく、実にさまざまな場面でどう使われるのか、想像がつかないからだ——いや、教科書にとどまらず、本職の経済学者になったら大学院でもこれがそのまま使われるのだ。でもこの教科書レトリックのおかげで、この生徒は別のものを丸ごと鵜呑みにすることになる。つまり、これこそ人々が意思決定をするときにきわめて一般的に行う考え方なのだ、ということを。でも、本当なんだろうか？　ほぼまちがなく、スーパーの果物売り場でならそんな考え方をする場合もあるだろう。

でも教科書がウェディング情報誌『ゼクシィ』のページに登場する花嫁を例に挙げていたら、これほど強力な例にはならなかったはずだ。花嫁の生涯で最も重要な一日のための準備においては、予算や価格は検討事項としては二の次にしか思えない。そしてこれで話はスージー・オーマンに戻る。なぜ彼女に熱狂的なファンがいるかというだけでなく、そうしたファンたちが、単なる物珍しい事例をはるかに超える存在なのかという理由もそこから出てくる。

オーマンの助言

消費者たちには、教科書に描かれた以外のやり方なんて採りようがあるんだろうか？　オーマンは、人々がお金とその使い方については感情的なこだわりがあるのだという。人々は自分に対しても正直ではない。その結果、合理的な予算配分をしない。

どうしてわかるのか？　彼女はフィナンシャルアドバイザーで、このためのテストを持っている。新しい顧客に、支出を足し算してみろと言うのだ。そしてその結果を見ると、それはほぼ確実に、その後得られる記録に基づいた経理より少ない。(3)　スーパーへの訪問というさっきのおとぎ話になぞらえて言うなら、まるで助言を受ける人々が、果物売り場で時間をかけすぎているようなものだ。乳製品売り場にやってくる頃には、卵や牛乳を買うお金がまったく残っていない。

現実の生活では、こうした予算管理の失敗は月末に、当期分の買い物を終えた後で貯蓄に残るお金がまったくないということだ。もっとひどいことに、特に危機時には、虎の子のへそくりが空っぽということになる。現代だと、これはクレジットカードへの課金が増えるということだ。クレジットカードの金利は、この長い不況のまっただ中の現在ですら、ほとんど12パーセント近い。(4) 数年前はもっと高かった。

オーマンによれば、お金に対して認知的にも感情的にも対処できないおかげで、人はお金のやりくりに苦労することになる。彼女の仕事は毎月の支払いを抑えさせ、読者や顧客が枕を高くして眠れるようにすることだ。これはママの仕事だし、だから彼女のファンたちは、オーマンの「ママは何でも知っている」と言いたげな声色にも我慢する。オーマンの著書の副題にあるような「心配」が、こんなカッコに入れるまでもなくお金のアドバイス本では中心的な課題になっているのに、現在のどんな経済学教科書を見ても、人々のお金のやりくりやその感情について述べた、こうした単語を見つけるにはかなり苦労することになる。

お金のやりくりに関する統計的な物語

これについてはオーマンの話を鵜呑みにする必要はない。消費者のかなり多くの部分が、毎月のやりくりに困っているということを示す、統計的な物語を構築できるのだ。

直接的な観察は、経済学者のアナマリア・ルサルディとピーター・トゥファノ、社会学者ダニエル・シュナイダーの研究から得られる。かれらはこんなアンケートをした。「今後一カ月で、予想外の支出2000ドルが発生したとき、それを工面できる自信はどのくらいありますか？」[5]

アメリカでの回答者のほとんど50パーセント近くが、必要な2000ドルを絶対工面できないか、たぶん工面できないと回答している。最近ルサルディと会話したところ、回答者たちはそのお金を工面するのに丸1カ月与えられたのだと強調した。それだけあれば家を担保にリバースモーゲージでお金を調達もできるし、新しいクレジットカードだって手に入れられるし、親や兄弟や友人や親戚に泣きつくことだってできる。

消費者の家計についての統計を見ると、ルサルディらの回答者たちがなぜそんなに2000ドルの工面に苦労したのかがうかがえる。最近の「右から左への消費」に関する経済学論文によれば、2010年のアメリカの勤労年齢世帯は、現金や当座預金や貯蓄預金や普通預金に1カ月の所得分すら保有していないという。さらに驚くことではないが、株式や債券の直接保有額のメジアン値はずばりゼロだった。(6) イギリスの家計簿を使った支出調査を見ると、多くの世帯は単に月々の支払いをやりくりするので精一杯だという。月給をもらっている世帯の支出を見ると、給料日前の1週間では、給料日直後の1週間に比べて、丸18パーセントも低下する。(7)

また、世帯のかなりの割合が、月々の支払いを滞らせてしまうこともわかっている。世帯の30パーセントほどは、過去5年で少なくとも一回は超高金利の「別の借り入れ形態」に頼ったと述べている。そうした形態というのは、質屋の活用、車を担保にした借り入れ、短期給料日借り入れなどだ。(8) 2009年には、過去2年で破産したという世帯が丸2・5パーセントにもなった(9)(それのほとんどは金融危機以前に起きている)。この2・5パーセントというのは、小さくて比較的無害な数字に思えるかもしれない。それでも人口のかなり大きな部分が、生涯の中で破産を経験するということにはなる。破産を繰り返す人の割合がどのくらいかはだれも知らない。でもたとえば、一回破産した人が、50年ほどにわたる成年時代を通じてさらに二回以上の破産を経験するとするなら、アメリカ人口の20パーセント強が、成人期の間に破産を経験することになる。(10)

強制退去もまた、月々の支払いが滞った結果だ。社会学者マシュー・デズモンドが苦労してミルウォーキー市の法廷記録を調べたところ、やはりかなり高い数値の統計が出てきた。2003年から2007年——金融危機に完全に先立つ時期だ——の年間強制退去率は2・7パーセントだった。(11) 破産と強制退去のこうした数字は氷山の一角でしかなく、統計的に隠れた自由市場のずっと大きな部分を示唆するものだ。人口の大半が、人類史上で空前の消費水準を持っているまのアメリカですら、ほとんどの人はお金のやりくりを心配している。その一部は崖っぷちを超えてしまう――破産したり強制退去させられたりして。

見当はずれのケインズの予測

別の分析は、スージー・オーマンの謎を別の見方で提起してくれる。ほとんどの人は、所得が5倍以上になったら悠々と生活できると考える。もうお金の悩みはなくなるはずだ。実際、史上最も鋭い経済学者の一人であるジョン・メイナード・ケインズは、1930年に将来を見通してまさにそう予言した。出版時にはほとんど注目されなかったエッセイで、ケインズは100年先となる2030年の「私たちの孫」にとっての人生がどんなものになるかを予測した。(12)

ある面では、その予測はほぼずばり的中した。かれは生活水準が8倍になると「仮定」したのだ。アメリカにとって、2010年現在だと一人当たり所得は5・6倍高くなっていた。(13)ケインズのストップウォッチであと20年残っているし、一人当たり所得の年間成長率が歴史的に見ると平均で1・5パーセントから2パーセントだから、かれの仮定は驚くほど的中していることになるだろう。

でも別の面だと、ケインズはまったく見当外れだった。たぶん予想できたと思うけれど、ケインズは孫たちがお金の工面を心配して日々を送るなどとは言わなかった。むしろありあまる余暇の使い道を心配するはずだと予言したのだった。週の労働時間は15時間に減る。[14] 男も女も、ケインズによれば「イギリスやアメリカの富裕階級の主婦の間では、すでにかなり一般的となっているノイローゼ（を経験する）。その多くはかわいそうな女性で、豊かさのおかげで、伝統的な作業や仕事を奪われてしまっている――経済的必要性という拍車がないと、料理も掃除も裁縫も十分おもしろいとは思えないのに、それ以上におもしろいものをまるで見つけられないのだ」[15]（ついでにカッコに入れる形で、この主張が現在では政治的に正しくないように思えるだろうと付け加えておこう。でもこれはこの30年ほど後にウーマンリブを勃発させた『新しい女性の創造』の中心にある「名前なき問題」に先んじている）。

こんな余暇の豊富さは――アメリカで所得がいまのところ5倍以上になったにもかかわらず――ほとんど実現していない。それどころか、現代の主婦は、第1シフトと第2シフトでくたくたになっている。これはケインズの予測をまったく外れたものだ。[16]

ケインズの予測は、当たらなかったという点で驚くべきものではある。でもこれは、ほとんどあらゆる経済学者（スージー・オーマンは除く）が消費と余暇について考える方法を反映したものだ。そして、そうした考え方からくる別の予測もまた、同じくらい当たっていない。それは、人々が稼ぎの相当部分を貯蓄にまわすので、月々の請求書支払いなど楽々と行える、というものだ。でもすでに見たとおり、これまた実現していない。

自由市場の均衡が釣りを供給する

疲れ切った主婦と貯蓄の欠如の理由は、本書の中心的な予測からきている。自由市場は、人々が本当にほしいものを生産するだけではない。人々が肩の上のサルの嗜好に従って求めるものも作り出すのだ。自由市場はまた、そうした欲求を作り出し、企業が売りたいものを人々が買うように仕向ける。

アメリカでは、ほぼあらゆるビジネスマンの目標は、みんなにお金を使わせることだ（株や債券や銀行口座を売る一部の人は例外だけれど、これは後で論じる）。自由市場は次々と誘惑を生み出す。人生は、たとえ話でよく出てくる駐車場への旅のようなものだ。そこでは次々に空きスペースが出てくるけれど、それはどれも身障者用のスペースなのだ。

町の通りを歩いてみよう。店舗のウィンドウは文字どおり、店に入って買い物してくださいと背中を押すためにそこにある。アカロフもシラーも若かったかつての日々だと、ご近所の商店街にはペットショップがあるのが通例で、ウィンドウ内では子犬がじゃれ合っている。これについては、ウィンドウの前を通りがかった女性の有名な歌がある。

ウィンドウの中のワンちゃんはいくら？（ワン、ワン）

あのよく振る尻尾のワンちゃん。
ウィンドウの中のワンちゃんはいくら？（ワン、ワン）
あのワンちゃんが売り物だといいわねえ。(17)

その子犬たちはもちろん、偶然そこにいるわけではない。人々が店に入ってきて買い物をしてくれるよう促す役目だ。でももっと一般的に言うと、「ウィンドウのワンちゃん」はあらゆる自由市場活動の比喩でもある。その「よく振る尻尾」はどこへ行っても見かける。ショッピングセンターでも、スーパーでも、自動車販売店でも、家を探しているときにも。誘惑が私たちのために用意されている。

一つ例を挙げると、卵や牛乳がスーパーの売り場の奥にあるのは戦略的な理由からだ。これはいちばんよくみんなが買うものだ。そして、人々はそれを手に入れるために店の全体を横断しなければならず、その最中に忘れていた別のニーズを喚起されるわけだ。(18)そしてレジのところに行くと、そこにキャンデーや雑誌が（あなたや子どもたちのために）置かれている――待ち構えている――のも偶然ではない。昔なら、そこにはたばこが置かれていた。喫煙者にとっては役に立つ示唆となる。

これはキャンデーやたばこの釣りだ。スーパーには他に何千もの釣りがあり、それが棚の各種製品に体現されていて、それぞれにマーケティングの専門家と広告キャンペーンのチームがついていて、そのそれぞれが他に考えられるマーケティングの実験をした結果としてそこにある。そして釣りはスーパーを出ても続き、ほぼすべての買い物で行われている。エリザベス・ウォーレンはクレジットカードを強調している。[19] クレジットカードは誘惑の元で、後で一章の一部を割いて論じよう。私たちも同意する。でも消費者を誘惑して買うように仕向け、お金を使わせるというのは、自由市場の性質そのものに組み込まれている。それはクレジットカードに限った話ではないのだ。

営業マンは、人々のためを思ったり、リンゴやオレンジを買っているお客の懐に月末のやりくりに苦労しないだけの金額が残るかどうかを心配したりするために雇われているのではない。そしてスージー・オーマンがだれよりも知っているように、かなりの自制心が必要となる——内なる声に絶えず「これをするな、あれをやるな、予算を赤字にしないようにしなさい」と言い続けてもらわなければならない。

これはケインズの予測があれほどまちがっていたよい理由となる。私たちは1930年よりも5倍半も豊かになっている。でも自由市場はまた、人々に多くの「ニーズ」を生み出し、さらに人々にそうした「ニーズ」を売りつける新しい方法も考案した。そうした促しはすべて、消費者がなぜやりくりに苦労するかを説明してくれる。

人々のほとんどは、店に飛び込んでワンちゃんを（少なくとも衝動的に）買うほどバカではない。でも、町中、スーパーの棚、ショッピングセンターのすべて、そしていまやインターネットが、誘惑であふれかえっているとき、だれもが常にそれほど合理的ではいられないのだ。人によっては、こうした宿命は現代世界の消費主義の産物だという。人々があまりに物質主義的なのだ、と。悪魔に心を売ってしまったのだと言うだろう。

私たちから見ると、中心的な問題は均衡にある。自由市場の均衡は、あらゆる人間の弱みにつけて釣りを供給する。一人当たり実質GDPは、今後さらに5倍半になるかもしれないし、それがさらに繰り返されるかもしれない。どれでも同じ運命をたどることになるだろう。

第2章 評判マイニングと金融危機

2008～09年の世界金融危機の物語は、何百回、いや何千回となく書かれ、書き直されてきた。こうした報告の相当部分は、ある企業や政府機関に注目した本という形をとる――たとえばJPモルガン・チェース、ゴールドマン・サックス、ベアー・スターンズ、リーマン・ブラザーズ、連邦準備制度理事会（FRB）、アメリカ財務省、ファニーメイやフレディマックなど。

その暗黙のメッセージは、「この機関」こそが危機の核心だったのだ、というものだ。[1] 金融危機のせめてもの救いは、それが生み出した金融ジャーナリズムの黄金時代だ。でも本書の狙いは、通常の500ページにわたる出来事の詳細な再現とは別物だ。私たちはそれをまとめてみよう。私たちが評判マイニングと名づけた釣りの一種が中心的な役割を果たしていたことを論じよう。

低質な（腐っているかもしれない）アボカド

美しい熟したアボカドを売るという評判のある人物には、チャンスができる。立派で熟したアボカドに人々が支払う価格で、低質なアボカドを売りつけられるのだ。この人物は、自分の評判をマイニングした（傷つけた）ことになる。そして売りつけた相手をカモとして釣ったことになる。

こうした物語は――アボカドの販売にとどまる話ではないが――現在の経済を彩る立て続けの金融危機の核心にある。そこでの評判マイニングは、各種金融機関の評判をめぐるもので、特にその中でも債券格付システムの転覆が大きい。アメリカの大格付会社の評判は、債券格付の1世紀近い歴史を通じて築き上げられたものだ。世間はこうした格付を、デフォルトの起こりやすさの指標として使った。

1990年代末から2000年代初頭にかけて、格付機関は新しい仕事を背負いこんだ。債券を格付するだけでなく、もっと複雑な証券、新しい（複雑な）金融派生商品を格付するという仕事だ。さっきのたとえに戻ると、これは新しい形のアボカドだったのだ。目新しくて、特に複雑だったおかげで、買い手としてはそれが正しく格付されているかわかりにくかった。でも格付機関は古いアボカド（もっと単純な古い証券）の格付について、これまで信頼できることを示してきたので、買い手としては新しい複雑な証券についても、格付機関を信用し続けない理由がないと考えたわけだ。

でもアボカドを買う（証券を買う）人々は、釣りの均衡を理解し損ねた。お客がよいアボカド（証券）と凡庸なもの、時には本当に腐ってるものとを区別できないのであれば、新しいアボカド生産者たち（新しい証券を生み出す金融生産者たち）には、新しいよい証券を作り出すインセンティブがほとんどない。新しい悪いアボカド（デフォルト確率の高い証券を元にした複雑な派生商品パッケージ）のほうがもっと安上がりに作れる。そしてそれを格付機関に持っていけば、かれらは自分たちの評判をマイニングしてAAAの格付をつけてくれる。アボカドを使った寓話――そして現実では証券化住宅ローン――ではまさにそれが起きた。

起きたどころではない。釣りの均衡では、どうしてもこうなってしまうのだ。そこでは美味しいアボカドの生産者は競争できない。完璧なアボカドを、実際より高い格付の凡庸なアボカドと同じ値段で売らなければならない。完璧なアボカドを作る費用が、凡庸なアボカドの生産費用より高ければ、アボカド農園はそのお金をもっと利益の出る別のことに使ったほうがいい。凡庸なアボカド生産者に買収されてもいい。あるいは破産するかもしれない。

経済学者カール・シャピロは1982年にこの手の均衡を説明し、こうした均衡のおかげで自由市場では比較的凡庸な製品が至るところで見られるようになるのだと論じた。(2) そしてごくたまに、金融危機に先立つ時期のように、本当に腐りきった製品まで販売される。

なぜ新しいアボカド（新しい不当に格付の高い証券）が全般的な金融危機を引き起こすのかと

思うかもしれない。ここでもその答えは実に基本的なものだ。大金融機関——市中銀行、ヘッジファンド、投資銀行など——は借金をした。実際、投資銀行は通常、総資産額の95パーセント以上を借り入れており、その一部に新しいアボカド（複雑な住宅ローンに基づく派生証券）も含まれていた。(3)

でも新しいアボカドの一部の中身が本当に腐っていることがわかったとき（いずれわかるに決まっているのだ）、その価値が暴落した。さらにこうした金融機関は、資産価値よりも借り入れがはるかに多いこともわかった。そして2008年には、フランクフルトからロンドンからニューヨークまで、まさにそれが起こった。さらには小さなレイキャビックでもそれが起きていたのだ（ただし実際にはもちろん、価値が下がったのはアボカドではなく、住宅ローンに基づく派生証券だったのだが）。FRBと欧州中央銀行による緊急融資と、欧米における「問題資産」に対する巨額の財政支援のおかげで、世界的な金融崩壊と大恐慌の再演は避けられたのだった。(4)

カモ釣りはこの金融バブルとその崩壊において決定的な役割を果たした。きちんと疑念を抱かないことで、2008年の悲劇は避けがたいものとなった。ちょうど、人々がコンピュータ上で釣られている事実から目を背けていると、いずれ痛い目にあうのと同じだ。

七つの疑問

これから、何が起きたかをもう少し詳しく見よう。でもこの前置きで、以下の七つの疑問に対する答えを探せばいいことがわかる。

1 なぜ当初、1950年代、60年代、70年代には、投資銀行は正しい格付の証券（「アボカド」）を発行するものと信用できたのだろうか?
2 その当時、なぜ格付機関はそうした「アボカド」を正しく格付していたのだろうか?
3 事業の基盤から信頼が消えたのは投資銀行でのインセンティブがどのように変わったからだろう?
4 こうしたインセンティブ変化はどのように川下の格付機関に伝わって、変な格付が生じるようになったのだろうか?
5 どうしてこの評判マイニングはそれほどまでに儲かったのだろうか?
6 どうして腐った証券（「アボカド」）の買い手たちは、これほどまでにいいカモにされたのだろうか?
7 どうして金融システムは、証券（「アボカド」）が腐っているという発見に対してこれほど脆弱だったのだろうか？

なぜ昔の投資銀行は信頼できたのか？

アメリカでも世界経済でも、証券を作る機関は1970年と2005年とではちがっている。もし1970年代にある投資銀行家が昏睡状態となり、2005年に奇跡的に意識を取り戻したら、びっくりしただろう。システムが一変しているからだ。かつての勤め先がすさまじく巨大化したのを知るだろう。その投資銀行がゴールドマン・サックスなら――今後は同社をずっと例に使おう――その資本は500倍以上になっている。1970年代のゴールドマンのパートナーシップは5000万ドルだった。(5) 2005年の同社の純資本は280億ドルだ（総資産は7000億ドルを超える）(6)。これに対して、GDPは（同じくインフレ調整前の名目ドル額で見て）同じ期間で12倍にしかなっていない(7)。

この一見すると単純だった時代を振り返ってみると、ちがう世界が見られる――投資銀行がいまとちがっていた世界だ。この時代、投資銀行には証券がきちんと格付されるようにする強いインセンティブがあった。

1970年代には、通常の投資銀行――ゴールドマン・サックス、リーマン・ブラザーズ、その他――は大企業の「銀行」だった。企業にアドバイスするのが仕事だ。銀行の担当者はウォール街のやり口を知っていて、顧客に金融の状況を教えるのが仕事だった。「信頼された友人」の一人だったわけだ――企業の財務担当者にとっては、かつての高校や大学の同級生仲間がウォール街にいるようなものだ（実際にそうである場合も多かった）。帳簿をいじって税務当局を避けるにはどうするかとか、規制当局を迂回するにはどうすればいいかといった重要事項について、適切なアドバイスをくれるのだ。

この信頼された友人当人は、辛抱強いけれどそれなりの要求はした。報酬として、その会社の株や債券の発行の際には引受会社に指名されるのが当然と考えた。ヘンリー・フォードの死後、フォード自動車の株式公開をゴールドマン・サックスが行ったのがその好例だ。(8)

IPO（株式新規公開）はとてもややこしい――税務上の理由もあるし、またフォード家とフォード財団の利益を調整する必要もあった。フォード家は議決権はすべて持っていたけれど、株式はほとんど持っていない。財団は議決権はないのに、株式はほとんど持っていた。(9)

ゴールドマン・サックスのシニア・パートナーだったシドニー・ワインバーグは2年かけてあらゆる細部を詰めたが、その個人的な報酬はケチな25万ドルだった。(10) でも当時のゴールドマンというパートナーシップにはたっぷり報酬が入った。フォードのIPO主幹事になれたのだ。

1970年代末、共同シニア・パートナーのジョン・ホワイトヘッドは、ゴールドマン・サックスが成長するにつれて、信頼された友人というその倫理観を失うのではないかという予感を抱いた。そして将来のガイドとして意図された、14の原理を考案した。原理1はこう始まる。「顧客の利益が常に優先される」。続けて、利益背反などというものが「ほんとうは」存在しないことを説明する。「経験的に、顧客の役に立てば、私たち自身の成功もそれに続くのだ[11]」。そうした成功がどう生じるかを示すのがフォードのＩＰＯだった。ホワイトヘッドが恐れたとおり、こうした原理はいまや将来に向けて望まれる原理というよりは、過ぎ去った世界のシンボルのように思える。

当時、投資銀行の評判は顧客を集めるために重要だった。そして他の投資銀行との関係で別の役割も果たした。債券や株式の発行にあたっては、その売り上げが他の投資銀行と共有（つまり「シンジケート」）されるのだ。こうした協力が必要だったのは、主幹事銀行もシンジケートの他の会員の小売りネットワークが必要だったからだ[12]。信頼された友人と顧客との関係のように、これもまた困ったときの助け合いのような関係だ。これは「リレーショナル・バンキング」の時代で、信頼こそが不可欠なものだった。

当時の格付機関はなぜ「アボカド」を正しく格付したのか？

この単純な時代には、投資銀行はよい証券を作るインセンティブがあっただけでなく、格付機関にもそれを正しく格付するインセンティブがあった。格付機関――ムーディーズの歴史が特に明解だ――は歴史的に、あらゆる利益背反を避けようとしてきた。ムーディーズは書籍販売や少額の手数料で生計を立てていた。貧乏だったけれど、清廉潔白だった[13]。

当時、すでに見たように、大きな引受会社にとっては評判は何よりも重要だった。なぜそうだったかを示す事件が、またもやゴールドマン・サックスで起きている。1969年にゴールドマンは、ペンセントラル社の社債発行8700万ドルの引受企業となった。[14] それから1年もしないうちに、ペンセントラル社は倒産した。パートナーシップの全資産が脅かされる可能性があった。訴訟で、ゴールドマンはこの鉄道会社の財務的な弱さを知っていたのにそれを公表しなかったと指摘された。でもゴールドマン側は、鉄道自体の営業損失は知っていたけれど、そうした損失はペンセントラル社の豊富な保有不動産で十分にカバーできると考えたのだと主張した。

ゴールドマン社は結局軽傷ですんで、3000万ドルの支払いだけですんだ。でもちょっと運が悪ければ、パートナーシップの資産はすべて飲み込まれてしまったかもしれない。[15] この一件はあらゆる投資銀行に、その事業が一点の曇りもあってはならないと示すものだった。そしてこれは、格付機関との関係も含むものだ。

事業の基盤から信頼が消えたのはなぜだろう?

でもそこでシステムが変わった。投資銀行にとって、そして次節で見るように、格付機関にとっても変わったのだ。2005年に意識を取り戻した銀行家が見たのはこういうことだ。ここでもゴールドマンが例となる。

1970年代には、ゴールドマン・サックスのあらゆる資本はパートナーのものだった。1999年にゴールドマンは上場した。もはやほとんどのパートナーは、個人資産のほとんどを失いかねない訴訟の可能性に怯えたりはしなくなった。[16] かつてのゴールドマンは圧倒的に株や債券の引受業務が多かったのに、いまやたくさんのちがう事業に手を広げ、自社勘定で証券取引をしたり（そのトレーディングルームはフットボールグラウンドほども広い）、ヘッジファンドの管理をしたり、新しい複雑な派生証券を作ってパッケージングしたりしている。

いまや、ブロード街20番にある、トレーダーたちに独立電話線1920本が引かれた尖塔型の有名なトレーディングデスクで知られる、狭苦しいオフィスビルに詰め込まれた本社を持つ企業ではない。[17] いまや世界中に広がり、ニューヨーク、ロンドン、東京に事務所を持つだけではなくなった。やがてバンガロール、ドーハ、上海といった金融のホットスポット、果てはニュージャージー州プリンストンのような小都市にまでオフィスを持つようになった。[18]

このすべてを象徴するのが、2009年にオープンしたその「かっこいい」新本社だ。[19] 43階建て、2街区ぶち抜き、建築評論家ポール・ゴールドバーガーに、「ちょっとした宮殿」と呼ばれた建物だ。ゴールドマン・サックスは帝国となったのだ。[20]

財務的には、ゴールドマン・サックスは他の投資銀行と同じく、いまや「シャドーバンク（影の銀行）」だ。その負債の相当部分は、毎晩借り換えされている。かれらが受け取る「預金」は、ヘイブンを探している巨額の流動資産を持った大口投資家からのものだ。そうした投資家は市中銀行、マネーマーケットファンド、ヘッジファンド、年金基金、保険会社などの大企業だったりする。毎晩、かれらは文字どおり何十億ドルも投資銀行に渡し（「預金する」と言ってもいい）、投資銀行はそれを翌日に払い戻すと約束する。この仕組みは「レポ」（再購入合意）の売買と呼ばれるものだ。預金者は二重に保護されている。お金は翌日に戻ってくるし、ゴールドマンが破綻してもまったく心配はいらない。なぜか？　レポには担保がついていて、それは預金の価値とだいたい同じ価値を持つ、指定された資産なのだ。破綻して預金が回収できなくてもその担保をもらえばいい。

この新しい仕組みは、投資銀行がよくやるものだ。なぜこんなことが起きるかといえば、大口預金の保有者たちは、そのお金を市中銀行に預けたがらないからだ。銀行が破綻したときに大きな損害を被るのがこわいのだ[21]。カリフォルニア州パサディーナのインディマック銀行を見ると、それをこわがる理由もわかる。この銀行が２００８年7月に破綻したとき、米国連邦預金保険公社（ＦＤＩＣ）の保証上限10万ドル以下までの預金は全額を回収できた。10万ドルを超える分は、ＦＤＩＣが50パーセントしか保証しなかったのでリスクに曝されていた[22]。結果として、大口の流動資産保有者たちは、お金をオーバーナイトで大口投資銀行に預けるほうがいいのだ。破綻しても担保がもらえるからだ。

投資銀行がこんなオーバーナイトの預金を受け取る理由がもう一つある。これもゴールドマン・サックスの歴史を見るとわかる。１９７０年代末に、同社はお金を借りて自分のアカウントで取引をすると巨額の利益が得られることを発見した。ゴールドマンのような投資銀行は、アメリカの、そしてやがて世界の金融取引のハブとなっていた。ウォール街の大量の取引が利点となった。おおむね公開されている情報を自動的に集めるだけでなく、その情報が何を意味しているのか解釈できたのだ。インサイダー取引規制法に違反するような話が一言もなくても、かなりの状況が理解できる。勘の鋭いティーンエイジャーは、ファーストキスをいつ差し出す／受け取るべきかについての第六感があるのだ。

さらにゴールドマン・サックスを例に続けると、1960年代末から70年代初期にかけて、後にシドニー・ワインバーグに代わってシニア・パートナーとなるガス・レヴィーは、機関投資家による大量の株式取引を仲介すれば大儲けできることに気がついた[23]。機関投資家の「銀行」として、ゴールドマン・サックスは一方で、大口の株取引をしそうな相手を見つけられる。そして各種のつながりのおかげで、逆の取引をしたそうな別の機関を探し出せるのだ。そして一時的にそうした巨額の資産ブロックを手元において、後で転売しようとする。このような形で、投資銀行は自分のアカウントで取引をするようになった。でもこうした形で仲介を行うと、潜在的な利益背反が起こりかねない。こうした取引の仲介役として、ゴールドマンはどのくらい手数料を取るべきなのか？　買い手が払うのはいくらで、売り手が同意するのはいくらにすべきだろうか。その差額がゴールドマンの手元に残ることになる。

ジョン・ホワイトヘッドがあの「原理」を書き下したのも、まさにこうした潜在的な利益背反が不安だったからだ。マーカス・ゴールドマンが、1869年に初めて看板を出したとき以来ずっと（わずかな例外を除いて）掲げてきた、顧客奉仕の倫理が失われるのではと恐れたのだ。マーカスは、ロウアーマンハッタンのユダヤ人宝石商や革商人にお金を渡し、かわりに少し利息をつけて返済するという約束書を受け取る。そうした約束書を帽子のつばに刺して、それを信用できる銀行家たちにちょっと利益を乗せて売る。銀行家たちは、その約束書がちゃんと履行されるのをマーカスが見届けてくれるのを知っていたのだ。(24)

でも2000年代になって、「顧客利益最優先」の倫理はもはや当然と見なされなくなっていた。ウィリアム・コーハン『金と権力』は、ゴールドマン・サックスの現在の事業慣行についてあるヘッジファンドマネージャーの見方を引用している。「［ゴールドマンが考えるのは］自分にとって最高の価値をもたらしてくれるのが、1番のドアと2番のドアのどっちかな、ということだね。低いドルの値がついたドアのうしろにいたらおしまいだよ(25)」

これは信頼できる友人というかつてのゴールドマン、顧客最優先で、たまに引受会社になれるかわりに財務アドバイスをするといった存在とはほど遠い。

インセンティブの変化は川下の格付機関にどう伝わったか？

でも、友人としての銀行家というかつての時代から変わったのは、投資銀行だけではない。投資銀行と格付機関との関係も変わった。金融危機につながるバブル期に、格付機関はそれぞれの新証券の発行者が望む格付を与えるインセンティブがあった。その格付は、必ずしも正当化できる格付ではなかった。この変化が当初起こったのは1970年代で、ムーディーズが格付について投資銀行から手数料を取るようになったときだ(26)。当時、これが悪癖に手を染め始めたのだとはほとんどだれも考えなかった。当時はすでに見たとおり、リレーショナル・バンキングの時代であり、友人としての銀行家は何よりも自分の評判を重視した。だから自分の発行する債券の格付は、一点の曇りもあってはならなかった。

でもその後インセンティブが変わった。顧客に対するいまの態度が「1番のドアと2番のドアのどっち」になったので、証券の発行を依頼しにくる人々も同じ態度を取るようになった。競争市場とはそういう仕組みだ。そしてそうした顧客は取引に何を求めるだろうか? 何よりも発行証券に高い格付を求める。そうした格付はもちろん、かれらが後に支払う利子を決める。そして投資銀行はいまや、そうした高い格付を提供しなくてはならない。さもないと「顧客」は他に仕事を持っていってしまう。そこで投資銀行は格付機関に圧力をかける。

ここでもあのファーストキスの精神に則《のっと》り、格付機関としては自分たちの売り上げとなる投資銀行のニーズや望みを理解するのに、言葉はほとんどいらない——たぶんまったくいらないだろう。痛いほどわかっているのだ。低い格付を出したら、もう仕事がもらえなくなる(これはもちろん、その投資銀行が証券のオリジネーターでもあり発行機関でもある場合には二重に当てはまる。そしてそうした場合は最近になって増えている(27))。

ということで、運命は逆転した。いまや投資銀行は格付機関を監視し、格付をきちんとやっているかチェックするようなことはしない。それどころか当の投資銀行が、案件一つごとに、いま売り出そうとしている証券発行について可能な限り高い格付を求めるようになった。そして格付機関は、それに応えないとどうなるかを熟知している。

評判マイニングはなぜそれほどまでに儲かったのか？

ここでちょっと、複雑な金融構造の真の手品がかいま見られる。その手品の一部は本物だ。でも一部はごまかしであり、釣りの役に立つ。現代の金融派生商品以前だと、企業は自社の収益を切り刻み、債券保有者への支払いと株主への支払いに分けた（株主への支払いは「内部留保」として企業内にとどまることもある）。債券保有者は固定額の支払いが約束されている。株主は、その残りの利潤を手に入れる。

でも現代ファイナンスは、さまざまなリスクの下でずっと多種多様に収益を切り刻めることを発見した。そうした新しい刻み方は、低リスクを求める（債券保有者のような）人々と、もっと高いリスクを求める（株主のような）人々との間できれいに収益を分けるなら、有益だ。

でもこの切り刻みは濫用されることもある。投資家を混乱させるのにも使えるからだ。仮に銀行や投資銀行やだれでもいいのだけれど、ダメな資産を大量に束ねてとてもややこしいやり方でパッケージし、格付機関がその大半をまちがって高い格付にしてしまったとしよう。するとそのダメな資産は黄金に変わる。手品師の技能はパッケージの仕方にある。手品がこれほど成功した理由は、格付機関がまちがった時期にまちがったものに注目していたことにある。

そしてこれがまさに私たちが目撃したものだ。サブプライム住宅ローン市場ではこれが山ほど見られた。昔は住宅ローンを出したのは主に銀行だった。地元の専門家として住宅ローンをいちばんきちんと評価できる立場にあったかれらは、そうした住宅ローンを出したら、その結果は自分でかぶるしかない。住宅ローンは自前の資産ポートフォリオに加わる。

でもそこで発見されたのは――そしてこれは正しい発見だった――ある一つの地域でのローンを保有するリスクはヘッジできるということだ。住宅ローンをプールして大きなパッケージにすればいい。そしてこのパッケージ全体を切り分けて売ればいい。するとリスクをもっと広く分散できる。デラウェア州の銀行はもはや、地元デラウェア州で発行された住宅ローンだけを保有しなくてもいい。アイダホ州の銀行も同様だ。それぞれの銀行が、デラウェア州とアイダホ州の住宅ローン半分ずつのパッケージを保有すればいい（もっと一般化すると、すべての銀行が、全国各地の住宅ローンを束ねたパッケージを少しずつ持てばいい）。

いまや住宅ローンを出した銀行は、それを自分で持ちつづけなくてもよくなり、ローン引受手数料をもらって、その住宅ローンをパッケージにするため売り飛ばせばいい。そうしたパッケージは、マーカス・ゴールドマンの帽子のつばの現代版子孫となる。かれも自分が他人に対して発行した返済約束証を販売したのだ。

そしてリスク共有からの利益は、そうした大きな住宅ローンパッケージから生み出せる利潤の発端でしかない。パッケージをとてもきれいで美しい形にまとめあげ、格付機関がだまされるようなら、NINJA住宅購入者——No Income, No Job or Assets（所得も職も資産もない）——に住宅ローンを出しても儲かる。銀行家たちはどうやってダメなローンを隠したのだろうか？格付機関が、そうしたダメなローンを見つけそうなところから目をそらしてしまうような金融手品を使ったのだ。証券のパッケージをそのまま売るのではなく、それをいろいろな形で切り刻んでかけらにして売ったのだ。

それぞれのかけら——あるいは「トランシェ」と呼ばれていたもの——を買った買い手は、パッケージの収益のちがう部分を手に入れる。そうした切り刻み方はとても複雑だったりする。でも簡単な例を挙げると、あるトランシェは住宅ローンの金利返済部分をまとめたものだったりする。別のトランシェは、元本部分の返済部分についてだ。でもこの例は、とても複雑な取引のさわりでしかない。子どもにハサミを持たせれば、折り紙を無限の形や大きさに切り刻める。それと同じで、住宅ローンパッケージからの支払いも、どんな形にも切り刻める。そしてそうした切り刻んだ形やかけらが、それぞれ別個のパッケージとして売り飛ばせる。

いまや、実際の住宅ローンからは何段階も離れてしまっているこの証券——住宅ローン証券トランシェと言われるもの——は検査が不可能に近いほど困難となっていた。住宅ローンが大量にパッケージになっている。そこからの収益はややこしい形で切り刻まれている。そしてそこから受け取るはずの収益は、実際にローンを返済している住宅オーナーたちの月々の支払いからはずっと遠い。こうしたややこしさを口実にして、格付機関は元々の住宅ローンについての適切な審査を省略してしまったのだった。[28]

いまやビジネススクールで当然のように教わる現代的な統計技法も、さらなる口実となった。デフォルト率の統計的な推計は、過去のデフォルト記録に基づいている。住宅ローン証券の高い格付のおかげで、住宅ローンの数はずっと増え、そしてこれが空前の住宅価格上昇をもたらした。住宅価格が高騰し、雇用も全体として高かったので、住宅ローンのデフォルトはかつてないほど少なかった。[29]

デフォルトのリスク推計に使った統計データが、住宅価格の上昇期だけのものであり、住宅ローンのデフォルトが珍しかった時期だけを扱っていても、かまわなかった。そうした「金融商品」と呼ばれるものが、デフォルト確率が低いと見せかけるような形で量産されていても、かまわなかった。またそうしたまちがった格付そのものが、一時は住宅価格上昇の大きな要因だった（住宅需要の急増を引き起こしたから）というのもかまわなかった。

なぜかまわないかといえば、格付機関にとってのインセンティブは、いまや正しい格付を生み出すことが主ではなくなっていたからだ。かれらのインセンティブはむしろ、証券の幹事会社が買いたがる格付を生み出すことだった。事業はいまや、かつての評判をマイニングすることだった。

カモを釣るビジネスになってしまっていたのだ。

そんな格付のインフレが起きたとなぜわかるのか？　ある格付機関を一つ見ても、2000年から2007年にかけて、住宅ローン関連の証券4万5000件についてトリプルA格付を出している。こうした住宅ローン証券に対するトリプルA格付の大盤振る舞いは、2010年という後の時点で、トリプルA格付をもらったアメリカ企業が6社しかなかったのとは好対照だ。[30]

格付インフレをもう一つ裏付けるものとして、ムーディーズ重役による驚くほど率直な発言がある。かれは金融危機後に従業員たちとの「集会」の後でこう発言している。「なぜ信用が緩んだらいずれは引き締められると予想できなかったのか？　住宅価格が上がったらいずれ下がると思わなかったのか？（中略）こうしたまちがいを組み合わせると、私たちは信用分析において無能か、あるいは売り上げのために悪魔に魂を売ったか、またはその両方の併せ技だと思われることだろう」[31]

どうして腐った証券（「アボカド」）の買い手たちは、これほどまでにいいカモにされたのか？

アメリカ人も、全世界も、怪しいと思う理由などなかった。自由市場の驚異について聞かされていた。カモ釣りとその結果についても知らなかった。派生商品パッケージに腐ったアボカドが入っていると認識されたのは、後になってからだった。でも、私たちが強調したように、パッケージを作り出した手品師たちにも、パッケージの格付を行った人々にとっても、その手品を見通すインセンティブはなかった。人には自分の利益になることを見ようとするというバイアスがある。そして自分の利益にならないことは見ないようにするバイアスもある。パッケージのオリジネーターは、通常は投資銀行であり、そのパッケージが高い格付を得られたら儲かった。そして格付機関もそれを受けて、投資銀行が求めるものを出さなければ痛い目にあった。すると、投資銀行としても格付機関としても、パッケージを開いてその中身を慎重に検討するというきわめて難しい――不可能とすら言える――作業をしたところで何の得にもならなかった。

そして実際に本当のところ何が起きているかを解きほぐした人々は、住宅ローンパッケージを空売りすることで（つまりそうしたパッケージの価値が下がるという金融的な賭けをすることで）、潜在的に巨額の利潤を得られた。これはマイケル・ルイスの『世紀の空売り』の主人公となった、きわめて鋭い、でもきわめて偏屈な人々などだ。[32] でもパッケージの中身は意図的に見えないようにされていた。だからこそトランシェ証券には、素敵な格付がついたのだ。ルイスの空売り屋たちは例外的な外れ値だ。普通はだれもそんなことはやらなかった。

ゴールドマン・サックスの例に戻ろう。住宅ローン証券のブームの驚くほど後である２００６年の夏に、住宅ローン証券トレーディング部門にいた賢いファイナンス大学院卒業生ジョシュ・バーンバウムがこの手品を見抜き、ゴールドマン・サックスにとってこれがどんな弱点をもたらすか理解した。[33] 住宅ローンのデフォルト率上昇にもいち早く気がつき、住宅ローンのデフォルト率を理解できるほど細かくモデルを見る能力もあった。

バーンバウムは上司を説得し、ゴールドマンのトップ経営層にも自分の主張の正しさを説うた。そしてゴールドマン・サックスは驚くほど素早くポートフォリオを逆転させ、住宅ローン証券を長期保有する立場から空売りする立場に切り替えた――おかげで同社は何十億ドルも得をした。2009年10月末には、市場を空売りしていたバーンバウムの市場グループの利潤は37億ドルだった[34]。これは、同社の他の部分で生じた24億ドルの住宅ローン関連損失を補って余りあるものだった。

翌年、バーンバウムは1000万ドルくらいと言われるボーナスをもらい、ゴールドマンをやめた。「何をもって公平と思うかという見方次第ではありますよね。製鉄労働者なら、このボーナスがかなり巨額だと思うでしょう。ヘッジファンドのマネージャーなら、たぶん少なすぎると思うでしょう[35]」

どうして金融システムは、腐った証券（「アボカド」）に対してこれほど脆弱だったのか？

金融システムそれ自体は、かつても今もこうしたカモ釣りにきわめて弱い。金融危機前に脆弱だったのは特に、投資銀行が何兆ドルもの資産規模で、そうした資産のかなりの部分を文字どおり毎日借り換えしていたからだ。投資銀行は、資産が負債の価値以下に下がったら、一夜にして資金繰りに大穴があくという問題を抱えていた。そうなったら即座に廃業だ。

通常の事業だと、たとえば企業なら長期の負債を抱えている。たとえば２００２年秋に、ユナイテッド航空の資産総額が負債総額より小さいとわかると、同社は破産申告を行った。そして再建策がとられた。倒産したこの航空会社は、労働組合と交渉して賃金を年額30億ドルも引き下げた。保証なしの債権者たちと交渉し、1ドル当たり4セントから8セントの返済ですませてもらった。そして福利厚生年金をアメリカ年金保証会社に売り渡し、年金受給者に大きな損失を与えた。さらに至るところで運営費用を削った。損失を受けた人は多かったけれど、ほとんどの従業員はクビにはならなかった。フライトもキャンセルされなかった。そして10年以上もたったいま、ユナイテッド航空は相変わらず空を飛んでいる。[36]

でも投資銀行は、そんなふうに再建計画を立てて事業を続けるわけにはいかない。その資金繰りがちがっているからだ。何兆ドルもの負債の相当部分はオーバーナイトで借り換えしている。思い出してほしいが、そうしたオーバーナイトの合意は、翌日に銀行が支払えなかった場合に譲りわたすはずの担保も明記している。そうした借り入れが、たとえば一日３０００億ドルで、銀行の資本と資産がそれをカバーしきれなかったら、ユナイテッド航空とはちがって長い破産再建期間を生き続けるわけにはいかない。なぜか？　短期の債権者たちは、破産管財人が自分たちの取り分を決めるのを待つよりもずっとよい手だてがあるからだ。担保をもらえばすむ。でも銀行はそうなると翌朝から事業ができなくなる。資金が足りなくなるからだ。事業を続けさせるほどの融資を出すようなバカなまねはだれもしないだろう。

これで短期の借り入れにあまりに頼る新しい金融システムが、その資産の大半があまりに高すぎる格付を受けていて、実は腐っていたと判明したときに、完全に崩壊寸前だった理由がわかる。住宅ローン証券はとても高い格付を受けていた。でもその根底にあるのはおおむねサブプライムローンで、デフォルト確率が高かった。こうしたローンが当初思われていたよりずっと価値が低いとわかると、投資銀行は倒産した。

金融危機以前は、大規模に証券を買う人々は自衛するだろうというのが経済学者たちの見方だった。そうした買い手たちは、かのシドニー・ワインバーグが若い頃にナイアガラの滝を訪れたときの記念品としてオフィスに飾ってあったものが体現している疑問を尋ねるはずだと経済学者たちは思ったのだ。その記念品は、かれが50セントで買った、袋入りの小石だ。それを売りつけたのは詐欺師で、滝の下にはダイヤがあって、自分だけがそれを手に入れる方法を知っているのだと主張したのだという[37]。

でもそいつが滝の下のダイヤを売ろうとしたら、それを買うべきだろうか？　カモ釣りの重要な手口は、そうした恥ずかしい質問をさせないことだ。ニューエコノミーの神話として、複雑な住宅ローン証券はリスクが消えるように構築されているというものがあった。格付機関の高い格付は、そうした神話を保護するものとなった。神話に穴が見つからない限り、カモ釣りはこのうえなく儲かるものとなった。

まとめ

そして実証したとおり、これは釣りの均衡となった。債券を買う人々の相当部分がこの神話を鵜呑みにする限り、投資銀行家たちにはこうした腐ったアボカドを作り続けるインセンティブがあり、それをごまかすために格付機関から高格付を引き出し続けようとする。残念ながらまさにそれが起きてしまった。

2008年に、当時ニューヨーク州検事総長だったアンドリュー・クオモ（今や州知事）は格付機関を捜査して、住宅ローン証券の格付についての適切な審査と評価基準を42カ月以内に公開しろと義務づけた。よい格付を求めての「格付ショッピング」を抑えるために、格付機関は使われなかった格付についても手数料をもらうようこの合意は義務づけていた。(38) 2010年のドッド＝フランク法は、まちがった格付について格付機関の賠償責任を増やすような改正を含んでいた。(39) クオモの合意はいまや期限切れとなり、住宅ローン証券市場が回復したときに、格付問題が再燃するかどうかははっきりしない。証券の発行者が格付の手数料を払うことからくる利益背反はまだ残っているのだ。

第2部でも、金融市場でのカモ釣りは採り上げる。そこではアメリカの金融史から、似たような歪みの例をさらに二つ示そう。そこでは企業の「火事場泥棒」という概念を導入する。それが利潤目的でどのように生じるか、さらには比較的小さな利潤機会であっても、そうした火事場泥棒の機会が金融システムに巨大なリスクをもたらしうることを示す。

付録：余興としてのクレジットデフォルトスワップ

サーカスに行くと、お気に入りの演《だ》し物——最高の手品など——は大テントではなく、脇の小さなテントの余興にあったりする。そこで、クレジットデフォルトスワップの小テントにでかけてみよう。

これまで見てきた大テントでは、銀行は住宅ローンを出して、格付機関の支援を受けた錬金術を使い、その住宅ローンを黄金に変えられることを発見した。十分にややこしい資産を作り出して、格付機関が本当の無知から——または無知のふりをして——高い格付を出すようにすればいいのだ。その派生資産の総額が、銀行のローン回収による収入よりも多いなら、これはやらずぼったくりだ。

この魔法の創出をさらに後押ししたのが、新しい派生商品契約の存在だった。それがクレジットデフォルトスワップ（ＣＤＳ）だ。こうした派生商品は、債券や各種住宅ローン派生資産など固定支払いを持つ資産すべてを元に構築できる。デフォルトが起きたら、ＣＤＳの持ち主は資産の額面価額を受け取れる。でもその資産は譲り渡す（つまり「スワップ」（交換）する）。一種の保険だ。火事が起きたら（これが支払いのデフォルトに相当する）家にかけた保険額を受け取るけれど、でも家の残った部分は保険業者に渡すようなものだ。

ふつうなら、ＣＤＳの販売はとんでもなく高リスクのビジネスだと思うだろう。保険を出す側は、ほとんど無価値の資産を押しつけられる可能性があるのだから。そんなリスクを引き受けたがるやつなんかほとんどいないと思うだろう。でも２００８年の金融危機に先立つ時期には、みんな喜んでそれを引き受けたし、その手数料もとても低かった。この多幸症の時代にはデフォルトの可能性が実に低いと思われていたので、これは単なる濡れ手に粟だとみんな考えたのだった。

ロンドンのＡＩＧフィナンシャルプロダクツ社によるＣＤＳ販売がその好例だ。ＡＩＧ（アメリカン・インターナショナル・グループ）はすごく大手で評判の高い世界的保険会社だ。[40] ＡＩＧフィナンシャルプロダクツ社は、そのロンドンの子会社だった。

２０００年代初期のこの子会社社長ジョセフ・カッサノは、ＣＤＳ保険契約を販売しても、それに対して保有するリスクプールはとても小さいと見抜いた。計量経済モデルを発注したところ、住宅ローン証券の最高格付（通称スーパーシニア）トランシェは、戦後すべての期間を通じて最悪の不景気が起きても、ある程度以上の損失が生じる可能性は0・15パーセント以下だという結果が出た。[41] ＡＩＧの監査役もその結果を信じ、カッサノはＡＩＧがＣＤＳを売っても、損失に備えた引き当て金の積み増しはほとんどなしのままで安泰だという結論を出した。[42] つまりそうしたスワップの売り上げはすべて、濡れ手に粟と考えていいということになる。そこでかれは、それを売りまくったし、そのプレミアムはたった0・12パーセントのときさえあった。[43] 2007年までにAIGの帳簿には、クレジットデフォルト分が5330億ドル乗っていた。[44]

カッサノが本気で信じていたかどうかはさておき、ここで本当にカモにされていたのは（というのもカッサノは2002年から2007年にかけて、年3800万ドルもの報酬をお手盛りで得ていたからだ）[45] AIG本社の人々だった。かれらはこの金の卵を産むガチョウを疑問視する気はまったくなかった。さらに、そうした負債は、デフォルトに対して何ら支払いをしなくてよいというカッサノが正しかったとしても、いずれ同社を倒産させかねないものだった。こうした契約、特にゴールドマン・サックスに対して発行したものは、小さな注意書きが付いていたのだ。[46] その注意書きによれば、スワップの価値が一定額以上下がったら、AIGはスワップ額を負担できることを示すための担保を積まなくてはならない。

状況がバラ色である限り、この注意書きには何の威力もなかった。CDSの純価値とAIGのAAA格付だけで十分な保証となった。そしてこの注意書きは、リスク担当重役すら知らないものだったので、本社はこの利潤を嬉々として計上し続けた。[47]

でも2008年9月のリーマン・ブラザーズ破綻を取り巻く金融的な混乱の中で、AIGは必要とされる担保を積むための融資を得られなくなった。AIGが破産したら、こうしたCDSはすべて法的に宙に浮くことになるので、財務省とFRBが介入した。[48] AIGに1820億ドルつっこんだのだ。驚いたことに、２０５０億ドルが回収されたので、納税者たちはこの取引で得をしたことになる。[49] でもこれは、ひどい話のちょっといい部分でしかない。この介入は、世界を21世紀版大恐慌から救うための不可欠な一歩だったのだ。

ＣＤＳは金融危機でいくつかの役割を果たしている。ＡＩＧの保有分は巨額とはいえ、市場全体のおよそ57兆ドルのたった1パーセントでしかなかった。[50] こうした巨額の潜在的な負債は、危機当時には大きな信頼喪失をもたらすのに貢献した。というのも、銀行が完璧にヘッジされていたとしても——たとえばデフォルトの際に1兆ドルの借りがあり、同額の1兆ドル分の貸しがあったとしても——やはり一兆ドル分の頭痛の種が生じるからだ。完全に支払いができても、破産管財人に対して、貸しの回収を要請しなくてはならないかもしれない。[51]

でもＣＤＳは、こうした「相手方リスク」を生み出す以上の別の役割を果たした。住宅ローン証券を持っていて、それに対する支払いをたとえばＡＩＧからのＣＤＳで裏づけていたら、ひょっとすると完全に腐りきっているかもしれない証券を、完全に安全な証券に変えたことになる——ただしＡＩＧ自体が債務不履行になっていない場合に限る。ＡＩＧなどがＣＤＳを叩き売りしていたという事実が、そうした住宅ローン証券の買い手やオリジネーターたちを強気にした。バンジージャンプのゴムがきちんと足についていれば、橋から飛び降りても平気ではある。カッサノをはじめ多くの人々がそうしたバンジージャンプのゴムを大安売りしていた。そして飛び降りたがる人もたくさんいたのだ。

第2部

あちこちにある釣り

第2部は9章構成で、それぞれが個別の場面でのカモ釣りを説明している。この第2部は、カモ釣りの「ミクロ経済学」を検討した部分と考えてもいいだろう。これらの章は、現代の先進国におけるかなりの人々に関わる、とても豊かな生活が持っている大きな釣りによる負の側面を示す。これらの章に見る釣りは、全体としてはこれまで見てきた不十分な貯蓄や金融危機といった、より「マクロ経済学」的な問題と同じくらい、人々の全体的な幸福を阻害するものとなるかもしれない。

でもこうした問題の全体的影響は、この第2部から学ぶべき教訓のごく一部でしかない。アカロフもシラーも本書を過去5年かけて書いてきたので、カモ釣りについてもいろいろ学んだ。当初考えていたよりも細かい見方をするようになった。その作業から、イヌの嗅覚やゾウの聴覚にも似たカモ釣りに対する第六感を発達させたと思う。この第六感は、人々がカモにされてしまうときの人間の思考に関する視点により、大いに補強されている。そうした特徴は、まず広告とマーケティングに関する章でお目にかかる。ここでは広告業者やマーケティング担当者たちが、人々の思考の枠組みを操作することで人々をカモにする方法を学ぼう。

第3章：広告業者、人の弱点を突く方法を発見　最も純粋な形でカモ釣りを見る場所といえば、広告とマーケティングの世界だろう。人々は物語を通じて考える傾向があり、人々の思考基盤が人々を操るうえで大きな役割を果たすことを示そう。だれかが自分に言い聞かせている物語を自分に有利な形で（でも当人には不利な形で）歪められれば、その人はカモ釣りの餌食となる。こうした歪曲はもちろん、広告やマーケティングの大きな手口だ。この章ではまた、広告とマーケティングにおける科学的な統計手法の現代的使用法を検討する。これもまた釣り均衡の一例だ。こうした技法はとても儲かるものだ。だからこそ存在している。グーグル検索で表示される広告が、まるでこちらの心を読んでいるかのように思えるのも偶然ではない。

第4章：自動車、住宅、クレジットカードをめぐるぼったくり　この章では釣りの場面を三つ検討する――どれも、釣り師たちの多種多様な技法を見るのにきわめてよい分野として選んだものだ。そうした現場の二つは、消費者が生涯で最大の買い物をするときのもので、自動車と住宅を扱う。だからどうでもいい分野ではない。三番目は、クレジットカードに関係する。これはちょっとした利便性を提供するけれど、その費用は驚くほど高い。

第5章：政治でも見られる釣り　民主政治の理論は、自由競争市場の理論と似通っている。これは偶然ではない。民主主義では、政治家たちは有権者の票を求めて競争しており、自由市場では売り手はみんなのお金を求めて競争している。均衡状態でカモ釣りが民主主義をいかにひっくり返してしまうかを検討しよう。

第6章：食品、医薬品での釣り　食品産業は、人々に自分たちの在庫を食べるよう仕向けることで儲けている。医薬品業界は、人々に自分たちの作る薬を飲ませることで儲ける。この業界で生き残る人々は、いろいろな手口を身につけている。対策の一つは規制だ。この章では、消費者運動が20世紀の初頭に、当初は食品と医薬品の規制を実施させるに至ったことを説明する。でも同時に、釣り師たちがそうした規制に細工をして、世間一般ではなく規制当局を釣るよう発展した様子も描く。

第7章：イノベーション：よいもの、悪いもの、醜いもの　経済学者たちはほとんど例外なしに、経済成長が主に技術変化とイノベーションの結果だと信じている。この点でかれらはほぼまちがいなく正しい。でもほとんどの経済学的な思想に反することだが、新しいアイデアや技術イノベーションは、必ずしも経済進歩をもたらすとは限らない。その一部はむしろ、新しいカモ釣り手法を生み出すのだ。

第8章：たばこと酒と釣り均衡　「はじめに」の冒頭で、モリーとギャンブル中毒の話をした。ギャンブルとドラッグそして特にたばこと酒の濫用は、人々の厚生にとって大きな脅威だ。そして実に多くの人にとって、その脅威は現実のものとなっている。

第9章：倒産して儲けを得る、および第10章：マイケル・ミルケンがジャンクボンドを餌に釣り　金融市場を再訪する。1980年代末のアメリカのS&L（貯蓄貸付組合）危機を例に、標準的な財務会計からの一見ちょっとした逸脱（一種の情報釣り）が、驚くほどの結果を生み出すことを見る。

第11章：釣りと戦う英雄たち　第2部の結論として、一部の読者が尋ねたくてウズウズしていた疑問に取り組もう。なぜ現代経済での生活がそこそこOKなんだろうか？　釣りの可能性がそんなにあるなら、なぜ自由市場の均衡が耐えがたいものになっていないんだろうか？　私たちの答えは、ほとんどの経済分析や、私たち自身の釣り理論の根底にある想定——つまり自己中心的な日和見主義者は無制限に活動できるというもの——が完全に正しかったわけではない、というものとなる。釣りに対して声を上げ、社会運動を開始し、矯正力を動かしはじめる理想主義者がいるのだ。

第3章 広告業者、人の弱点を突く方法を発見

今度は広告に目を向けよう。弁護士たちが有罪であっても依頼人を弁護することになっているのと同様、広告業者は雇ってくれる顧客の売り上げを増やすことになっている――そうした売り上げが消費者の厚生を引き下げるものだったとしても。この側面があるので、広告はカモ釣りの絶好の場所となっている。

この章は、広告の歴史からの証拠をいくつか選んで、カモ釣りの二つの側面を浮き彫りにする。まず、広告業者――もっと一般的にマーケティング担当者すべても――は人々が釣られやすくなる人間の思考の側面を活用するということ。第二に、広告業者たちが、過去1世紀かけて科学統計手法を開発し、各種の釣りの有効性を計測できるようになったことで、人々の弱点を利用する系統的な手法を見つけたこと。これはつまり、かれらが人々の反応に対する深い洞察を持たなく

ても、人々を釣れる弱点を突けるようになったということだ。トマス・エジソンが電球のフィラメント用に600種類以上の材料を試したのと同じく[1]、広告業者たちは系統的に試行錯誤を行い、かれらの売り物を人々が買いたくなる原因を探る。

人間思考の談話性と広告の役割

人間の心は自然に談話を使って思考する。人々の思考の大半は、会話と似たパターンをたどる[2]。会話では、まずある人（たとえば私たち）がしゃべる。すると自然に、相手も何らかの論点を挙げて、それに対して私たちや他人が反応したりする。自然と会話が発展する。そうなるにつれて、話題は変わることだってあるし、それもいきなり変わったりする。人々の思考や会話につれて、心も変わる。別に人々が新しい「情報」を手に入れるというだけではない。人々は観点を変え、情報を新しい形で解釈するようになる[3]。重要な点として、こうした思考の発展により、人々の意見やそれに基づく決断は、あまり一貫性がなかったりするということがある。

このように、人間の思考を談話、あるいはそれに似たものとして描く方法――つまりそれが自然に不可避的に一貫性を持つわけではないということ――が広告の仕事を作り出す。人々の思考と会話の類似性に関するアナロジーに戻ると、ほとんどの広告は人々の心の中にある談話に独自の物語を接ぎ木する手法と考えられる[4]。こうした接ぎ木の狙いは、私たちに広告業者の製品を買わせることだ。

さっきの例――「ウィンドウのワンちゃんはおいくら？」という歌――は、それがどのように起こるかを示している。歌い手（実際には歌手のパティ・ペイジ）がペットショップを訪れると、ウィンドウのワンちゃんが目を引く。後のほうの、あまり知られていない歌詞によれば、彼女はそのワンちゃんを買って、ボーイフレンドにあげるつもりなのだ。そして、自分はカリフォルニアに引っ越すという。(5) 私たちの内心の生き様は、物語のように、さまようものだ。ワンちゃんをウィンドウ内に置いたペット店の店主のように、他人は、この内心の生き様に意図的に介入してくる。広告業者やマーケティング担当者はすべて、これをずっと一般性をもって行う。私たちの思考をかれらがひねって、それがかれらのニーズは満たすけれど私たちのニーズは満たさない場合、私たちはカモとして釣られたことになる。

本書ではこれから、物語を繰り返し採り上げる。もしこれが人々の考え方なら――あるいはそれが人々の思考法の比喩となるなら――なぜ他人が人々の心に入り込んで狙いを実現できるのかも理解しやすくなる。それから、選挙やロビイングでの文字どおり「物語」の役割を見よう。製薬会社による薬の販売でも物語は使われる。たばこの販売でも同様で、それに対する抵抗でも同じだ。そしてジャンクボンド販売でもそうだった。でもだれもが知っているように、私たちの相互の物語はこうした例よりはるかに深いものだ。人類にとって不可欠なのだ。というのも『高慢と偏見』に倣うなら、「人々は隣人たちのオモチャとなって、そして立場が逆転したら隣人たちを笑うために生きる存在ではありませんか[6]」

物語としての広告

広告の教訓をめぐる分析の手始めとして、20世紀の広告業界の偉人3人の生涯を検討しよう[7]。こうした生涯を通じ、広告の発展は物語手法の発展なのだということがわかる。でもそこから広告の別の側面もわかる。それは「物語」を現代的な統計手法で補うということだ。その手法は、医学検査や経済学で使われる統計の最高の使用法とまったく同じくらい「科学的」なものとなる。

アルバート・ラスカー　ラスカーの父モリスは、19世紀にドイツから移民してきたユダヤ人だった。たまに道ばたで物売りをするところから始まり、商品販売に進んで、それから雑貨卸、製粉機、不動産で財産を築いた[8]。アルバートは1880年5月1日に生まれた。高校ではだんだん頭角を現して、地元のテキサス州ガルヴェストンの新聞記者になった。

『アメリカンヘリテージ』にかれが語った自伝談話では、十代のときにこの新聞のためにスクープをものにしたと述べられている[9]。世紀の変わり目にアメリカの社会主義指導者だったユージン・デブスが、ガルヴェストンの地元消防士友愛協会の年次総会にやってきた。かれは不正直という批難に応酬するはずで、そうすれば全国的なニュースになる。ラスカーは、ウェスタンユニオンの電信配達人の制服を着て、デブス滞在先の家に向かったという。「電信」の配達のために通されたかれは、デブスにメモを渡したそうだ。「ぼくは配達人じゃない。若い新聞記者です。どうせいつか初インタビューをやることになりますよね。ぼくを相手にしませんか？　ぼくのキャリアの発端になります」。デブスは合意した。

これはなかなかすてきな話だ。でもラスカーの伝記作者たちは記録をチェックした。『ガルヴェストン・タイムズ』紙に載った記事は――たぶんラスカーによるものだろうが――デブスとの短くつまらない出会いを描いているだけだった。[10]ラスカーは、広告業者らしいというべきだろうか、すてきなお話が大好きだったのだ。

こうした創意工夫と押しの強さがあれば、それが空想上だろうと現実だろうと、ラスカーは優等生になったはずだと思うかもしれない。でも高校もかろうじて卒業したくらいだった。モリスは、運のいいことに、そんな少年をどうすればいいか思いついた。いくつかシカゴのコネを使い、アルバートが18歳のときにシカゴに送り出した。そしてかれは、ロード&トーマス広告代理店に入ったのだった。[11]

ラスカーの初期の広告キャンペーンを見ると、広告がまだ幼かった様子がわかる。ウィルソン鼓膜社は苦境にあった。その広告を一目見れば、なぜ苦境に陥ったかがわかる。ヘッドラインにはこうある。ウィルソン社のコモン・センス鼓膜を使えば、難聴・耳鳴りが軽減されます。脇のほうに耳の絵がある（そしてそこにはまる装置の絵もある）。[12]そして広告の文にはこうある。「新しい科学的発明で、これまでのあらゆる装置とは作りがまったくちがいます」

ラスカーはもっと大胆にそれを改訂した。「難聴が治ります。ルイスヴィルの男、即座に聴力を回復する単純な小さな装置を創始——しっかり快適にはまって外から見えません。190ページの無料冊子ですべて説明」。その後に続くコピーは新聞記事のスタイルをまねていた（ラスカーは十代の頃に記者だったのをお忘れなく）。「もはや耳の遠い人はラッパとか管とかその手の古くさい装置を抱えて歩く必要はない。なぜならいまや、耳にはまって外からは気付かれない簡単な発明で、聴力を完璧に回復できるからだ。その栄誉はルイスヴィルのジョージ・H・ウィルソン氏に属する。ご当人も難聴だったが、いまやだれにも負けずよく聞こえている」。この改善版の見出しとコピーには、耳に手を当てている人の絵がついていて、「見たこともないほど難聴の人物」と書かれていた(13)。

低迷するウィルソン鼓膜社は復活した。ラスカーのキャリアは上り調子となった。かれは新しい形で広告を書いていて、新聞記事の形式を真似たものにしていた。それは広告に対して人々が自然に抱く疑念に対し、なぜその製品に関心を持つべきかという理由を示すことで応えるというものだ。これは「理由」広告と呼ばれている。この種の広告は、なんだかよいもののように聞こえるかもしれない。人々に対し、なぜその製品で利益が得られるかを告げるのだから。でももちろん、そうした「理由」広告は人々の本当の知性に訴えているのではなく、肩の上のサルに語りかけていることもある。ウィルソン鼓膜社の例がそれを実に見事に示している。1913年にアメ

リカ医学協会ジャーナルは、「難聴治療法として［ウィルソン鼓膜は］5セントの価値もない」と宣言している。(14)

クロード・ホプキンス　クロード・ホプキンスは、3人の「偉人」の2人目で、「広告」の範囲を大いに広げて現代的なマーケティングにした。その父親は新聞編集者で、1876年にクロードが10歳のときに他界した。(15)働きながら学校を出たかれは、ビッセルじゅうたん掃除機社の簿係としてキャリアを開始した。フィラデルフィアの有名なコピーライターが「カーペット掃除機は、いいものを買おう――マッチなしでもきれいさっぱり」(16)というひどいコピーしか思いつかなかったので、ホプキンスの代替広告が採用された。

次に上司のメルヴィル・ビッセルを説得して、じゅうたん掃除機をクリスマスのプレゼントとして売り出すようにさせた。ディーラーたちは、無料で「クリスマスプレゼントの女王」というディスプレイをもらえた。さらにホプキンスは手紙を5000通送りつけて、じゅうたん掃除機をクリスマスプレゼントとして薦めた。それに対して注文が1000台分舞い込んだ。それからビッセルを説得し、立派な木材12種類を使ったじゅうたん掃除機を作らせた。明るいメープル材から暗いウォールナット材までいろいろだ。たった3週間で25万台が売り切れた。(17)

これほどの才能は、ビッセル社やミシガン州のグランド・ラピッド市に収まっているような存在ではなかったので、ホプキンスはまもなく大都市シカゴに向かい、スウィフト&カンパニー社（精肉販売社）に入った。ルイス・スウィフトは、広告なんかにお金を使うのをいやがったものの、ホプキンスはなんとか一つ大きな成功をおさめた。

コトスエットは、一種のラードだ。その競合製品であるコトレーンより、よくも悪くもない。でもホプキンスはそれがちがうかのように見せた。ロスチャイルドのデパート食品売り場で[18]、かれはコトスエットを使って世界最大のケーキを作り出した[19]。コトスエットを手桶一杯分買うと、賞品がもらえる。またこの歴史的ケーキのかけらももらえる。10万5000人以上が4階まで階段を上りケーキを見に来た。このプロモーションは全国的に報道された。コトスエットの売り上げは激増した。

仕事から仕事へ移り、かなりの成功を収めてきたホプキンスは、1907年にラスカーに見いだされて雇われた。ラスカーはほんの数年で、ロード&トーマス社の新星となっていたのだった。ラスカーが列車に乗っていると、たまたまその向かいにいたのは『レディース・ホームジャーナル』と『サタデー・イブニング・ポスト』の発行人サイラス・カーティスだった。カーティスはほとんど酒を飲まないので、かれが食堂車に向かってビールを買ってきたときには、ラスカーは不思議に思った。カーティスの説明によれば、シュリッツビールの広告に惹かれたのだという。そしてそれを書いたのはホプキンスだった[20]。

その広告はラスカー風の「理由」物語形式になっていた。でもひねりが加わっていた。そこでの主張はすべてウソではなかった。でも一方で、シュリッツビールの主要競合製品がすべてやっていることでもあった——たとえばビールの熟成、滅菌状態での生産、材料の慎重な選別などだ。ホプキンスとシュリッツ社は、他のビール業者も当然のこととしてやっていることをわざわざ得意げに吹聴するという、独特の厚顔ぶりを持ち合わせていた[21]（ついでにカッコに入れて付け加えておくと、史上最もうんざりする鎮痛剤アナシンの広告も似たような釣りをしていた。アナシンは「医者が最も推奨する痛み止め」を含んでいると広告は述べていた。でも、その広告に出てくる、一見すると劣るかのように描かれているブランドX製品にだってそれは含まれていたのだ。ちなみにブランドXというのは純粋なアスピリンだった[22]）。

このシュリッツ社の広告を理由に、少し調べてからラスカーはホプキンスを雇うことにした。ホプキンスはすでに十分豊かではあったけれど、ラスカーはその弱点につけこんだ。ホプキンスの妻が自動車をほしがったのに、ホプキンスはそれが過度の散財だと思っていた。ラスカーは、ホプキンスに自分の下で働くなら車を買ってやろうと申し出た。ホプキンスは、この自動車の手口はまさに自分の広告手法そのものだと思ったのかもしれない。まもなくフルタイムで働くようになる[23]。

ラスカーとホプキンスの2人は、シュリッツ社の継続案件を含め、次々に広告キャンペーンを引き受けた。B・J・ジョンソン石鹸社がロード&トーマス社に助けを求めてやってきた。当時売り上げ不振だった石鹸の一つは、パーム油とオリーブ油の組み合わせだったので、パームオリーブという名前だった。ラスカーとホプキンスは、何とかなるだろうと考えた。そこで「美の石鹸」なるものを考案し、この石鹸を使うだけで女性はずっと美しくなるという魅力的だが、同時にかなり怪しげな主張をパームオリーブの広告に載せた。

このキャンペーンを開始するにあたり、かれらはまず試験的にやってみることにした。ミシガン州ベントンハーバーで、かれらはこの石鹸との無料引換券を配った。地域の小売業者は事前にこの試みを知らされていた。つまりまもなく顧客がパームオリーブを引き換えようとしてやってくるということだ。店舗は、引換券ごとに10セントもらえることになっていた。これは石鹸の費用より高い。ほとんど一夜にして、地域のあらゆる店舗はパームオリーブの在庫を持つようになった(24)。

でもパームオリーブはもう一つ別の、もっとさりげない利益をその引換券から引き出していた。広告に引換券をつけることで、ラスカーとホプキンスはどの広告が成功しているかを判断できるのだ。戻ってきた引換券を数えればすむ。この小さな試験は、これだけ見ればベントンハーバーのパームオリーブ広告だけの話に見える。でも広告業界全体として見ると、ホプキンスとラスカーのこの実証的な手法にははるかに大きな影響力があった。それは、広告の有効性についての小規模な実験を実施し、その結果を全国に拡大するやり方を示したのだ(25)。

こんどはラスカーがホプキンスに影響されておこなった、オレンジに関する仕事を見てみよう。これはブランド化とマーケティングへのイノベーションをさらに進めたものだ。ロード&トーマス社は「サンキスト」オレンジを作り出した。この商標は、太陽（サン）にキスされた、というのを縮めたものだ。でもこのブランド化は、マーケティングキャンペーンの発端でしかなかった。その後のキャンペーンでは、鉄道車両内の全面広告、アイオワでのオレンジ週間（これはカリフォルニア州のオレンジ週間と並行するものとされていたが、そんなものは実在しない）、オレンジの健康効果に関する講演などが行われた。

1910年代以前、オレンジジュースはほとんど普及していなかった。オレンジは半分に切って、小さなフルーツ用スプーンで食べるのが通例だった。オレンジジュースがアメリカの食卓の定番になったのは、ロード&トーマス社とカリフォルニア果樹育成協会が、電動と手動のガラス製ジュース絞り器を開発して流通させてからだ。切手16セントを送れば、ガラス製ジューサーがサンキストから直にお手元へ![26] 別のマーケティングキャンペーンでは、サンキストの包み紙と切手12セントを送ればフルーツスプーン一つがもらえた。このキャンペーンは実に人気が出たので、やがて包み紙は、ロジャースの銀メッキ食卓セットの14アイテムのどれとも交換できるようになった。

このオレンジの例を選んだのは意図的なものだ。オレンジほんの数個の購入でさえ、消費者たちはそれが「太陽にキスされた」などという物語に影響されてしまうというのに加え、マーケティングキャンペーン一般が作り出した物語（包み紙をとっておけばスプーンがもらえる、切手を送ればジュース絞り器がもらえる）にも参加することが示せるからだ。

標準的な経済学は、オレンジとリンゴの購入（第1章「人生至るところ誘惑だらけ」で述べたように）は経済的な意思決定すべての代表例だとしている。でもこの記述は、オレンジなどというつまらないものですら、心の中の物語にどれほど依存しているかという点を完全に見過ごしている。そしてさらに、他人がそうした物語をどれほど左右するかも無視している。こうした物語は、私たちの最も重要な意思決定のいくつかさえ左右してしまう。だれと結婚すべきか、学校はどこを選ぶべきか、そして国務長官にとっては、戦争か平和かといった決定さえも。

デイヴィッド・オグルヴィ　さらなる一般化を進める前に、あと一人広告業者を検討しよう。ラスカーやホプキンスの場合と同じく、ちょっと出自をたどるとデイヴィッド・オグルヴィの背景がわかる。かれは謹厳なスコットランドの寄宿学校フェテスカレッジに通った。でもその後、オックスフォード大学の1年でほとんど講義に出ず、放校処分となった[27]。

1年後の1931年、パリのホテル・マジェスティックのペストリーシェフとなっていたかれは、イギリスに戻って高級オーブン、AGAクッカーの販売を始めた。そのセールス技法についてかれが書いたパンフレット——いまだにマーケティングの古典とされる——のおかげで、かれはロンドンのマザー&クロウサー（広告業者）に職を得た[28]。

でもほんの数年でアメリカに旅立ち、ジョージ・ギャラップの下で意見調査の仕事を始めた。戦後の1948年にかれは細々と自分の広告代理店オグルヴィ&マザー社を立ち上げた[29]。当時かれは、クライアントとして5社を夢見ていた。ゼネラルフーズ社、ブリストル＝マイヤーズ社、キャンベルスープ社、リーバブラザース社、シェル社だ。やがてかれはこの5社すべてをモノにすることになる[30]。

かれの二つの広告が、雰囲気作りと示唆というその十八番のスタイルを示している。ロールスロイス社のコマーシャルは、シルバークラウドの運転席に優美な若い母親がいる様子を描き出す。その身体はちょっとだけ、同じくらい優美な子どもたちのほうに向けられている。子どもたちは車のほうにやってくるところで、ファッショナブルな雑貨店の戸口のすぐ外にいる。詳しく書かれたコピーの見出しはこうだ。「時速100キロで走る、この新型ロールスロイス車内でいちばん大きな音を立てるのは電気時計です[31]」

オグルヴィがいちばん有名なのは、1950年代から70年代にかけての「ハサウェイシャツの男」キャンペーンだ。大判のカラー写真が、さまざまな場面にいる落ち着いた男性を写しているが、その人は常に眼帯をしているのだ[32]。長年にわたり、何週にもわたり『ニューヨーカー』誌にはさまざまな格好をしたその眼帯の男が載る。交響楽団を指揮したり、絵を描いたり、オーボエを吹いたり、などだ。同誌の購読者たちは、ハサウェイの広告をまず開くという習慣が身についてしまった。眼帯男の物語に魅了されて、かれがこの1週間何をしていたのだろうと好奇心を覚えるようになったのだ[33]。

当のオグルヴィ自身が眼帯広告について言っていたことを念頭に置くといいだろう。かれ自身、それが成功するかわからなかったというのだ[34]。でも試してみたらハサウェイシャツの売り上げが激増した。かれはホプキンスと同じ実証的な性格をしていた。何がうまくいくか、実際に試してみるのだ。

広告によるカモ釣り

3人の「偉人」――ラスカー、ホプキンス、オグルヴィ――の歴史から、自由市場での販売がもっと一般的にどう動くのか、広告業界経由で概略を理解できる。広告への反応は、買い手の動機と弱点の両方も明らかにしている。消費者たちは当然ながら広告業者に不信感を持っている。こうした広告は人々に買うよう仕向ける利己的な試みだと知っているのだ。その疑念に対処するのが、理由広告の基本となる。でもだからといって、そこに詐術がないということではない。

ラスカーとホプキンスにかかると、オレンジは「太陽にキスされて」いる。シュリッツビールは「必要な費用の倍額かけて」醸造されている。オグルヴィ世代の広告業者たちは、顧客たちをたとえばロールスロイスに乗った若い母親と同一視させるような雰囲気を作り出した。マールボロ・マンのような気分にさせた。あるいはフォルクスワーゲンの「小さく考えよう」。もっと一般化すると、そのすべての場合に広告が成功したのは、そうした広告からの物語が顧客自身の物語に接ぎ木されていたからだ。

ある不動の原則がホプキンスの自伝で説明されている。「私はビジネスがゲームだと思っているし、ゲームのつもりで遊んでいる。だからこそ私は、かっても今も、それに没頭しているのだ」[35]。でもそれがゲームなら、ルールは何だろうか？　広告業者の目標とは何だろうか？　こうした目標の筆頭として、デイヴィッド・オグルヴィは端的に述べている。「私たちは、売る――さもなければどうなるかわからない」[36]

競争的な自由市場では競争は激しい。伝記や自伝でこうした広告業者たちは、クライアントを失うという目先の恐れを抱き、まさにその競争の激しさを述べている。広告業者の役割は、顧客の願いを満たすことだ。売り上げをもたらすような影響を持つ技法を使うのだ。

でも、さらにカモ釣りに関連するものが広告では見られる。1960年代のサブリミナル広告騒動――広告業者たちが、人々の心を無意識下で操る方法を見つけたという話――は実際には誇張だった。でも広告業者たちは、それほどおそろしくはないけれど、ずっと直接的な手法でその狙いを実現する。オグルヴィの自伝『ある広告人の告白』（邦訳海と月社）では、かれは何が成功して何が失敗するかはなかなか予想できないと告白している。たとえばすでに見たとおり、眼帯がシャツの販売に貢献するという直感はあるかもしれないけれど、確信はない（そして最も洗練された広告業者ですら人々が何を買うか予想はできないように、消費者としての私たち自身も、自分が何に動かされているのかあまりよくわかっていない）。でもそこで広告業者たちは、統計検定を通じて、何が成功して何が成功しないかを検討できる。オグルヴィは、見事な広告コピーと同じくらい、ギャラップで学んだ統計検定知識を誇っていた。[37]

ここには本当の魚釣り（カモ釣りだけではない）とのアナロジーがある。ある釣り場を試してみよう。仕掛けを投げてみよう。食いつくかどうか見てみよう。うまくいかなければ、上流に移るか、湖の別の部分にボートを進めよう。この試行錯誤で魚は捕まる。この釣り師のように、広告業者は、今日の魚がどこにいそうか、直感しかない。試行錯誤で何が機能するかがわかる。

自由市場では、私たちは餌のところに泳いで行く必要はない。試行錯誤の中で、餌のほうからこっちにやってくる。眼帯の男の例がここでも示唆的だ。オグルヴィがこれを試したとき、当人が後年書いたように、それは単なる気まぐれだった。でもそれでハサウェイシャツの売り上げが急増すると、かれはそれを続けた。

もちろんこれは、釣り均衡の根底にある基本的な発想を反映している。人々の肩の上のサルの嗜好から利潤を上げる方法があるなら、釣り師たちはそれを見つけるまで試し続ける。

マーケティングの進化：大統領の売り込み今昔

ラスカー、ホプキンス、オグルヴィは、当時の広告とマーケティングの姿をうまく与えてくれる。その時代から広告業者たちは、広告の狙いの精度をずっと上げるよう学んできた。実際、コンピュータでウェブ・ブラウズしているとき、広告業者たちがビッグデータ利用を通じて実質的な読心術を発見したのではと思うこともあるかもしれない。

こうした技能の最大の見せ場は大統領選挙の政治キャンペーンに見られる。これらは商業的なマーケティングに比べてずっとオープンだから、ことさらわかりやすい。1920年のハーディング候補のキャンペーンと、2012年のオバマ候補のキャンペーン――前者は当時、後者はいま――のちがいを比べると、より一般化したマーケティングと広告の変化についてはっきりした見通しが得られ、ラスカーやホプキンスやオグルヴィの時代の釣りから、さらに大がかりで強力な釣りへとトレンドが進んできたのがわかる。現代の統計技法が、マーケティング担当や広告業者――民間だろうと政治だろうと――に、どこでどうやって釣ればいいかを教える、ということを見る。ちょうど地質学の現代技法が石油ガス会社に、どこをどうやって掘るべきか教えてくれるのと同じだ。(38)

ハーディング大統領の例　最初の比較点は、1920年のハーディング候補の大統領選キャンペーンだ。ここでは、ラスカー＝ホプキンス式のマーケティングの応用が見られる。これは特に、当のラスカーがハーディングのキャンペーン担当だったから当然だろう。ハーディングはものすごい遊説家として知られていた。そこでラスカーは、ハーディングのために別の戦略を編み出した。かれをオハイオ州マリオンの小さな町にいさせるのだ。広い正面ポーチのある、文字どおりのホワイトハウス（白い家）だ。そのポーチをステージセットとして、ウッドロー・ウィルソンが外国ともめていることに人々はうんざりしていることを利用しようという共和党の狙いに使おうとしたのだ。ハーディングへの一票は、第一次大戦後と1920～21年の不景気から「日常へと帰還」する一票となるのだ。

少なくとも1920年頃のアメリカの国民神話においては、小さなオハイオ州の町で、快適な自宅のポーチにいる気さくな大男ほど日常的な存在はいなかった(39)。そしてそれを強調するにはどうすればいいだろう？　使節団にそこを訪問させよう。ハーディングはポーチに顔を出して、民主党のブランドに反論し、共和党ブランドを支持するような、慎重に練った理由を発言するのだ。そしてその演説は必ず次の一語で締める。「もうあれやこれやのもめごとはおしまいにしよう」。こうした言葉はキャンペーンのモットーとされ、全国の看板に貼り付けられた(40)。

ラスカーは、当時のメディアを通じてこのメッセージを広げた。メディアはマリオンに駐在し、記事を作るには、そのポーチからときどき放たれるメッセージに依存するしかなかった。キャンペーンは独自の写真を何千枚も供給し、同時にメディア向けのシャッターチャンスも提供した。当時の新しいメディアも動員された。ラスカーはフィルムクリップを映画館に送りつけたのだ。

科学的技法をほんのちょっとだけ使ったこのキャンペーンは、上映後に映画館の観客に対してだれに投票したいかを尋ねた。ハーディングがゴルフをしている映画が否定的な反応を引き起こすと、ラスカーはすばやく対応した。かれはシカゴ・カブス球団をマリオンに呼んでエキシビション試合をやらせ、ハーディングが最初の三球を投げたのだった。この英雄は、実は野球ファンでしたというわけだ。その後、あれやこれやのもめごとをおしまいにしたかった男が本当に好きなスポーツはゴルフだったというのは秘密となった(41)。

オバマ大統領の例　今度は、もっと最近はどうだったかを検討しよう。2012年のオバマ選挙キャンペーンは、広告（この場合は「大統領の売り込み」での広告）が本当に成熟してきたことを示す。統計検定は、ベントンハーバーでのパームオリーブの引換券で始まったかもしれないし、その後は1920年の映画館でのアンケートで原始的な形で使われている。でも2012年のオバマ選挙キャンペーン（オバマ2012）は、それが新しい芸術形態として使われているのを示している。

キャンペーンの中間目標は、支持者に有権者登録をさせることだ。浮動票をこちらに引きつけることだ。そしてその支持者たちに投票させることだ。伝統的なキャンペーン技法は、オバマ2012までは、裏目に出る可能性があった。こちらの支持者に有権者登録をさせると、相手の支持者の登録も増えてしまう。こちらのメッセージを送る相手をまちがえたら、浮動票はこちらにくるだけでなく、相手側にも流れかねない。

この問題に対する旧式の解決策は、不完全だった。こちらの支持者がたくさんいる場所や会場を選ぶ、というものだ。でもこの副作用問題はそういう場合でも消えない。たとえば民主党支持者の比率が6対4で多い地域では、投票に行こうキャンペーンをすると、民主党の得票数純増は20パーセントになってしまう。

でも現代のキャンペーンは有権者を個人ごとに狙い撃ちすることで、副作用を最小化する方法を発見した。完全に狙いをつければ、6対4の地域では民主党支持の6割だけが狙われる。共和党支持の4割は完全にスルーだ。現代の統計技法と大量のデータと大量の世論調査で、オバマ2012は、それに近いことを成し遂げた。

最初の作業は、有権者1億人以上に個別ID番号を割り振ることだ。そして有権者の数字に個人情報が紐づけられる。[42] この方法は数々の豊かなソースから得られる。まずは公開されている有権者登録（これは一部の州では支持政党別に有権者登録を識別している）だ。さらには選挙ごとにだれが登録したかという記録も使われる。便利なこととして、こうした情報には名前、住所、投票地区が含まれている。このファイルにはさらに、商業的な情報源からの1000個もの追加特性項目がついている。これはクレジットカードの信用情報、雑誌購読、クラブ会員登録などから得た情報だ。

プロセスの第二弾は、中くらいの規模の標本にアンケートを行い、有権者登録の可能性を探ることだ。そしてオバマを支持するかどうか、実際に投票するかも尋ねる。これをもとに、民主党全国委員会ファイルの詳細データを得て、こうした潜在有権者たちの豊かで詳細なデータを元に、巨大なデータファイルに含まれる全員について、有権者登録、支持候補者、投票するかどうかの可能性をかなり正確に推計できた。[43]

つまりオバマ2012は、6対4の地区の「あらゆるドアを叩く」という世界ではなかった。支持してくれそうなドアだけを叩くという戦略になった。これで、見込みない人々にアプローチする費用が省けただけではない。相手方の支持者が、オバマではなくロムニー候補への支持票を入れるよう促すという損害も避けられた(44)。

追加の利点は、有利な選挙区で有利な有権者だけを狙うという戦略を超えるものだ。これまでは、選挙キャンペーンは自分たちが明らかに多数ではない地区や会場は避けた。たとえばイリノイ州では、民主党は州南部を丸ごと避けた。ニューヨーク州では州北部を避けている。でもいまや、そうした場所でも有権者のうち、支持者が少数派とはいえかなり多い地区では、そういう人々を狙い撃ちできる。個別に狙えるからだ。オバマ2012にとって、民主党少数派地域のこうした有権者たちは、検出不能のダークマターではなくなっていたのだ。

広告とマーケティングの世界では、いまでも正しいメッセージを実現し、正しい物語を作り出すというのが重要だ。相変わらずハサウェイシャツの男に関する物語の話だ。そしてパームオリーブで美しくなるという物語だ。でもオバマ選挙戦は、どこを狙ってメッセージを出すか、そしてメッセージを出すときにそれが好意的に受け取られるのはどこか知っていると、大いに役立つことを示している。

でも、正しい物語を適切な人に向けるのが重要だなんてことは、だれでも知っている。まちがった話をまちがった相手にすれば、ずいぶん面倒が生じてしまうなんてことは、どんな学童だって知っていることだ。広告業者は、選挙戦の人々と同様に、その学童の英知を磨き上げる現代的な手法を見つけたのだ。

付録：マレーシア航空370便

ニュース報道と広告との間には不思議な類似性がある。どちらも物語を語るのが役割だ。広告業者は、人々の物語に自分たちの物語を接ぎ木して、自分たちが買ってほしいものを人々に買ってもらいたいと思っている。テレビニュースは、自分たちの物語に注目するよう促して、収入をもたらすコマーシャルを見てほしいと思っている。こんなことをしているヒマはないと賢明な部分が告げているのに、そのニュースを見てしまうなら、それはカモとして釣られているのだ。その例を挙げてみよう。

2013年春、たぶんみなさんもまちがいなくご記憶だろうが、マレーシア航空370便が北京に向けてクアラルンプールを離陸した。でも決してたどりつくことはなかった（これはニュースになったマレーシア航空機3機の最初のものだ）。370便は消えてしまった。するとテレビはこのニュースを、昼夜ぶっ通しで、毎週のように、何カ月も流し続けた。私たち（シラーとアカロフ）はどちらも、なぜこんな全体として見ればどうでもいい事件が、これほど大きく報道されているのかといぶかしく思ったのを覚えている。

私たちにはそれを説明する仮説がある。ロナルド・トバイアスは物書き志望への助言書『20の主要プロット：そしてその構築方法』で、すべての文学は20種類の基本的ながら、とても深く心を動かす物語の変奏でしかないと論じている。そしてそれが、あらゆる文化に存在するのだ、と。

このマレーシア航空３７０便の物語は、主要プロット７番に相当する。これは「なぞなぞ、別名ミステリー」と呼ばれている。トバイアスの説明では「読者にとっての挑戦は、主人公より先に謎を解くことだ。これでなぞなぞはコンテストになる。主人公が先に謎を解明したら読者の負け。主人公より先にわかれば勝ちだ[45]」

おもしろいことに、私たち（シラーとアカロフ）は、アメリカ人の大半と同じく、これに引き込まれた。私たちもまた、謎解きモードに入り込んだ。シラーは独自の答えを編み出したほどだ。パイロットが気を取られて計器を読み違えた、というわけだ。そして通信設備のスイッチを切り、墜落したのだろう。ちょうど28年前にチェルノブイリ原発の責任者が緊急炉心冷却装置のスイッチを切ってしまい、原子炉が爆発したように。

その後の関心はどうあれ、未だに私たちは３７０便の物語にしてやられたように感じる。私たち（シラーとアカロフ）がこの「なぞなぞ」を解こうとするのは、スロットマシーンを前にしたモリーとちょっと似ている。頭の賢い部分は、こんなの時間の無駄だと告げている。それでも私たちは入り込んでしまった。でも人生がめちゃめちゃになったモリーとはちがい、このニュースにちょっと注意を向けたことによる直接的な費用は、無視できるものだった。

とはいえ、人々が集合的にダメなニュースの中毒になっても、みんなが高い代償を支払う可能性もある。他に流せるニュースや、他のニュースの深掘りを何百万人にも流すことで、世論が左右され、かなりの影響力をもった可能性があるからだ。

マレーシア航空の物語はさらに教訓を与えてくれる。私たちがニュースに耳を傾ける（新聞を読んだりなど）とき、「ニュース」を耳にしている（読んでいる）のが当然だと思っている。でもその「ニュース」とは何だろうか。私たちは心のどこかで、編集者たちは視聴者の「真の」利益にかなう「ニュース」を示す報道を集めてくれたのだと思い込んでいる。つまりかれらが、私たちの「ニュース代理人」として動いているのだ、と。

多くの点で、アメリカのニュース商売は本当にそういうふうに動いている。強い倫理基準はあるし、特に「事実だけを報道」の規範はある。でも釣り均衡においては、競合するニュースメディアの中で、報道する費用さえ負担できるなら、どこかの媒体が「人々の求める」ニュースを選別して与えてくれるのだ。

マレーシア航空のニュースを流すのは、単なる暇つぶしでしかない。でもちがう種類のニュース、たとえばヘイトニュースは、ずっと影響が大きい。多くの追随者たちは、本当はそんなニュースに興味を持っていなかった可能性が高い。むしろかれらがそれにチャンネルをあわせるのは、肩の上のサルの促しがあったからかもしれない。でも本当のかれらが何を求めているにしても、そうした悪質なサルがいる限り釣り均衡の中で存在し続ける。そしてそうしたものを提供する特殊能力を持つ人々は、それを提供することで一財産築くことになるのだ。

第4章 自動車、住宅、クレジットカードをめぐるぼったくり

人類学者たちが、アフリカの断層峡谷が人骨探しによい場所だと知っているように、私たちはぼったくりがカモ釣りを見つける肥沃な現場だと知っている。[1] この章では、自動車ディーラー、住宅売買、クレジットカード利用でのぼったくりを検討する。どの場合も、消費者は大金を支払っているのに、便益は驚くほど小さい。カモ釣りは、自動車や住宅など、生涯で最も高価な買い物をする際に、人々にかなりの追加費用を出させるうえで大きな役割を果たすことを示そう。さらに、クレジットカードが人々を釣って、毎日のように必要以上の大金を支払わせることも示す。

ショールームでの釣り

だれしも、自動車のショールームに車を買いにいくときには、多少は不安になるものだ。ずっと昔のある夏、私たちの一人（アカロフ）はジョンソン・エンド・ジョンソン社跡取りの下でサマージョブ（夏休みのアルバイト）に雇われた。かれは、父親の話をしてくれた。父親のジョンソンは、「ダンガリー」を着て地元ロールスロイス販売店にでかけたという。販売員に邪険にされると、かれはその場でロールスロイスを2台買って、販売員の態度が変わるのを見物したそうだ。

ほとんどの人は、販売員の高飛車な態度にこんな形でお返しするだけの財力はない。むしろ、新車を買いに出かけるときには、トヨタカムリやホンダアコードの値段を心配する。自動車購入者は新車の場合、平均で8年ごとに車を買い換えるし、中古車なら3年ごとに買い換える。[2] だから自動車ディーラーで価格交渉をする能力は、人々の予算の一費目になっている。

どれだけぼったくられているのかを示すよい数字が、びっくりするような出所から得られている。1990年代に、弁護士で経済学者のイアン・エアーズとピーター・シーゲルマンが、買い手の人種や性別によって新車価格に系統的なちがいがあるかどうかを突き止めようとした。[3] そこで、大学を卒業したばかりの黒人と白人の男女を雇った。人種と性別以外のあらゆる面で、この被験者たちはできるだけ似通っているように選ばれた。たとえば年齢（28歳から32歳）、教育水準（中等教育以後3年から4年の就学期間）などだ。ディーラーに向かうときには似たようなレンタカーを使った。似たような「ヤッピー」服を着た。即金で買えることを示した。そして自宅住所も同じものにした。さらにこの若い男女は、おそらく当人たちも後で知らされて喜んだだろうが、「主観的に見て平均的な外見の魅力であるように選ばれた」とされる。これらの被験者たちは、ある特定モデルの自動車について、最初の提示価格を引き出し、その後、最終価格に向けてどのように交渉を進めるべきかについて、詳細な指示を受けた。

最終的な交渉価格を見ると、白人女性は白人男性よりも提示価格が246ドル（インフレ調整済み）高かった。黒人女性は773ドル高かった。黒人男性は2026ドル高かった、とエアーズとシーゲルマンは報告している。[4] 黒人女性は自動車の価格に対して3・7パーセント高い値段を要求された。黒人男性は9パーセントも高い。[5]

人種と性別による差別を禁じた法律に違反していたかはどうあれ（弁護士としての立場で考えていたエアーズとシーゲルマンはこれを気にしていた）、ここからの明らかな結論はもちろんとても重要なものだ。これは自動車のショールームを超えるもっと一般的な場面で、黒人男性や黒人女性は取引で損をしがちだということを示している。スーパーでは同じ値段を支払うかもしれない。でも、財務的な厚生にとって重要な他の取引では、それほど幸運ではない。たとえば住宅購入とか、同じく人生を左右する、就職や雇用継続といった取引でだ。

なぜ黒人男女はこんなにふっかけられているのだろうか？　エアーズとシーゲルマンは、いくつかの可能性を考えている。一つの可能性は、純粋な悪意だ。人種的な憎しみやジェンダー的な性差別となる。でも、販売員が黒人でも白人でも、黒人に対しては同じ高価格を提示することがわかった。だからかれらの結論は、そうした悪意ではなく、販売員は単に人種と性的なステレオタイプに基づいて、損な取引を断らない可能性が高い人々を見分ける感覚を持っているのだ、というものだった。たとえば黒人は、「新車を買おうとしているときには白人より車を持っている可能性が低い（だから複数のディーラーをはしごしづらい）」かもしれない。(6) 言い換えると、ちがいが存在するのは販売員たちが人種と性別に注目することで、釣りの機会を向上させるからだ。

でもエアーズとシーゲルマンが認識する以上に、ここには釣りの証拠があるのだ。人種と性別によるちがいに注目するあまり、2人は実験結果の表から出てくるもう一つの事実を見逃している。人種と性別によるちがいを考慮した後でも、提示価格には残余の変動がかなりあった。この変動が重要なのは、それが人々が車に対してどれだけ「払い過ぎ」ているかを示すからだ。

かなりもっともらしい想定を置くことで、(7) 私たちは当のディーラーたちが販売をあきらめる金額に比べて人々がどれだけ払い過ぎているのかという過剰分を推計してみた。この推計によると、被験者のほとんど3分の1は、2000ドル以上高い金額（インフレ調整済み）を提示されていたことになる。もちろんだからこそ自動車ディーラーに行くときにはだれしも緊張するのだ。一部の人は、盛大にカモられてしまう。自動車ディーラーからの告白も、この解釈を裏づける。エアーズとシーゲルマンに対し、利潤の半分ほどは、顧客のたった10パーセントからきているのだと

述べた人もいたそうだ。(8)

こうした結果を基に、研究助手ダイアナ・リーがそれをさらに調べた。彼女は自動車販売員たちが顧客をカモるのに使う、主要な「手口」を研究したのだ。こうした点について自動車販売員たちにインタビューをしようという試みが、すぐさま抵抗を受けたのは当然だろう。みんな黙ってしまった。でも、あるインタビュー相手は驚くほど率直だった。販売員が使う三つの主要な手口を教えてくれたのだ。

販売員が使う三つの手口

まずかれは、ほとんどの顧客がショールームにくるときには、すでに理想の車が頭の中にあるのだという。コマーシャルを見てその気になっているのだ。「四輪駆動、車庫入れ用カメラ、このガラクタ、あのオプション」といった具合に。そのガラクタ完全装備の車が推奨小売り価格より1万ドル高いと知ったとき、顧客がいろいろあきらめようとするのを抑えることが販売員の仕事だという。「でもそういうガラクタがあったほうがこんなに便利ですよと売り込んで、そういう代物がたぶん後から必要でないことがわかる確率が高いことは見ないようにさせるんです」

下取り価格が釣りの第二の標的になる。ダイアナに教えてくれた販売員はこう推奨する。「下取りに出したい車があるという話は、ほしい車の価格の交渉が終わるまでは絶対、絶対、絶対に口に出さないように。もし下取り車があると教えたら、私たちは頭の中で、新車価格をそのままにしつつ、下取り価格を高くしたような印象を与えるにはどうすればいいかを思案しはじめますから」

三つ目にわかった釣りは、利潤を得られる別の分野を明らかにしている。ローン契約だ。ここでも販売員は手品師の（そしてスリの）手口を使う。標的の注意をそらすのだ。たとえば、もし販売員が買い手の注意を月々の支払い額に向けられたら、買い手はそのローン期間に気がつかない。でも追加の支払い月が増えれば、それだけディーラーにとっては純益が増えることになる。

ダイアナはまた、エアーズとシーゲルマンによる、10パーセントの顧客から50パーセントの利潤という示唆も検討した。これをやるにあたっては、業界の手口を尋ねたときに受けた、避けられない抵抗を回避するような質問の中で尋ねてみた。まずはまったく無害な質問から始める。純粋なプラシーボだ。でもその質問に埋め込まれているのが、本当に知りたい内容だった。50パーセントの利潤が10パーセントの顧客からくるというのはどのくらいもっともらしいのだろうか？　ほとんどのヒアリング相手は、それがかなりありそうな話だと言った。

でもその説明で、ディーラーによる釣りの中でこれまで販売の手口の研究からは見落とされていた次元が明らかになった。ディーラーにはサービス部隊がいる。そして売り上げからの利潤というより、サービスからの利潤（これはディーラー以外でやった場合よりずっと値段が高い）のほうが、10パーセントの顧客から50パーセントの利潤が得られる理由となっているのだ。

このダイアナの発見は、著者2人、シラーとアカロフの両方に、かなりのディーラーにカモられたという赤面を味わわせることになった。2人とも古いボルボを持っているのだ。新車で買ったときには、通常の釣りは避けた。メーカーの推奨小売価格をきちんと調べた。付属品は何も買わなかった。下取りもしなかった。そしてどちらも現金払いをして、ローン金利や手数料も避けた。

でもこれだけ慎重な私たちも、ボルボのメンテナンスにはそのディーラーを使っていた。当初、これは保証が完全に使えるということだった。そして後には、古いボルボをきちんとメンテしている自分たちを誇りに思った。でもその過程で、8000キロごとの定期点検ごとにまわってくる請求書に目をむくことが多いのにも気がつかされた(ちなみにその点検のお知らせも、ダッシュボードに自動表示されるようにあらかじめプログラミングされているのだけれど、これも今にして思えば決して裏の意図がないわけではなかったのかもしれない)。

私たちはいつも、自分たちが自動車購入を慎重に行ってきたつもりだった。でもダイアナの研究のおかげで、いまや自分たちがカモのトップ10パーセントに入っていることがわかった。この場合、私たちが慎重だったからこそ、そうなったわけだ。いやはや赤面。

住宅販売でのぼったくり

こんどは住宅購入に移ろう。これはほとんどの世帯にとっては、生涯の一大買い物だ。だから多くのお金と感情がカモにされるのを待っている。[9]一般的な思い込みとはちがい、アメリカ人は引っ越してばかりいるわけではない。みんなどこかに落ち着く。60歳になるまでに、8割の人が持ち家を持っている。そして平均でその持ち家に、かなり長いこと住み続ける。[10]現在の持ち家世帯にとっては、その家の滞在期間は、引っ越してきてから出て行くまで平均24年だ。[11]この二つの数字が意味するのは、アメリカ人の圧倒的多数は生涯で少なくとも家を一軒は買うということだ。また家を買うのは、ほとんどの人にとっては、そうそうあることではないということだ。

でも住宅購入者がカモられやすいのは、経験不足だけが原因ではない。『ハウスハンターズ』というテレビ番組は、家を買ったり借りたりしようとする現実のカップルたちを毎晩のネタにして人情ドラマを作り出す。そのやりとりは必ず、夢と予算上の現実との間で強いられる妥協が伴う。でもそこには二番目のドラマがある。これは、住宅購入カップルが、まったくちがうことも多い2人の希望の間でどんな合意に達するかというものだ。つまり住宅購入者は希望とはちがう家を買ってしまうという弱点を示しかねない。

でももう一つ、テレビでは放映されない別のぼったくりの原因がある。売買契約締結の費用だ。購入希望が受け入れられたとき、必要な資金調達を行うまでの締め切りは短い。売り手は、買い手が約束どおりのお金を用意できるという証明をジリジリしながら待っている。これで買い手は、未経験でもあり、それまでの関心が別のところにあったこともあり、ことさらぼったくりに弱くなってしまう。

通常、住宅購入の取引費用を考える場合には、不動産仲介手数料が頭に浮かぶ。住宅購入の一部の標本（連邦住宅局の住宅ローンを使ったもの）では、通常の手数料はいまでも標準の6パーセントが標準だ。売り手の29パーセントがこの金額を手数料としている。47パーセントほどはもっと手数料が低い。でも驚いたことに、24パーセントはなぜか多めに払っている。[12]

6パーセントと言われると、かなり低い手数料に思える。地元の薬局でバファリンに支払う売上税もそのくらいだ。でもちがう考え方をすれば、これは巨額の手数料だ。買い手からすれば、自分たちを助けてくれる不動産屋は無料だと思うのが通例だ（訳注：アメリカでの話。日本の住宅では売り手と買い手が半々ずつ払う場合が多い）。でも経済学者から見れば、だれが支払おうが関係ない。というのも需要供給分析の標準的な論理からすると、買い手（売り手ではなく）が仲介手数料を負担するなら、住宅価格がその分だけ低くなるはずだからだ。[13]

このように視点を変えると、不動産仲介業者へのこうした支払いの相対的な規模を見る別の尺度が示唆される。初めて家を買う夫婦は、一般的には頭金1割が通例だ。この人たちにとって、手数料の6パーセントというのは頭金の6割に相当する。[14] そんな支払いが正当化されるのか？断言はできないものの、こうした手数料は他の国ではずっと低いことを理解しよう。そしてそうした国々では、人々は不動産屋のサービスが悪いと文句を言ったりはしていない。[15]

不動産契約費用でのぼったくり

でも不動産屋への手数料が取引費用のすべてではない。連邦住宅局の住宅ローンを使った大型標本を見ると、追加の契約締結費用が平均で、住宅ローン価額の4・4パーセントほどかかっている。[16] 不動産屋への支払いと併せて見ると、頭金1割の初の住宅購入者にとっては、取引費用と自分たちの支払う頭金とがほぼ同額になってしまう。こうした契約締結までの追加費用はいろいろな形態がある。その大半は二つの目的のためとされる。登記変更費用、そして住宅ローン契約費用だ。そしてこの、住宅ローン契約費用にこそ、ぼったくりの驚くべき例があることが慎重な調査によって示された。これは何年も続いていたが、2010年ドッド＝フランク法でやっと違法とされた。[17] このぼったくり手法を少し詳しく見よう。というのも、その規模がどれほどのものだったかを示す、驚くべき情報が手元にあるからだ。

住宅を買った夫婦は、新居に引っ越したときには通常手持ち現金がまったくない状態だ。頭金の支払いだけではない。新しい家具を買うお金もいるし、あのピンク色の台所を塗り直さないといけない。そんな必要とされる現金を手に入れるための便利な仕組みがある。住宅ローンを出している融資銀行が、その夫婦に目先の現金を用立てるのが通例なのだ。ただしそれは、住宅購入カップルが住宅ローン期間中、「相場」より高い金利を払うことに同意すればだ。

でもそのお金は、通常は住宅購入者に直接支払われるわけではなく、その取引の媒介をする住宅ローン仲介業者に対して支払われる。融資銀行がローン仲介業者に対し、金利4・25パーセントではなく、たとえば5・25パーセントの住宅ローンを成約したら、手数料を3000ドル余計に払うというのは公平に思える――この追加の3000ドルは、住宅購入者が負担することになる。

でも本当にそんなことが起きているのか？　経済学者スーザン・ウッドワードとロバート・ホールは融資銀行から住宅ローン仲介業者へのそうした支払いの中で、借り手につけ回されている割合に関するデータを手に入れた[18]。9000件近くの住宅ローンを含む標本二つが検討されている。片方の標本を見ると、住宅ローン仲介業者が銀行から受け取った1ドルのうち平均で37セントだけが住宅購入者の手に渡っていた。第二の標本では、住宅購入者はさらに不利な取引となっていた。住宅ローン仲介業者が1ドル受け取っても、そのうち住宅購入者の手に渡るのは15セントしかなかった。

またウッドワード＝ホール標本では、こうしたぼったくりは珍しいものではなかった。住宅購入者の93パーセントほどが[19]、相場より高いこうした金利の住宅ローンを選んでいた[20]。ちなみに加筆しておくと、住宅ローンについてのこのぼったくり検定は、自動車ローンをめぐるエアーズとシーゲルマンの検定と似たものとなっている。どちらの検定も、ある意味でまったく同じものに対する支払いの差を観察したものに基づいている。

逆に、住宅購入者たちは相場より低い金利の住宅ローンを見つけてくれたら、ローン仲介業者に手数料を支払うこともある。これをポイント手数料と言う。ここにも詐欺の機会がある。住宅ローン仲介業者兼消費者支援団体のキャロリン・ウォーレンは、ちょっと高齢の夫婦が住宅契約を締結する様子を述べている。妻のほうが、19ドルの洪水認定手数料に文句を言った。でもそれは、州法で義務づけられているのです、と言われ、これはそのとおりだった。

でも夫婦は処理費395ドルをあっさり見過ごした。これはまったく必要ないものだ。そして、ポイント手数料2000ドルも完全に見過ごした。ウォーレンは、そんなものが不要なのをすぐに見て取った。かれらのローン金利は完全に相場どおりだったのだ。だからポイント手数料もいらないはずだ。[21]

これを見て、アカロフは1994年に自分がメリーランド州チェビーチェイスで家を買ったときのことを思い出した。不動産仲介業者は、買うなら急いで腹を決めるように告げた。ちょうどアラスカからきた夫婦がいて、すぐにも買い注文を出しそうだという。また住宅ローン探しでも実に親切だった。仲介業者を見つけ、そして住宅ローンでアカロフはポイント手数料を払っている。アラスカからの夫婦は、本当にいた可能性もないわけじゃない。[22] アカロフは、そのポイント手数料が本当に必要だとそのときには思った。でも今にしてみればどうだろう。またも赤面すべきか。

レジでのぼったくり

クレジットカードの役割は、商店主ならだれでも知っているのに、単純すぎて経済学の教科書には載らないものが出発点となる。店舗は通常、費用に利潤を上乗せして商品を販売する。これはタクシーの車両を借りて、その借り賃として会社に1日100ドル払うタクシー運転手と同じだ。その100ドルにガソリン代を加えた分以上を稼いで、初めてかれは家族を養える。利潤上乗せも同じ仕組みだ。低いほうでは、店主たちは店舗を借りて電気ガス代やレジの店員を雇う固定費を支払う。損益分岐点を超えた高い部分では、追加売り上げはすべて利潤を増やす。もし店舗が顧客にもっと買い物をさせるよう促す錠剤を発明できたら、これは利潤を増やすのにとても有益だ。

おもしろいことに、そういう錠剤が発明されている。そして想像どおり、店舗はそれを使っている。そしてさらに、その発明の独占使用権を保有する人々はまた、店舗や他のみんなに課金する巧妙な方法も見つけている。その魔法の錠剤はクレジットカードと言われるものだ。人々は、それを財布に飲み込む。

人々は、自分は必要な（またはほしい）ものしか買わず、クレジットカード払いか現金払いかといったつまらない条件には左右されないと思っている。でもこれこそがクレジットカードの魔法の基盤の一つだ。というのもほぼまちがいなくこの点でみんなはまちがっているからだ。なぜクレジットカードが人々の消費にそのような形で影響するとわかるのか？　まず、クレジットカードを持つ人は支出が増えるという状況証拠がある。心理学者リチャード・ファインバーグの発見では、クレジットカード払いのお客が残すチップは、現金払いのお客より13パーセント多い[23]。別の研究によれば、クレジットカードの保有者は、アメリカ北東部でデパートに行ったときの買い物量が多い[24]。

でもこの支出のちがいは、クレジットカードが人々にもっとお金を使うよう促すかという質問に答えるうえで、決定的なものにはならない。クレジットカード保有者と非保有者はちがうし、支出パターンのちがいを引き起こしているのがクレジットカードであって、そうした他のちがいではないというのをはっきりさせる必要がある[25]。

クレジットカードは消費を促す

この問題を解決するのに、ファインバーグはさらに二つの実験を行った。心理学者としての訓練を使い、ファインバーグは社会心理学でよく使われるような実験を二つ行った。最初の実験では、被験者群にクレジットカードのヒントを与えて、その支出意思額をヒントを与えられない対照群のものと比べた。ヒントとしては、マスターカードの看板やロゴを被験者群が作業するテーブルの隅に置いておいたのだ。その看板は別の実験で使うものだという説明がなされた。それから被験者たちは、7枚の写真を見せられた。ドレスが2着、テント、男物のセーター、電灯、電動タイプライター（この実験が行われたのは1980年代初頭だ）、チェス盤一式。そして、それぞれについていくらまでなら出す気があるかを尋ねられた。(26) どの商品にも、被験者グループのほうがヒントなしの対照群よりかなり高い値段をつけた。その差は、テントの場合は11パーセントで、ドレスは50パーセント近くにもなった。

二つ目の実験では、被験者たちはまたもや支払い意思額を尋ねられた。商品が画面に表示され、反応時間が計測された。画面の片隅にクレジットカードがあると、ここでも被験者たちはたくさん支出する意思を見せた（それもかなりたくさん──トースター1台に対して、クレジットカードがない場合の52・9ドルに比べ、3倍の165・66ドルも支払うと述べた(27)）。この支払い意思額の大きな差は、クレジットカード会社が買い物分のかなりの歩合を（「カード手数料」と称するものとして）課金するというのに、店舗が嬉々としてクレジットカード払いを受け入れる理由を説明してくれる。

ファインバーグの結果はびっくりするものではあっても、経済学者ならその証拠が示唆的とはいえ必ずしも決定的ではないと考えるかもしれない。実際に支出はしていないからだ。2人の経済学者、ドレーゼン・プレレックとダンカン・シメスターは、この反論に対応した実験を行った。ハーバードビジネススクールのMBA学生を使い、三つの商品をめぐってオークションを行ったのだ。その商品は、アイスホッケーの地元セルティックスの試合チケット、野球の地元レッドソックスの試合チケット、そして慰めとして、セルティックスとレッドソックスのペナントだ。学生たちは無作為に、支払いをクレジットカードにするか現金にするか割り振られた。また現金払いでも面倒がないように、支払いを行う場所までの途中にATMがあるようにされた。

セルティックスの試合チケットはクレジットカード払いの場合だと2倍以上になった。レッドソックスの試合チケットは、75パーセント以上高くなった。ペナントはたった60パーセント増しだ。この実験はファインバーグの結果を裏づけるようだ[28]（私たちの研究助手ヴィクトリア・ビューラーはこの結果を見て、ビジネススクールの学生なら特に「もっと分別をわきまえるべきだ」と述べた）。

この二つの研究は、クレジットカードが人々にもっと消費を促すことを示すだけではない。むしろそれは、衝撃的にして驚くべきことに、カードが人々にかなり大量の消費を促すことを示しているらしい。これこそ待望の魔法の錠剤だ。でもその錠剤には代償がある。

クレジットカードの代償

店舗はどうやって人々にクレジットカードを持たせ、支払わせるのだろうか？　見事な小技を使うのだ。使用を無料にしてしまう。アメリカでは、これはかつて連邦法で義務づけられていた[29]。1968年の公正貸付法では、顧客がクレジットカード払いをする際、現金払いよりも多く課金してはいけないと義務づけた。でもこの法律は1984年に失効し、いまや公正貸付法式のクレジットカード規制は、アメリカ人口の40パーセントしかカバーしていない、たった10の州でしか実施されていない。店舗はVISAやマスターカードなどに手数料を支払うが、その手数料を客に請求するのはまれだ。また現金払いの客に値引きしたりもしない。ファインバーグとプレレック&シメスターの研究がその理由を示唆している。人々がクレジットカード払いのおかげで知らず知らずのうちに消費額を増やしているなら、メーシーズのような百貨店や、地元のスーパーでさえ、顧客に対し現金で払ったほうが安いかもなどと思わせないほうがいい。

顧客のクレジットカード利用を無料にすることは、まるで店舗が無料のワンちゃんを提供しているようなものとなる。クレジットカード利用者が本当にほしいのは雑貨かもしれないけれど、でもそれほどありがたくないものまで買って家に持ち帰る羽目になる。翌月のどこかで、その雑貨のカード請求書がやってくる。これはクレジットカード利用者の相当部分にとってはどうでもいい。アメリカ人の50パーセントは、クレジットカードの使用請求をいつも全額支払うと述べている(30)。でもかなりの人々はそこまで立派ではない。そしてかれらは負債を抱え込み、それもかなり高いものとなる。

クレジットカードの費用はとんでもなく高い。それがどれほど高いか、三つの方向から攻めてみよう。まず、総額についての統計がある。2012年を見ると、クレジットカード産業の収入総額は推定1500億ドルだ(31)。つまり人々はクレジットカードの利用について――ほとんどの人は、それが便利だとは言うけれど、でもそんなに大したものではないと考える——主要な必需品の相当部分についてクレジットカード払いにしているということだ。この1500億ドルというのは、住宅ローンの金利総額として支払っている金額の3分の1以上だ[32]。家庭の食費支出の6分の1以上だ。そして自動車やその部品に支払う金額の3分の1以上だ[33]。

二番目の方向から攻めてみよう。この費用は、各種の支払いごとにどんな内訳になっているだろうか？　費用の構成要素としてはざっと三種類ある。それに割り振ると、費用の半分ほどは、延滞金に対する利払いだ。3分の1はカード手数料だ。そして6分の1は各種罰金、特に遅延手数料だ[34]。

第三の攻める方向を与えてくれたのは、『ヤバい経済学』スティーブン・レヴィットの元生徒で気鋭のブロガーであるショーン・ハーパーだ。かれは、顧客がシティコープVISA特典カードで支払いをしたときに商店が負担するカード手数料を計算した[35]。コンビニで1・50ドルのガムを買ったら、手数料は40セントだ。ガソリンを30ドル分買うと、1・15ドルだ。100ドルの雑貨を買うと、2・05ドル。ハーパーの一覧は延々続く。こうした手数料の規模についての目安としては、それを商店の利潤と比べてみればいい。コンビニだと年間利潤の2・25倍だ。別の目安としては、スーパーに対して2パーセントの利用手数料を課すことで、クレジットカード会社は平均的な雑貨の利潤上乗せ分の5分の1近くをかっさらっているのだ[36]。

クレジットカードのカモ釣り

カリフォルニア大学サンディエゴ校の経済学者ミシェル・ホワイトは、クレジットカードの費用について別の第四の側面を記述している。クレジットカードは個人破産の大きな原因なのだ。破産する人は巨額のクレジットカード負債を抱えているというかなりよくある発見も示唆的だけれど、これは破産の原因がクレジットカード濫用だという確実な証拠にはならない。クレジットカード濫用以外に金銭問題を抱えている人々だって、クレジットカードの利用額返済ができないのはよくあることだからだ。でも直接的な証拠は、クレジットカードが主犯だと強く示唆している。それは高い破産水準の原因でもあるし、1980年から2006年にかけてのクレジットカード負債激増に伴う、個人破産の7倍増の大きな原因でもある。

1996年の所得動学パネル研究という特別調査では、回答者たちに対して破産したことがあるかどうか、そしてある場合にはその原因を尋ねた。破産経験者のうち、33パーセントが主因として「クレジットカードによる高い負債／濫用」を挙げた[37]。これは失業を挙げた21パーセントより多いし、医療面の理由を挙げた16パーセントより多い[38]。

2006年に行われた、カウンセリングを求めた債務者たちの調査も似たような結果となっている。そうしたカウンセリングを受けた債務者の丸々3分の2は、問題の原因として「金銭管理のまずさ／過大な支出」を挙げた。[39] ファインバーグとプレレック&シメスターの実験は、なぜクレジットカードがかくも容易にそうした管理のまずさに大きな役割を果たせるか教えてくれる。どうやら一部の人にとって、クレジットカードは罠となるようだ。

これで話はカモ釣りに戻ってくる。クレジットカードがカモ釣りをしていないなどとは、どんなに厚顔であっても言えないはずだ。

私たちの見立てでは、クレジットカード事業のあらゆる側面にカモ釣りが関わっている。商店に課される手数料（かなり巨額だ）が手始めだ。かれらはその魔法の錠剤を買うが、その値段は総費用のたった3分の1だ。次に消費者がやってきて、雑貨、靴、その他あらゆるものをクレジットカードで買い、やがて請求書がきたときの支払いについて楽観的すぎる見通しを持った人々から高い利子を吸い取る。そして泣きっ面に蜂として、支払い遅れの罰金や面倒な手数料がやってくる。あらゆる段階で、利潤をめぐる競争的な力が人々の弱点を食い物にするのだ。

第5章　政治でも見られる釣り

だれしも——かつての恋人についてなどで——何年かたって知恵がついてから振り返ってみて、当時は漠然と感じただけだったことをはっきり理解できたという経験があるはずだ。私たちの一人（アカロフ）も2004年の10月最終週にそうした経験があった。アカロフは、不思議な巡り合わせでアイオワ州にいて、アイオワ州のアメリカ上院議員の民主党候補だったアート・スモール・ジュニアの支援者にして、たまに代理人を務めていた。バークレーでのアカロフの生徒だったアート・スモール三世が、父親の「経済顧問」になってくれと頼んだからだ。アカロフは、1週間だけならアイオワ州にでかけて手助けしようと答えた。(1)

アート候補の戦い

アート候補のキャリアは、英文学教授、薬剤師、議会補佐官、アイオワ州議会の下院議員と上院議員（そして州予算委員会議長）、弁護士、印刷業者と多彩なものだった。[2] アイオワ州では誠実さと正直さで有名だった。これがかれの選挙キャンペーンにも反映され、そのスローガンは「考えは大きく、投票は小さく（スモール）」というものであり、キャンペーンのポスターやバッジも慎ましく白黒印刷だった。アートは政治活動委員会基金や利益団体からの献金は受け取らなかった――だからキャンペーンの少なくともある1週間には、もらえた献金はたった103ドルだった。上院議員選に出馬したのも最後の最後になってからで、現職の共和党チャールズ・グラスリーに対して民主党の候補として出馬するという義務をだれも背負い込もうとしないのがはっきりしてからだった。[3]

アイオワ州で1週間過ごすうちに、アカロフはアートが出馬に乗り気でなかった別の理由があることを知る。上院議員候補になるのは、絶対に勝ち目のない選挙戦であっても、とんでもなく面倒なものだったし、アートは車椅子の細君の面倒も見なければならなかったのだ。これがはっきりしたのは、アートがアカロフを自宅に連れ帰ったある日のことだった。アートは炒り卵の夕食を作ってくれた。そして2人して皿洗いをしたのだった。

選挙戦の主要な争点は、上院予算委員会議長時代にグラスリーが果たした役割だった。かれはジョージ・W・ブッシュによる2001年と2003年の減税を実現させた人物だった。議会予算局によると、これらの減税でアメリカの赤字は1・7兆ドルほど増えた。(4) もしそれだけのお金が、非常時用に留保されていたなら、ほんの数年後の2008年にそれを支出すれば、アメリカを大不況から救い出すのにかなり貢献したはずだ。私たちの計算だと、2009年から2012年にかけてのアメリカの失業率を、平均9パーセントから7パーセントに引き下げるのに十分だったはずだ。(5)

アートやグラスリーの個別の長所や短所はどうあれ、アートに対する逆風は圧倒的だった。アイオワ州はベーコンを輸出する。グラスリーは、ベーコン（訳注：お金の意味あり）を持ち帰ってきた――ワシントンから。エタノールに対する補助金が、かれの多くのトレードマークの一つだった。でも、この選挙シーズンに有効だったのは、こうしたアイオワ州への直接の貢献ばかりではなかった。グラスリーは、選挙戦の資金として760万ドルをため込んでいた。(6) そのお金がどこに使われているかは、デモイン（アイオワ州の州都）のKCCI局8チャンネルを数分見ただけでわかった。

グラスリーは選挙広告に登場し、トラクター型の芝刈り機に乗って、さらにごていねいにも手押し式の芝刈り機もうしろにつけて、ぐるぐると乗り回し、豊かなアイオワ州の芝生には同心円状に駆られた部分がだんだん生じてくる。芝（グラス）リー、と広告は唱える。なんともうまいじゃないか。「私は合衆国上院での仕事が大好きなんだが、ときにはそれを離れないとね。だから週末には、こうして家の芝生を刈るんだ」とかれはゆっくり、親しみやすい声色で語るのだ。(7)

アートは最後の最後まで戦い続けた。開票結果は、グラスリーが70・2パーセント、アートが27・9パーセント。(8) 聖書では、ダビデがゴリアテを打ち負かす。でも実際には、巨人が勝つ場合のほうがずっと多いのだ。

民主主義、政治におけるお金の役割、そしてまたもやカモ釣り

グラスリーとアートの選挙戦と、そこでのお金の役割は、もっと一般的にアメリカの議会選挙全般の縮図といえる。総額の統計を見ると、いま述べた選挙も（アートのほうがお金がなかったことを除けば）まったく普通だったことがわかる。

アメリカの2008年下院選挙では、全候補者の総選挙費用は一人当たり200万ドル以上で、現職議員たちは対立候補の2倍以上をかけている。人間の作業として見ると、議員はその任期中に、1日当たり（土日祝日も含め）1800ドル近くを稼がないといけない勘定だ。現職のいないオープン選挙だと、それがさらに二倍以上かかり、一人当たり470万ドルだ。上院選挙はさらに物入りだ。2008年には、上院選挙は議員一人当たり1300万ドル近くかかっている。平均的な現職議員は、再選に800万ドル以上をかけている――そしてグラスリーと同様、対立

候補よりも使う額は大きい。(9)

グラスリーの話に戻ると（あくまで例として）、アイオワ州の一般人に、芝刈り機に乗った男を見せたら、その男に投票する確率は上がる。広告を扱った第3章で論じたように、有権者たちは広告の物語を自分自身や友人、ご近所のストーリーに接ぎ木する。芝刈り機の広告は、グラスリーがみんなの友人でご近所だという話を接ぎ木するのだ。おれたちアイオワ人と同じように、この人も自分の芝刈りをするんだ。しかもワシントンからわざわざ戻ってきてまでそれをやっている。

ちなみに指摘しておくと、グラスリーは上院でいろいろよいこともたくさんやっている（不適切な個人所得税の抜け穴をふさいだり、性奴隷を阻止したりなど）。でもこの広告自体は、候補者の政策についても、その人格についても、何も伝えていない。それどころか、この広告は有権者に、この広告のお金はどこから出てきたのかと疑念を抱かせるべきものだ。でも成功した広告では、有権者たちはそんなことを思いつきもしない。

政治での釣りの影響は、経済学での釣りの影響と似ている。基本的な経済学理論によれば、釣りがなければ経済競争はよい均衡を生み出すとする（つまり釣り均衡について「序章」で論じたときに述べた「パレート最適」な均衡だ）。同様に、基本的な政治学によれば、競争的な民主選挙はよい結果をもたらす。

この結果は通常は、政治学者アンソニー・ダウンズの主張だとされることが多い。(10) 有権者が十分に情報を持ち、自分たちの選好（これは右派から左派のスケールに沿って示される）にしたがって投票すれば、対立候補2人の政策方針は均衡に達する。両候補者の政策方針は「メジアン有権者」の選好に沿ったものとなる。メジアン有権者とは、有権者半数の最も好む立場が「その左側」で、他の半数の好む立場が「その右側」になるものだ。[11] この均衡は、スーパーマーケットのレジの行列がだいたい同じ長さになるのとほぼ同じ理由で生じる。それが生じるのは、候補者の片方がその政策方針を選ばなければ、対立候補がその政策方針を選ぶことで勝ててしまうからだ。

選挙に勝つための合理的な戦略

この均衡は、両サイドの議論をてんびんにかけて、妥協に到達した場合の結果を示している。理想的に見て私たちが民主主義に実現してほしいのはそういうことだ。だから有権者と候補者に関するダウンズの記述が現実を示しているなら、実にありがたい。でも実際はこの図式からはかけ離れている。というのも、有権者たちは二つの大きな形で釣られやすいからだ。

まず、必ずしも十分な情報は持っていない。情報カモなのだ。第二に、有権者たちは心理的カモでもある。たとえば、芝刈り機を使った広告などの訴えに反応するからだ。こうした釣られやすさは、政治的均衡を変える。候補者たちの政策方針も、メジアン有権者の選好からはずれることになる。

釣られやすい有権者に対して有利な選挙戦略は次の三つとなる。

1 公式には、典型的な有権者にとって重要で、みんなが情報を持っている分野では、かれらにウケるような政策を訴える。

2 でも典型的な有権者があまり詳しくなくて、選挙戦への潜在的な寄付者が詳しい他の問題では、その寄付者にウケるような立場を取ろう。この立場は寄付してくれそうな人には知らせても、世間一般に広める必要はない。

3 こうした「利益団体」からの献金を使って、一番ありがちな有権者、「テレビで芝刈りをしている」人物に投票したがるような人々にとって人気を高めるようなキャンペーンを打つ。(12)

選挙に勝つためのこのような合理的な戦略を使うと、政治的な結果を示すのにメジアン有権者理論では説明できない。むしろ政治的な釣り均衡が効いてくる。

情報豊かな有権者とそうでない有権者

一部の問題について、情報豊かな有権者になるのはそこそこ簡単だ。でも世間は議会の仕事の大半を「任せてしまう」のも事実だ。そこでは「専門家」だけが、何が問題になっているかを理解している。そしてその他のほとんど全員は、何も知らない有権者となる。一例を見れば、最も勇敢な有権者ですら、完全に情報を得るのは不可能だということがわかる——それがきわめて重要な問題についての場合であっても。

現代のアメリカ議会法制で最も影響の大きいものは、第110次議会のHR1424（2008年緊急経済安定化法）だったという意見がある。この法律で財務省は、問題資産を支えるため7000億ドルまで支出することを認められた。これはアメリカの金融システム崩壊を防ぎ、ほぼまちがいなく第二次大恐慌の到来を防いだ（少なくとも現在までは遅らせた）。でもこれほど重要とはいえ、それが可決の6カ月後に、アメリカ銀行システムの相当部分を救済し、さらにゼネラルモーターズとクライスラーの救済にも使われるということを予見できた人は、内部情報を持っていた人か予言者しかいなかったはずだ[13]。

法案の前文はその狙いを説明するものだ。HR1424の前文は、「ある種の問題資産の購入と保険を行う（中略）権限を与える[14]」と述べている。これはどう見ても、銀行や自動車会社の救済を正当化するものには見えない。法文を実際に手にしていたこの私たちですら、銀行や自動車会社の救済を正当化しているのがどの部分なのかを見つけるために、2008年秋の財務省副長官で、この法律を起草した主要な一人である友人のフィリップ・スワゲルに電話をしなければならなかった[15]。

不良資産救済プログラム（TARP）基金活用における最も劇的な出来事が起きたのは、財務長官ヘンリー・ポールソンが2008年10月13日に、全米最大級の銀行9行のCEOを招集し、かれらの好き嫌いにかかわらず、優先株と引き換えに財務省からの1250億ドルの資金を受け入れさせたときだった。(16) こんな取引の権限は、第3部9条（A）「定義」の最初の部分からきている。

住宅または商業的な担保ローン、およびそうしたローンに基づくまたは関連しているあらゆる証券、債務などの商品であり、それぞれ2008年3月14日以前にオリジネーションまたは発行されたもので、その購入が［財務］長官により金融市場の安定性に貢献すると判断されたもの。(17)

スワゲルの説明では、その銀行自身がこうした資産の保有者だったので、銀行救済はこの法律に基づいて認められたのだそうだ。ゼネラルモーターズとクライスラーの救済も同じくらいわかりにくい。これは問題資産の定義の二番目の部分、第3部9条（B）からきている。

長官が（中略）金融市場の安定性の促進に必要と決めた、その他あらゆる金融商品。(18)

つまりHR1424は、法律に本当に含まれているのは何かをつきとめるのが、「ウォーリーを探せ！」のほとんど無理筋なゲームになりかねないという好例となっている。児童書では、ウォーリーは紅白のシマシマのシャツを着て、青いズボンと毛糸帽をかぶっている。これに対して議会法制では利益団体にとって有利となる条文はカモフラージュされている。世間やさらにはマスコミですら、複雑で専門的な法律を読んで解釈できないのだ。

唯一擁護論として述べられるのは、議会の人々が善意に基づいて、私たちにとって最善の判断をしてくれるということだけだ。でもそのかれらですら、問題を理解できていないかもしれない。さらに、かれらだって選出されなければ話にならない。そのためには、テレビ用の芝刈り機に乗った映像のための現金を手に入れなくてはならない。そしてそのお金がなければ、かわいそうなアートのように、1日たりとも議会で私たちの利益を代弁してくれる（またはかれら自身の見解を述べる）ことはなくなってしまうのだ。

ロビイングとお金

これで、議会の人々が選挙戦用の資金をどうやって手に入れるか、さらにロビイストの役割という問題に話が進む。ロビイスト、議員、選挙資金に関する驚くべき統計が、この問題に対する私たちの答えの外堀を埋めてくれる。ロビイストはだいたい1万2000人ほどいる。議会の議員一人当たり20人以上という計算だ(19)。

MITのスティーヴ・アンソラベヘーレ、ジョン・デ・フィギュエレード(20)、ジェイムズ・スナイダーの計算では、議会選挙戦への献金は、候補者自身が調達した額と党や政治活動委員会が調達した額を合わせても、選挙にはさまれた期間に議会に対するロビイングに費やされる支出より少ない[21]。

これほどのロビイングがあるということは、選挙への献金は、主にロビイストを雇う企業の利益集団からくるのではと示唆される。ひょっとすると、当のロビイストたちから直接くる可能性もある。ところが逆に、選挙戦の献金のうち、企業や組合などの組織からくるのはたった8分の1だ。献金の大半はむしろ個人からきている[22]。そして当のロビイストたちは、候補や選挙戦の「友人」としてほんの少額を提供するにとどまる[23]。

この統計的なパターンは、利益集団と議会との間の双方向のやりとりについて考えられる記述の可能性を狭めてくれる。これは単に「保護を売ります」といったものではない。議員たちが法律の何らかの条文を企業の利益になる形にしてくれるのと引き換えに、企業は直接的な選挙費用献金をし、ロビイストがその中継ぎをするというような単純な形はとっていない。もしそうなら議員たちは、ロビイスト仲介者たちに本気で瞞されていることになってしまう。ロビイストたちは、企業や組合からの選挙戦献金の八倍以上を懐に入れているのだから。

ここから二つの疑問が生じる。ロビイストとは何者なんだろうか？　そしてこんなに大金をもらって、議会の人々のためにどんなサービスを提供しているんだろうか？

そのサービスがどんなものかをまとめると有益だ。アカロフのワシントンにおける経験から、私たちは政治家の決定的な役割が、世間の人々に対して自分たちに関するお話を植え付けることなのだという知見を得ている。私たちの選挙戦のたとえ――テレビで芝刈り機を乗り回すこと――はお話を作り出す政治家と、それを広めることの両方についての赤裸々なイメージを与えてくれる。

でも政治家のお話の中で、これは公開された部分でしかない。もっと秘められた部分があるのだ。下院軍事委員会の元議長で、後にクリントン政権で最初の国防長官になったレスリー・アスピンは、「議会に何かの問題の両面に票を投じる機会を与えたら、確実にそうする」[24]という発言で有名だ（訳注：きちんと白黒つけず、みんなにいい顔をしたがる、という意味）。

さっき述べた、選挙で確実に勝つ戦略の描写は、なぜアスピンの同僚議員たちがこのちょっと皮肉な英知にとても共感したのかを教えてくれる。さっきの戦略は、議員には二重の目標があるのだと教えてくれる。一方では有権者にアピールすること、そしてもう一つは選挙戦への献金者にアピールすることだ。

だからロムニーとオバマがどちらも、私的な献金募集集会に出たときに、内密で一般有権者にはとても評判の悪い意見を口にしていたのを大きく報道されたのも、偶然ではない。ロムニーは２０１２年に「何が起ころうと大統領に投票する連中がいる、その連中は政府に依存しているからだ」と述べ、その割合が47パーセントだと語った。[25] オバマはその名高い自制心にもかかわらず、その４年前の２００８年に募金集会で「ペンシルバニア州の小さな町［の有権者たち］は憎しみが強いから、銃とか宗教とか自分たちとはちがった人々に対する反発とかにしがみつく」と述べた。[26]

政治家の二重の仕事を見ると、ロビイストがどこに登場するかという問題に戻ってくることになる。ロビイストたちは、政治家を助ける特殊な立場にある。その職業の性質そのものが——利害関係のある団体からお金をもらっているという事実が——浮いているお金をどこで見つけるべきかという特別な知識を与えてくれるのだ。

利害関係者が、自分たちの利益を実現するためにロビイストに喜んで支払いを行うということ自体が、似たような考えを持つ政治家がいれば喜ぶのはだれかというのを明らかにしてくれる（だからロビイストが存在し、ある産業に雇用されているというだけで、潜在的な資金の指標となる——火のない所に煙は立たぬというわけだ）。選挙に出るために議員が人々から巨額の資金を引き出さねばならない厳しい世界では、ロビイストは必要とされる黄金のツボを示す灯台になるのだ。[27]

「よい」ロビイストの仕事

加えて、よいロビイストはそれ以外の役割も果たす。政治家が針に糸を通す手伝いをするのだ。世間一般からの票を集めつつ、利益団体からのお金も集めるという最善のトレードオフを実現するお話を構築してあげるのだ。

政治学にはある見解が存在する——これは市民連合に関する最高裁判決でも似たような形で述

べられていることを後で見る。その見解とは、ロビイングのような活動は「情報」の移転についてのものだ、という考え方だ。[28] これはそのとおりかもしれないけれど、ロビイングはその情報を、慎重に構築されたストーリーを通じて流し、そのストーリーには意図的に偏った色づけがされている。そのストーリー作りについて助言するには、政治家が同時に示したがる二つの顔――公的なものと私的なもの――に関する直観的な理解が必要だ。これが、親友や情報筋から得られる一種の好意的な見方だ。

だからロビイストたちは、過去にそうした役割を担ったことがある元政府関係者や、議会そのものの元議員たちであることが多いのも偶然ではない。2010年の議会退職者を見ると、上院議員の丸50パーセントと、下院議員の42パーセントはロビイストになった（候補者が必要とする献金がはるかに少なかった、懐かしき1974年という時代には、上院でも下院でもその数字は3パーセントだった）。[29] そして「お友だちとしてのロビイスト」が政治家の狙いに沿うのと同じように、政治家のお友だちというロビイストの立場が、かれらを潜在的な顧客にとって魅力的な存在にする。

アスピンの警句が、議会の仕組みにどうあてはまるかを明らかにする逸話がある。標準的な手続きを通じて、アメリカ議会上院は議員たちがほとんどあらゆる予算について、両面に票を投じられるような仕組みを作った。新人上院議員テッド・カウフマン――2009年にジョセフ・バイデンが副大統領になったので、その後釜に座った――はこの事実を学ぶために痛い目にあった。

2008年の金融危機につながる金融詐欺にあきれ果てたカウフマンは、そうした詐欺を訴追する法案を協同で提案した（詐欺処罰回復法、通称FERA）[30]。その大きな条項の一つは、ホワイトカラー犯罪対策用に司法省に1・65億ドルを与えるというものだった。この資金は2009年には特に必要とされていた。というのも9・11同時多発テロ後に、司法省はホワイトカラー犯罪対策部門を大幅に縮小していたからだ。そこで削減された人員資源はテロ対策に回されていた[31]。FERAは上院下院を楽々と拍手喝采で通過した。カウフマンは大喜びだった。

でもすぐに、議員たちが1・65億ドルを承認していたのに、その後の年間予算案では3000万ドルしか配分されていないのを知らされた[32]。仲間の議員たちはそれ以上の予算を割り振ろうとはしなかったのだった。アスピンの気の利いた発言――そして有権者向けと献金者向けの話をちがうものにするという最適戦略――がまさに実現したわけだ。

どのくらい効くのか？

選挙戦支出とロビイングが政府に影響を与え、肩の上のサルの嗜好に服従する方法を、定性的に描いてきた。でもそんなに大きな影響があるんだろうか？　連邦予算支出は1000倍以上の4兆ドル近くだし、これに比べれば少額ではないのか[33]？　このため、私たちは歪曲乗数――つまりロビイストにより支出や規制に生じる変化と、かれらへの支払いとの比率――が大きいのか小さいのかを検討しよう。

忠誠と友情に加え、守秘能力もまた理想的なロビイストの特性だ。つまり私たちの求めるデータ――選挙費用やロビイング費用と、政府活動の計測可能な変化との相対的な関係の目安――はなかなか手に入らないということだ。そうした目安を垣間見るには、珍しいできごとを見る必要がある。ちょうど火山学者たちが、火山噴火のわずかな予兆でもあれば、地表の下に何があるかを明かすマグマ流を眺めに駆けつけるようなものだ。

私たちにとって、ワシントンのロビイストであるゲリー・キャシディーが「すべてを語る」伝記を書きたいという奇妙な願いを持っていたことが、そうした状況を二つ提供する源となった。[34] 外国での収益に対する課税法式変化についてのロビイングが、三番目の例となる。そして１９８０年代のＳ＆Ｌ（貯蓄貸付組合）危機で明らかになったできごとが四番目だ。

シーウルフ　１９９２年の一般教書演説で、ジョージ・ブッシュはシーウルフ原子力潜水艦２隻の新造について、すでに確保された予算を取り下げると提案した。この潜水艦の製造業者ゼネラル・ダイナミクス社はすぐに反応した。月額12万ドルでゲリー・キャシディーを雇い、一般向けとロビイングのキャンペーンを指揮させたのだ。[35]

シーウルフは救われ、提案された28億ドルの予算カットは中止となった。[36] でもロビイストへの支払いと、選挙献金の増加は、その影響に比べれば小銭でしかない。１９９１～92年にかけて、ゼネラル・ダイナミクス社の議会に対する選挙献金は、1989年から1990年のサイクルにくらべ、たった19万8000ドル増えただけだった。

節税　ラクエル・アレキサンダー、スティーブン・マッザ、スーザン・ショールズによる研究[37]は、ロビイングの見返りがどれほど大きいかについて、さらに示唆を与えてくれる。2000年代初期には、アメリカ多国籍企業の外国子会社は、収益をアメリカ国内に持ち帰らない限りはそれを非課税で留保できた。このため、アメリカではまったく課税されていない収益が大量に外国に積み上がった。アメリカはこれを取り戻したいと思った。

議会はアメリカ雇用創出法（AJCA）を可決したが、そこでは非課税収益をアメリカ国内に戻したら単年で85パーセントの控除が認められるという規定（965条）があった。当時の回収資金配当に対する標準的な税率は35パーセントだった。でも85パーセントが控除できるので、実効税率はたった5・25パーセントになった。

このおかげで、この法案に対するロビイングを行った連合体に参加した39社は、持ち帰った収益について460億ドルの節税を実現した。この連合体の総ロビイング費用は、総額で1・8億ドルだった。つまりこの免税からくる節税分は、ロビイング費用の少なくとも255倍になったことになる[38]。

クランベリージュース　似たようなとんでもない収益が、クランベリージュースの表示をめぐるオーシャンスプレー社についても指摘されている。レーガン政権下で、食品医薬品局は、クランベリージュースに75パーセントは水という表示を義務づけるぞ、と脅した。[39]

オーシャンスプレー社は、キャシディーに助けを求めた。一握りの議員が、講演料2000ドルと4000ドルで講演を依頼された。またPAC（政治活動委員会）への献金37万5000ドルもばらまかれた。フルーツジュースの含有物の明記を命じる規制をすべて禁止する条項が、予算案にこっそり挿入された。[40] 任務完了。

オーシャンスプレー社の利益は巨額だった。2005年には、クランベリージュースの売り上げは7・5億ドルを超えていた。[41] これに比べればロビイングの費用はごくわずかだ。[42]

チャールズ・キーティングとリンカーン貯蓄貸付組合　1980年代のS&L（貯蓄貸付組合）危機（これについては第9章と第10章で詳述）の際に、リンカーン貯蓄貸付組合の所有者チャールズ・キーティングの裁判で、選挙献金と納税者の損失との関係について、ある程度の目安が得られた。

キーティングの140万ドル選挙献金に対する部分的な見返りとして、上院議員5人がキーティングの捜査を始めた規制当局に脅しをかけたのだ。[43] この上院議員たちは規制当局と面会した。そして、単刀直入に、連邦住宅ローン銀行協会が絶対に「ある有権者を傷つけない」ようにした

いのだ、と要求した。(44)

これを含め、キーティングが捜査の邪魔をするために作った各種妨害のおかげで、倒産したかれの貯蓄貸付組合を清算するのにかかった20億から30億ドルの総費用のうち、10億ドルが生じたとされる。(45)

お金をめぐる状況証拠

選挙用の献金費用と、そのお返しとしての利益団体への便益の価値とを比較できるような具体例は珍しい。でもそうしたお金がもたらす影響をめぐる状況証拠は、政治の世界にはいくらでもある。たとえば下院の金融サービス委員会は特にとらえどころがないほど大きい。下院の全議員の15パーセント近くが所属しており、「お金委員会」と呼ばれている。共和党も民主党も、次の選挙で苦戦を強いられそうな議員を戦略的にこの委員会に入れる。(46)

また、FERAで認められたホワイトカラー犯罪と戦うための追加の1・35億ドルが消えてしまったのも偶然とは考えにくい。そしてIRS（税務当局）の予算が実に少なくて、未収の税金何千億ドル（IRS自身の2006年推計だと3850億ドル）を回収できないのも、単なる偶然とは思えない。(47) 司法省、IRS、証券取引委員会（SEC）など多くの規制官庁の予算は大幅に削られた。

こうした証拠は、法廷で認められるものよりは具体性が少ない。でも同時に、金持ちの献金者の影響力が、他のみんなにとって有益となる経済政策を蹴倒すというのはなかなか示唆的だ。結論の章では、ＳＥＣの予算不足についてもっと詳しく検討しなおす。

まとめ

まとめると、ロビイングと選挙資金、議会、利益団体との癒着は、カモ釣りが発生する絶好の環境となる。ちょうどカモ釣りが大きな要因となり、市場が人々の本当のニーズにあまり応えなくなってしまうように、政治ではそれが民主主義を脅かすのに似たような役割を果たす。民主主義は人類が知っている最高の統治形態かもしれない。でもそれは、肩の上のサル的な嗜好の実施から自動的に守ってくれるわけではない。それどころか、これまで見てきたように多くの点で、政治家たちが選挙費用を調達する必要が出てくれば、それはサル向けの嗜好を系統的に作り出してそれを広めてしまう。

後記　本章については、扱わなかった話題についていろいろ後記を付け加えられる。なかでも一つ特筆しておくべき話題がある。本章は議会のロビイングに主に注目した。ずっと重要である可能性が高いのが、規制機関へのロビイングであり、さらに州政府や地方政府に対するロビイングとなる。

第6章

食品、医薬品での釣り

1906年に新進作家アプトン・シンクレアは世間の心の平安をかき乱した。かれはシカゴの精肉屋に基づく小説『ジャングル』を発表したのだった。シンクレアの意図は、20世紀初期の移民に対する低賃金奴隷労働を告発することだった。ちょうど半世紀前のハリエット・ビーチャー・ストウ『アンクル・トムの小屋』が、黒人奴隷の状況を暴露したように（そして南北戦争の大きな原因となったように[1]）。

でも『ジャングル』は予想外の怒りを呼び覚ましてしまった。中産階級の主婦たちは、自分たちが夕食に調理しているステーキは結核で死んだ牛のものかもしれないと気がついたのだ[2]。あるいは、殺鼠剤で死んだネズミのかけらがソーセージに入っているかもしれないし、「ダラムのピュアリーフ」ラードには人骨が入っているかもしれない[3]。精肉業者の肉に対する需要は半減し、議会のかれらの代弁者たちは、1906年連邦食肉検査法を可決した。[4] その条項のおかげで、シンクレアが報じた問題はおおむね過去のものとなった。

20世紀最初の10年に起こったもう一つの重要な運動は、釣りに対するかなりの規制をかけようとするもので、これまた1906年に純正食品・薬品法が可決された。

スワイムの万能薬

19世紀のアメリカというのは、当時の医学知識の水準と世間のだまされやすさを考えると、「安心男」（訳注：詐欺師のこと）がインチキ薬を売り込むには実に好都合な環境ができていた。19世紀前半の一例が、ウィリアム・スワイムだ。かれはスワイムの万能薬という化合物をびんに詰めて売っていた。びんのラベルには、その魔法が描かれていた。ヘラクレスが頭のたくさんあるヒドラと戦っているのだ。この万能薬は「瘰癧《るいれき》またの名を王の病害、むら気、根深い梅毒、リューマチ、その他血液の汚染または不純から生じるあらゆる疾病を治療する近年の発見」だという。[5]

でもニューヨークの医師委員会の報告にはちがった見解が載っていた。それが数々の死者を生み出したというのだ。たまに効かない薬はあるが、この場合には医師たちが正しかった。万能薬には水銀が含まれていたのだ。

スワイムはひるむことなく、医師たちの37ページにわたる報告書に対し、52ページの反論で応えた。「これまで生きてきた中で、各種の主張は、それがきわめてあいまいで無根拠なものであっても、聞き手の心に反論なしに入り込むのが容認されてしまうと、しばしば確立された真実にしかふさわしくないようなもっともらしさをもって受け入れられてしまうということを私は思い知ってきた」(6)。スワイムは殺人薬の売人ではあったが、それなりにユーモアのセンスはあったらしい。

ラダムの微生物キラー

別の例としてはウィリアム・ラダムがある。かれはオースチン出身の庭園師だ。植物学的な知識と、当時台頭しつつあった科学とを融合させて、最近ヨーロッパの研究所で見つかっていた悪辣な微生物がすべて、人体の中で腐敗を生じさせるのだという仮説を出した。そしてかれは自分で、雷雨の後ではキノコが育たないことを観察していた。雷が大気に何か影響を与えるらしい。ラダムは、同じような天然効果を持つ混合物を作れるはずだと考えた。そしてその治療薬を微生物キラーと呼んだ。

それを飲んだ患者2人が奇跡的に回復の様子を見せたことで、売り上げに火がついた。どうやらこのキラーは、農務省の分析によれば、どのびんも内容がちがっていたらしい。その中身は圧倒的に水で、他にはワインや、強力ながらもおそらくは十分に薄められた酸などが入っていた。ラダムはセントラルパークを見下ろす邸宅に引っ越した(7)。

農務省の主任化学者ハーヴェイ・ワシントン・ワイリーは、丸太小屋で生まれた活気あふれるインディアナ出身者であり、ハーバード大学の卒業生だったが、こうしたでたらめを抑えたいと思った。世間は食品や薬品の不純物について知らされるべきだと考えた。

当時の技術で食品含有物の分析は可能だったので、食品含有物表示も実施可能だった。この運動の転回点は、かれが行った実験からきた。若者12人が、農業省の食堂ですべての食事をとり、その食事にボラックスやホルムアルデヒドなどの食品添加物をいろいろ加える、というものだ(8)。短期間でかれらは食欲を失い、消化不良に苦しんだ。

いまにして思えば、その消化器系の不調は添加物そのものから生じたのではなく、こうした勇敢な若者についての報道のせいだったという可能性は十分にある。メディアがかれらをちょっとした英雄にまつりあげ、「毒物戦隊」と名づけていたのだ(9)。その後まもなく、純正食品・薬品法が可決された。

時は変わって21世紀

2010年にこの食品と薬品に関する章を書き始めたときには、現状については淡々とした記述だけにするつもりだった。これまでやったように、19世紀の腐った肉やインチキ薬の話を振り返り、食肉検査法と純正食品・薬品法の可決について述べるのだ。そして21世紀に話を移す。

メッセージは「今はもう時代は変わった」というものになるはずだった。現在の規制と当時の規制なしの食品や薬品を対比させ、現在では食品や薬品は安全だという記述になるはずだった。

でも現代についての記述を始めると、びっくりさせられた。これは確かに「今やもう時代は変わった」の話ではあるのだけれど、これまた文字どおりの意味というよりは、皮肉な意味で変わったのだ。文字どおりの意味はまったく当てはまらない。食品も薬品も、思ったほど安全ではない。いまだに釣りは、規制当局の網の目をかいくぐるのに使われ、それがもっと高度な手法を使うようになっている。

食品を考えてみよう。シンクレアが報じたような結核の牛からのステーキに代わって登場したのは、インチキ食品産業だ。提供する商品で私たちを盛大に釣るのだ。その商品は、砂糖と塩と脂肪まみれだ。いまや食中毒で病院に行くことはほとんどない。でも食品が引き起こした直腸系の疾病や糖尿病がある。インチキ食品が人々の肩の上のサル嗜好にどれほど訴えかけるかという話は、他のところで実に大量に記述されているから、ここでは繰り返さない。でもこれは、私たちのカモ釣り理論の強力な証拠となる。(10)

薬品について言えば、私たちはやはり、スワイムの万能薬やラダムの微生物キラーは過去のものだと思っていた。薬品の効力と安全に関する食品医薬品局（FDA）の要件が、いまや無辜《むこ》の人々を守ってくれると思っていた。患者と錠剤との間を医師が仲介する必要があることが、さらに保護を増しているものと考えていた。でも私たちは製薬会社の創意工夫を見くびっていたし、カモ釣りの力も見くびっていたのだった。

ヴィオックス

ある例を少し詳しく論じよう。極端な例だが、これから見るように、もっと一般的に見て何がおかしくなりかねないかを明らかにしている。マーク社——同社は1985年から1990年まで6年連続で、『フォーチュン』誌の最も畏敬される企業となった——は1999年に新製品を発表した。

アカロフが身をもって知っているように、関節炎の痛みは高齢者の不幸の一つだ。アスピリン、イブプロフェン、ナプロキセンといった非ステロイド系の抗炎症薬（NSAID）は痛み止めにはなるが、副作用もある。こうした鎮痛剤は、二種類の酵素を阻害することで作用する。COX-1とCOX-2だ。COX-2を阻害すると炎症と痛みが減る。でもCOX-1は胃壁の粘膜を保護するので、それを阻害すると潰瘍になる。(11) だからNSAIDの過剰摂取は、高齢者の死因の上位を占める。(12)

マーク社は（サール社と同じく）COX-2は阻害するけれどCOX-1は阻害しない薬品を作ろうというすばらしいアイデアを思いついた。(13) マーク社はそうした薬を開発し、ヴィオックスと名づけた。そしてこれはFDAの承認を受けた。でもその承認は、それまで実施されたよりも厳しいランダム化対照実験を追加で行うことが条件になっていた。[14] マークはその実験をＶＩＧＯＲ（ヴィオックス内臓結果研究調査）と名づけた。ＶＩＧＯＲを取り巻くできごとを見ると、なぜ現代的な安全策にもかかわらず、人々はいまだに製薬会社の釣りに弱いのかについて感じがわかる。

ベストセラーを売り出す出版社と同じく、製薬会社はめぼしい新薬の売り出しを慎重に調整する。その売り出しの主要な観客は、患者と、錠剤の仲介を務める医師たちとなる。そして、医師と処方との決定的なつながりを作るのは、査読つき医学雑誌の科学論文だ。だから新薬を開発した製薬会社は、こうした論文を生み出すために特に手間をかける。実験からのデータを受け取る著者たちを選ぶとき、製薬会社はやみくもに選んだりはしない。多くのコネ（その企業が提供している研究補助なども含む）がヒントとなる。これは、だれが影響力を持っているかという話と、だれが好意的に扱ってくれるかという両方の面での検討が行われる。

選ばれた人々は、ＦＤＡが要求しているランダム化対照実験の結果に簡単にアクセスできる。また論文に関する「編集支援」――あるいはもっと優美さに欠ける表現だと「代筆」――も与えられるのが普通だ。[15] だから、製薬会社が出資した雑誌論文は、他の資金源のものに比べてレビュー対象の薬に高い確率で好意的なのも不思議ではない。[16]

医薬品マーケティングの一部は、発表される論文の内容にとどまらない。そこで使われる数字にも関わってくる。そうした数字がいかに操作されるかは、専門誌出版社エルセヴィアが、その出版物６点に掲載される論文が査読されているように見せかけられているだけなのだと告白して、数年前にちょっとしたスキャンダルになった。そうした雑誌は製薬会社が出資しており、しかもスポンサーつきだとは明示されていなかった。[17]

本当に「驚異の新薬」だったのか?

VIGORに基づくヴィオックスの報告は当然ながら2000年11月に『ニューイングランド医学ジャーナル』に登場し、その筆頭著者はトロント大学のクレア・ボンバルディアだった。[18] 実験は1999年1月から7月にかけて実施された。被験者4047人がヴィオックスを投与され、対象群4029人がナプロキセン(商標名アリーブ)を投与された。[19]

どうやらこの新しい驚異の薬は約束どおりの結果をあげたようだった。鎮痛効果だけでなく、アリーブよりも上部消化器系の事象も少なかった。全体で見ると、標本全体では不調が177件あり、ナプロキセンを投与された標本は、ヴィオックス投与群の2・2倍も不調が多かった。本当に深刻な内臓消化器系の「複合」事象も、おおむね似たような比率で発生していた。37件に対して16件だ。[20]

でも、そこに不穏な影があった。ボンバルディアと共著者たちがいかにもさりげなく報告していたのが、ヴィオックス投与群には心臓発作が17件あったということだ。ナプロキセン投与群は4件だ。これらの数字の比率は大きい。でも17と4はかなり小さいので、この差は単なるランダ

ム性の結果かもしれない。(21)

ボンバルディアらはさらに、ヴィオックスとナプロキセンに差があるとしても、それはうちのヴィオックスのせいじゃありませんよ、と示唆した。(22)むしろそれは、ナプロキセンが心肺保護機能を持っているからだろうというのだ。テレビの医薬品広告で副作用について警告するときにはやたらに一本調子の早口になるが、この統計と主張もそんな調子で述べられていた。

さらにこの論文は別の点も記述していなかった。ヴィオックスの被験者には、深刻な血栓事象47件が確認されていたのだ(つまり血液凝固がはがれて、血管を詰まらせた事故がそれだけあったのだ)。ナプロキセン投与群では、これがたった20件しかなかった。(23)4047人のうち47件なら大したことないだろうと思う人がいるかもしれないが、ヴィオックスは長期使用を前提に開発されたものだというのをお忘れなく(特に骨関節炎の緩和が主目的だ)。たとえば5年使っていれば、この6カ月ごとに1・16パーセントという比率だと、ヴィオックス利用者はかなり高い「深刻な血栓事象」の可能性があったということになる。

論文著者たちがどう思ったかは簡単に想像がつく。マーク社での同僚たちが驚異の新薬を開発した。それが「スーパーアスピリン」と喧伝されている。消化器内臓系の合併症の減少は、薬の設計そのものから生じている。だから観察されたその部分の便益は期待どおりだった。だれでもこの大成功に冷や水をかけるのはいやがるだろう。

でも最近の研究によれば、ヴィオックスのようなCOX-2阻害薬は観察された心肺系の副作用も引き起こすはずだと予測される。この研究によれば（ペンシルバニア大学ギャレット・フィッツジェラルドらが発表）、COX-2だけを抑制すると、重要な脂質二種類、プロスタグランジンとトロンボキサンのバランスが阻害されるという。この二つはあわせて、血管の内壁と幅を制御しており、凝血の形成にも影響するという。COX-2だけを阻害すると、この両者のバランスが乱れ、異常な血流や凝血につながりやすいとのことだ。(24) マーク社はこの研究結果を知っていた。なんといっても、それに出資したからだ。(25) また、1999年1月のペンシルバニア大学ヘルスシステムからの記者発表でも述べられていた。(26)

VIGOR（およびその他マーク社が実施したが公表されていない研究）からの統計数値は、警告の赤信号となるべきだったのに、マーク社にはむりやり薬の発表を進める特別な理由があった。ヴィオックスは、宿敵ファイザーが企業買収を通じて獲得した代替COX-2阻害鎮痛薬セレブレックスと競合していたのだ。(27) だからマーク社のマーケティング部門は、その売り出しのために仕事をしていたというわけだ。

1998年夏には、ヴィオックス発表の事前イベントとして、マーク社はファイザー、ロシュ、ジョンソン・エンド・ジョンソン、サールと協同で、マウイ島のカパルア・リッツ・カールトンで豪華な会議を開催している。鎮痛剤研究のきら星60人が招待されて、新スーパーアスピリンに対する各種の賞賛を聞かされた。(28) 別の方面では、オリンピック出場のフィギュアスケート選手ドロシー・ハミルが雇われて、トークショーと広告にかり出された。

魅力的ながら鼻につく形で、彼女はだれもが共感できる物語を語った。ヴィオックスは自分の身動きしづらいほどの首と背中の痛みを和らげてくれました、というものだ。おかげでいまや嬉々として氷の上で踊れます、という。[29]そして医薬品営業担当者3000人（総数でみると、アメリカでは医師6人につき1人の割合で医薬品営業担当者がいる）[30]が現場に送り出された。[31]しかも手ぶらではなかった。ボンバルディアらの論文が発表されてから、医薬品営業担当者たちは、心肺的な副作用に対する医師たちの懸念にどう応えるべきか指示されていた。かれらは三つの表が載ったカードを示すよう言われていた。その表の一つは上のようなものだ。[32]

表6.1　患者・年当たり総死亡数と心肺性致死事象

	ヴィオックス N＝3,595	NSAID N＝1,565	プラシーボ N＝783
総死亡数	0.1	1.1	0.0
心肺性致死事象	0.1	0.8	0.0

市場からの引き揚げ

このデータはVIGORのデータを無視している。また出所もはっきりしない、というか出所があるのかもわからない。政府改革に関する下院委員会の民主党議員たちに向けたメモによれば、こうした数字は「どうやら科学的な有効性がほとんどまったくないらしい」とのことだ。[33]

さらに、『ニューイングランド医学ジャーナル』で心臓専門医のエリック・トポルが述べたところでは、医師たちの懸念をごまかそうとするマーク社のやり口は「容赦なかった」とのことだ。かれはそれを狙った全米会合での医学教育シンポジウムの話を述べている。また、マーク社従業員や同社コンサルタントの書いた雑誌論文にも言及している。[34] 医学教育の面では、マーク社たちはヴィオックスの発表前から、博士講演者560人のチームを養成していた[35]

おかげでヴィオックスは発表されて擁護された。2004年には年間売り上げは25億ドルに達した。[36] でも不穏な影はますますふくれあがった。統計的な発見を見ると、ヴィオックスが心臓発作を引き起こす可能性は現実のものだった。当初から疑念を持っていたFDA安全部門副部長デヴィッド・グレアムは、HMO（健康維持機関）のカイザー・パーマネンテと手を組んだ。そしてヴィオックス投与患者2万6784人の心筋梗塞事象（心臓発作）と、同じような患者で別の治療を受けていた人々と比較した。[37] ここでもヴィオックスを投与された患者には統計的に優位な増加が見られた。

証拠が山積みになってきて、マーク社はヴィオックスが直腸ポリープ（がんの原因になる）を抑えるというランダム化対照実験APPROVeの予備結果をちらりと見てみた。[38] 事前に心筋問題がないことをスクリーニングされていた被験者たちのうち、3・5パーセントは心筋疾患や心臓発作を起こしていた。[39]

これはあまりに大きかった。マーク社はヴィオックスを2004年9月30日に市場から引き揚げた。デヴィッド・グレアムの推計によれば、アメリカでの影響は、心臓発作8万8000件から13万9000件で、死亡者は控えめな推計でも2万6000人を超えるとされる。[40]

承認を手玉に取る

ヴィオックス事件は、単に製薬会社が道徳的に暴走して隠蔽をしている例というだけではない。これは起こるべくして起こった事故だった。医薬品の安全、有効性、処方をめぐる規則のおかげで、医薬品は釣り師たちの活躍の場となってしまったのだ。

次は、製薬業界における、医薬品を処方してもらうための釣りに目を向けよう。まず、FDA承認を得るところ。次いで、それをマーケティングする部分だ。ヴィオックスの教訓を振り返りつつ、この両方についてコメントしよう。本章の付録は、大製薬会社が得る価格についても釣りを行っている様子を描く。

FDAの承認を得る

世間も医師も、おそらくはFDAも、ランダム化対照実験という「科学的手法」を過信していたために不意をつかれた。ラダムが微生物キラーを、19世紀末の科学に基づいて売り込んだように、ヴィオックスは現代科学の最先端を示すものであり、その有効性についてVIGORのような試験でチェックされているという安心感から販売されていた。

でも統計学の重要な概念を見ると、なぜランダム化対照実験がしばしば失敗するかがわかるし、なぜそれがVIGORで特に失敗したかがわかる。ヴィオックスの場合、発生している心臓発作が単に偶然起きているものではないと示すには大量のデータが必要だった。なぜそんなにデータが必要だったか、理由は簡単。心臓発作は深刻ながら、ありがたいことにそんなにしょっちゅう起きるものではない。統計検定の用語で言うと、心臓発作が低頻度だということは、6カ月間のVIGOR実験は、ヴィオックスが長期的に投与された場合に入院や死亡の確率を大きく高めると示すには「低い検定力」しか持たない、ということだ。

これに対し、VIGORが短期（6カ月）だということは、そのもっと直接的な影響、つまり痛みと消化器内臓系の問題を緩和するといったものを検定するのには大した障害にはならない。この短期／長期の問題は、ヴィオックスに限ったものではない。ずっと一般的な話として、FDAの医薬品承認基準は、短期の（でもひょっとするとかなり小さい）便益を持つ薬に有利となる。同じ基準は、長期の（でもひょっとするとかなり深刻な）副作用を持つ薬を通してしまうのだ。

でもFDAが、深刻な長期リスクを持つ薬をなかなか禁止できないという問題は、検定力の問題をはるかに超えるものだ。FDAは製薬会社に対し、試験の実施と報告手法に少なくとも五つの自由度を与えているからだ。こうした自由度のおかげで、有効性でも安全性でもギリギリのところの薬も承認されてしまうことになる。

まず、製薬会社は薬の有効性を実証する試験を二つ報告するだけでいい。でももちろん、都合の悪い結果を示した他の試験は報告しなくてもいい[41]（ヴィオックスの場合、マイナスの副作用を示した実験結果が医学界に公開されたのは、かなり遅れてからのことだった[42]）。

第二に、製薬会社は試験の期間についても多少の選択の余地がある（たとえばVIGORの場合、心臓発作3件や卒中1件が、試験の終了時点として「事前に決めた日付」の後で起こったために排除された。おもしろいことに、マーク社が「事前に決めた」日というのは、心肺事象についての場合のほうが、消化器内臓系の事象についての日付よりも1カ月早かったのだ[43]）。

第三に、試験は対象母集団を選べるので、これを戦略的に選んで薬の有効性が高く出るようにできる。あるいは、逆に、副作用が小さくなるような母集団を選べる（こうした選択の発想は、ボンバルディアたちの論文にも見られる。ヴィオックス群の心肺疾患が、ナプロキセン群を有意に上回ったのは、補助的なアスピリンを摂取しているべきだった4パーセントについてでしかないと論じた。その含意というのは、心配ありませんよ、この小集団はVIGOR試験から除外しておくべき人々だったんです、というものだ[44]）。

第四に、プラシーボ対照群についても選択の余地がある[45]（いまや、マーク社がVIGORの対象群としてナプロキセンを選んだのは意図的なもので、それが「他の非選択的なNSAIDの多くに比べて消化器内臓系の影響がもっと深刻になることが知られている」非ステロイド系薬だったからとわかっている。[46] レースに勝ちたいなら、競争相手として一番足の遅い選手を選ぶほうがいい)。

第五に、製薬会社は母集団だけでなく試験の実施場所も選べる。グラクソ・スミスクライン社の試験はいまや、アメリカで行われるものは半分以下で、発展度合の低い国々(たとえば中国は47パーセント)の伸びがすさまじい。[47] あまり規制が厳しくない貧困国で、医薬品試験を行う企業が、契約を得るために自社の評判マイニングを行いたがるのではないかと疑いたくもなる。

医薬品のマーケティング

医薬品承認に限らず、製薬会社がシステムを手玉に取る方法はもっとある。そこで手玉に取られるのはFDAではない。医師たちだ。ここでも、ボンバルディアたちの論文について述べたように、医学雑誌がまずは攻撃の最初の戦線となる。次の攻撃は、医薬品営業担当者たちで、ペンと商品見本だけでなく雑誌論文の抜き刷りも抱えている。それから製薬会社には第三の攻撃がある。医学教育だ。

ほとんどの州は、医師免許の維持のためには何らかの学習継続を要件としている。製薬会社はこれをやりやすくする。医学の現状についてシンポジウムを主催するのだ。そして講師を雇い、講演料を支払う。これが別のまたとない機会を提供してくれる。こうした会合のお膳立てをするのが製薬会社なら、自分の薬に好意的な人々（薬局の処方記録から得られる情報でわかる）を選べるのだ(48)。

製薬会社が教育的な遠足の費用を負担してくれるなら、警戒心を解いてしまうのは医師だけではない。製薬会社たちは医師から医師へと伝えられる内容にも影響を与えるのだ。

これらすべてが、先に別の文脈で見たものだ。第5章の政治に関する話でもこれらは登場した。「マーケティングキャンペーン」と呼ばれるものは、政治キャンペーンと似ている。雑誌論文、営業担当者の訪問、医学教育、豪華な新薬発表会議、テレビCMなどの目的は、驚異の新薬というお話を作り上げることだ。医師たちに対し、その薬が特に標的としている病気に自分の患者たちもかかっているのではという考え方の枠組みを持たせるのだ。

キャンペーンの目標は、医師たちの考え方の枠組みを変えることだ。注目点を、その薬を処方した場合にずっと先に起こる副作用ではなく、処方しない場合の便益ロスのほうにシフトさせることだ。キャンペーンが真に成功するのは（政治家にとっての当選のように）医学界がその薬を治療ガイドラインに組み込む場合だ。

長期的な副作用に対する検定力がないのと、現代マーケティングの力を考えれば、現代においても、悪い副作用を持つのに市場に出回っている薬がヴィオックスだけでないのも驚くことではない。更年期女性に対するホルモン補充療法（HRT）は、エストロゲンサプリメントの導入により1942年に開始された。これは妊娠ラバの尿から製造されている（だからプレマリンという名称だ。妊娠（PREgnant）ラバ（MAre）の尿（uRINe）というわけだ）。

2003年に、イギリスの女性100万人調査によって、HRTは、特にエストロゲン＝プロジェスタージェンサプリメントという形だと、イギリスでそれに先立つ10年に比べ、乳がんを2万件増加させたと結論づけた。この数字は（人口をもとに）アメリカに当てはめると、追加で乳がんが9万4000件増加ということになる。(49)

そしてもっと最近の例を考えよう。いまやアメリカの児童や青少年9人に1人が注意欠陥・多動性障害（ADHD）と診断されている。最も処方されている薬はリタリンという強力なものだ——その長期的な副作用はわかっていない。でも多くの診断が絶対にまちがっていることもわかっている。というのもケンタッキー州での診断率（15％）は、ネバダ州（4％）の3倍以上だからだ。そして人口の多い州だと、テキサス州の診断率（9パーセント）はカリフォルニア州（6％）の5割増しなのだ。(50)

最後に一言

本章は、食品と薬品での釣りに注目した。1906年に、食品と薬品はアメリカでは初めて全国的に規制されるようになり、その後この規制はかなりの変更を受けた。たとえば精肉業者たちはもはや、安全でない肉は売れないようになった。でも釣りは別のところに引っ越しただけだ。

「はじめに」で述べたように、看護師たちはいまやポテトチップスで太っている。自分たちが何を買っているかは知っている。ポテチの入った袋にはきちんと表示があり、カロリー数まで出ている。でも企業は別のやり方で顧客を釣っているのだ。ポテチはいまや科学的に、売り上げを最大化する形で、最適な脂肪と塩を含むよう設計されている。カモ釣りはいまや新しい形をとって、規制の定めた新しい範囲内で行われているのだ。そして利潤機会を掘り尽くそうとしている。これが均衡だ。いまだにインチキ食品が提供されている。

薬品について言えば、ヴィオックスの例が似たような教訓を与えてくれる。製薬会社はいまでは、新薬を発売するのにFDAの承認を得なくてはならない。こうした医薬品はまた、医師に処方してもらわねばならない。でも製薬会社は、FDAを釣る創造的な手法を見つけ、医師たちも釣っている。規制は釣りをなくしてはいない――この例でも、インチキ食品と同じだ。単に活動の焦点を変えただけだ。

付録：錠剤と価格

これまでは、医薬品の効力と安全性に注目してきた。でも大製薬会社は別の形でも釣りをしている。ヴィオックス関連の被害でマーク社が訴訟にさらされると、その弁護士たちが乗り出してきた。でも大製薬会社の弁護士たちは、別の形でも乗り出している。製薬会社は議会ロビイングの最大の出資者の一つなのだ。
責任ある政治センター（ワシントンを拠点とするシンクタンクで、こうしたものを見張っている）によると、同センターの産業分類で製薬／健康製品産業は、1998年から2014年にかけて他のどんな産業よりもロビイングに使った金額が大きい。この期間を通じて、その支払い額は第2位の保険業界の50パーセント近くも多かった。[51] どうやら製薬会社にとってはかなりの見返りがあるようだ。
一例を挙げると、メディケアにパートD医薬品補助（処方箋薬に対する補助）を追加した法案（2006年メディケア現代化法）で、大製薬会社は特別な取引をしたようだ。この法案によると、政府は受益者にかわって錠剤に対する低価格を求める競争価格交渉を実施してはいけないとされている。[52]
でも薬に高価格をつけるにあたり、製薬会社が持つ優位性はロビイングの力だけではない。ほとんどの事業は、価格が高すぎれば顧客は別の会社と取引をするという不都合を抱えている。でもこの傾向は、製薬業界については二つの理由から弱い。まず、一般に医薬品を選ぶ役割の人々——医師たち——は、処方箋の代金を支払うわけではない。この悪いインセンティブの問題をさらに悪化させることとして、保険（メディケア含む）のある患者たちも自腹で薬代は出さないのが通例だ。このように意思決定の結果を負担する必要がないために、製薬会社はずいぶん高値をつけられる。あらゆる大学生とその親御さんたちにとっても、この現象はおなじみだが、その文脈はちょっとちがう。

教科書を指定するのは教授たちだが、それを実際に買うのは生徒(とその親)だ。一例を挙げると、グレゴリー・マンキューの(すばらしい)教科書『経済学入門』の価格は361・95ドルだ。でもアマゾンではこれがずっと安く、たった315・15ドルで手に入るのだ。(53)

第7章

イノベーション：よいもの、悪いもの、醜いもの

現代経済学を音楽にしたら、Ｃメジャーの曲になるだろう。クリスマスに教会に集う信徒たちがハレルヤのコーラスを歌うように、自由市場の賞賛を語る曲となる。本書の狙いは経済学をもっと細やかなものにすることだ。自由市場の利点を認識するからといって、その欠点に目を閉ざす理由にはならない。マイナーキーの経済学がほしいのだ。ハレルヤのコーラスよりは新世界交響曲のようなものだ。

これまでのすべての章では、釣りがどのように、他の点ではよい経済均衡を汚染するか示してきた。ここではそれを新しい文脈に当てはめよう。経済成長についての経済学者の解釈に適用するのだ。まずは経済成長の現在の理論を簡単に説明しよう。でもそれから、なぜそれがカモ釣りも考慮すべきかについて論じる。

経済成長の基盤

標準経済学によれば、自由市場は常にすさまじい数の選択肢を与えてくれることで、巨大な便益をもたらす。今日、世界に広がるグローバル経済の中で、世界のほとんどの成人は――間接的にせよ――お互いに取引できる。すると選択肢もたくさんできる。成人の売り手と買い手の組み合わせは25000000000000000000（2500京）となる。[1]

でも自由市場には、もっと別の、ずっと重要かもしれない側面がある。新しいアイデアが、新しい製品や新サービスとなって、次第に人々の選択範囲をさらに広げるのだ。自由市場では、そうした新製品や新サービスのうち、利潤をもたらせるものが選択的に選ばれて採用される。

過去1世紀にわたり、世界の全成人により月に一度ずつ新しいアイデアが生み出されたら、3兆以上の新しいアイデアが出てくる。[2] その含意はすさまじいものだ。生涯にわたり、通常の先進国では、一人当たり産出は6倍になる。[3] アメリカの現在の退職者たちが生まれた頃のアメリカは、現在のメキシコより貧しかったのだ。[4]

新しいアイデアが経済成長のエンジンとして果たす決定的な役割は、何十年にもわたり議論されてきたけれど、それが1957年に単純で巧妙な計算を通じて決定的に確立された。32歳のMITの経済学者ロバート・ソローが、シャーロック・ホームズのお株を奪う形で答えを出したのだ。他の主要な容疑者を消していったのだった。
ソローの計算までは、経済学者は経済成長を二つの要因の間でどう仕分けすべきかわからずにいた。労働生産性の上昇（つまり一人一時間当たりの産出の増大）は、新しい発明（「技術変化」と呼ばれる）のおかげかもしれない。あるいは「資本」（たとえば機械、建物）が増えたせいかもしれない。[5] 資本の稼ぎ分が産出への貢献をあらわすという単純な想定を使って、ソローは資本成長に分配できる生産性成長の割合を計算できた。そしてかれは（１９０９年から１９４９年にかけてのアメリカでは）資本成長の分が８分の１でしかないのを発見した。残りの８分の７は、他の容疑者のせいであるはずだ。これは新しいアイデアとなる。ソローは、この「残差」が「技術変化」によるものだと述べた。[6]
このちょっとした見事な計算により、経済進歩に関する経済学者たちの見方は永遠に変わった。もはや生活水準の向上は、主にますます大きな工場をたくさん建て、労働者を悲惨な条件で雇うことで実現されるのではない。19世紀マンチェスターの繊維工場や、今日のバングラデシュの繊維工場とはちがうのだ。この単純な一行の計算式は、経済成長の源について新しいイメージを作り出した。計算当時の１９５０年代、この結果をまとめるなら「よりよい生活のためによりよいモノを……化学を通じて」というデュポン社のモットーのようなものになっただろう。後の世代にとって、それはその後25年たって台頭するシリコンバレーのようなものとなるだろう。
このビジョンによれば、自由市場資本主義が現在のように豊富な財やサービスを与えてくれるのは、比較優位に基づいて取引する人々のおかげだけではない。同時に、新しいアイデアの利用を通じてますます豊富さを与えてくれるのだ。

ソロー残差とカモ釣り

ソローの計算とその結論にはほぼまちがいなく、かなりの真実がある。でもこれはまたハレルヤ経済学でもある。それは登場した1950年代の無垢《むく》さを反映したものだ。その後、経済学の外では、アメリカ人たちと、その他世界の大部分も、新しいアイデアがたゆみなき進歩を与えてくれるというソローのビジョンよりはもっと懐疑的な考え方を発達させてきた。アメリカ史は常に暗い面を持っていた。特にアメリカ先住民や黒人、ヒスパニック、アジア系、女性、ゲイの扱いだ。

本章の初めに新世界交響曲に触れた。その作曲者アントニン・ドボルザークは、その作品に黒人霊歌やアメリカ先住民のダンスを織り込んでいる。しかも意図的に。(7) 標準米国史はもはや、絶え間ないクレッシェンドではない。そして1959年のニクソンとフルシチョフの論争のように、ソ連に比べてアメリカの台所のほうがよいという結論で終わったりはしない。

これで話はおもしろいことに、ソローの計算のちょっとした、だがまちがった解釈に戻ってくる。そのまちがった解釈とは、進歩は新しいアイデアによるというだけでなく、新しいアイデアはすべてまちがいなく経済進歩につながるというものだ。アイデアというのが技術的なものとしてのみ理解されるのであれば、これは自然な結論となる。新しいアイデアは、もっと多くの産出を少ない労働で作れるようにしてくれる。でも私たちの思考がすべてモノについてではないのと同じように、あらゆるアイデアがモノについてではない。人々の多くのアイデアは――いや人々の思考の核心は――仲間の人々についてのものだ。精神的に健全な人々は、他人の思考を知覚する微妙な能力を持っている。心の理論を持っているのだ。それは人類の最も魅力的な特長の一つだ。それはお互いへの共感の根底にあるものだ。

でも心の理論には負の面もある。これはつまり、こっちの得になるよう（でも相手の得にはならないよう）人々をおびき寄せるにはどうすればいいかも考案できるということだ。結果として、多くの新しいアイデアは技術的なものにとどまらない。それは必ずしも、お互いにとって双方得のあるものを提供してくれるとは限らない。それはむしろ、心の理論の新しい使い方であり、自分には得だが相手には損をもたらすようにする手法だ。そうした新しいアイデアは、本書のあらゆる章に登場する。たとえばラスベガスの中毒性スロットマシンを見た。腐った「アボカド」（つまり腐った金融派生商品）をトリプルAに格付した格付機関を見た。ハサウェイシャツの男や芝刈り機に乗った上院議員の売り込みも見た。ウィンドウに戦略的に置かれたワンちゃんの話も見た。例示はいくらでも続く。

これはつまり、私たちの経済進歩についての感覚は、一見したほど疑問の余地なきものではないということだ。経済成長の指標（たとえば一人当たり所得）は、きちんと経済変化を反映するかもしれない。でもそうした変化がすべて、必ずしもいいものとは限らない。それは単なる暗黙の想定であり、ソロー残差が「技術進歩」をあらわしたものだというのは当時の習慣的な思考パターンの反映でしかない。いまや私たちは経済成長をもっと慎重に、もっと広い観点から見る必要がある。

選択を広げてくれるあらゆる発明が最善とは限らない、あるいは一部の発明にはよい点だけでなく悪い点もあるという論点を強調するために、三つの例を挙げよう。

三つの発明

フェイスブック　電灯でいちばんありがたいのはスイッチだ。それがあるから消せる。フェイスブックも、好きな時に消せる。でも私たちがインタビューしたイェール大学の学生によると、利用者はフェイスブックを消したほうが幸せになると知っているのに、それだけの精神的な規律を持てずにいる。

インタビューはすべて同じように進んだ。回答者たちは、フェイスブックを使う名目上の理由を述べる。それが「友人と話をするだけ」とか。「情報」を得るためとか。でもそれから、まるでイプセン演劇のようなクレッシェンドで、もっと強い感情が出てくる。フェイスブックに対する愛憎半ばする感情が吐露されるのだ。その主要な利用法は、当初述べられたように、友人と友人を結ぶだけではない。むしろそれは、「安心できる別の宇宙」に連れて行ってくれる乗り物なのだ。その宇宙で回答者たちは、他では得られない社会的な認証を得られるのだ。

イェール大学の学部生の生活は競争が激しい。たとえば2009年の新入生たちに向かって、入学選考担当者は、志願者たちは実に才能豊かな人々ばかりだったから、同じ数の新入生を2クラス作ることだってできたはずだと語った。そうなっても、入学選考はまったく意に介さなかっただろうと。だからこのエリート校ですら、競争の激しさのために相変わらず認められるニーズが生じるのだ。別の仮想宇宙を作り出して、別の敬意の通貨を持たせるというのは、健全な適応だということも十分ありえる。その通貨は、たとえばフェイスブックの友人たちからの「いいね！」だったりする。

でもこれはまた、フェイスブックとの愛憎半ばする関係の核心でもある。これはまた回答者たちの「いいね！」欲求の根底にもある。その一人はこう語った。「自分のイヌの写真ばかりいつも投稿するわけにはいきませんよ。退屈じゃないですか。笑えるとかエキサイティングとか、本当に魅力的になんなきゃという強迫観念が出てくるんです」。回答者の一人は、「いいね！」がこんな狂騒曲ではなかった1、2年前の「古きよき時代」に対する郷愁を表明している。彼女はこの「いいね！」獲得競争を見下げ果てたものだと思っていた。

また、「いいね！」以前の日々に使われていた、フェイスブックの別の側面も話に出た。あるイェールの学生は、フェイスブック参加者たちは自分たちの最高の、最もうらやむべき瞬間しか投稿しないのだという。こうした習慣は、彼女にとっては承認を難しくした。「あたしがフェイスブックを大嫌いだと思う別の瞬間は（中略）いまみたいなときなんです。［真冬の］ニューヘーブンにいるのに、［他の］みんなはずっと日の照る場所にいて（中略）自分でもやめようと思うんだけど、でも現実にはみんなのビーチ写真を眺めて、かれらを通して代理の生を生きるんです」

イェール大学のインタビューで得られた知見は、フンボルト大学の学生を使った「フェイスブック利用者の感情」に関する調査の結果とも一致する。自分でない他の人々がフェイスブックの利用で「いらだったり疲れたりする」理由を尋ねられると、5分の3ほど（質問に回答した回答者86パーセントに占める割合）は社会的な要因を述べた。たとえば「ねたみ」「『いいね！』がない」「社会的孤立」「イベントに招待されない」などだ。30パーセントの人が述べたねたみは、自分自身がフェイスブックを最後に使ったときに何を感じたかと尋ねられたときに、回答者たちが自分の感情を認めようとしなかったことと好対照を示している。ねたみを感じたと答えた人は1パーセントしかいなかったのだ。(8)

フェイスブックはよいものだろうか、悪いものだろうか？　そこで認められている表現は「いいね！」だけだ。でも「ダメだね！」は言えない。つまり、肯定的な認証しかできないということだ。奇妙なことに、私たちの回答者はだれ一人として友人に「いいね！」をする喜びについては語らなかった。でもフェイスブックの「いいね！」はすべて、鷹揚さを示す行動だ。それは与える側と受け取る側の両方に尊厳と敬意をもたらす。

私たちの回答者はまた、フェイスブックの仮想宇宙は現実の宇宙と、強く、通常はよい形で相互に作用しあっているのだと示唆している。フェイスブックの友人たちは、多くの場合は現実の友だちだ。実際、本当の友情が必要だというのがフェイスブック人気の重要な要件だった。友人がみんなフェイスブックに投稿しているなら、自分だけ投稿しないのは他のみんなが出席しているパーティーに行かないのと同じだ。

でもフェイスブックにはそれなりのマイナスの面もある（私たちの回答者も、フンボルト大の調査でもそれは見られた）。そうしたマイナスの要素が大きくなると、そこにはまたもや新しいイノベーションが見られる。MITメディアラボの学生2人、ロバート・モリスとダニエル・マクダフは「パブロフの突っつき」と名づけたものを開発した。コンピュータをプログラミングしておくと、フェイスブックを見ている時間が一定の限界を超えたら電気ショックを与えてくれるのだ。[9]

どこでもランキング　イノベーション（経済学者なら「技術変化」と呼ぶかもしれない）の別の例としては、ユナイテッド航空が乗客を航空機に搭乗させるときに使う手法を考えてほしい。19世紀の封建国家のように、ユナイテッド航空は無数の階級やステータスを設けている。大型機だと、搭乗の順番は単にシートのクラス（ファーストクラス、ビジネスクラス、エコノミープラス、エコノミー）だけによるのではない。[10] それは航空会社の与えた「エリート」階級にも左右される。グローバルサービス、1K、プレミアプラチナ、プレミアゴールド、プレミアシルバーだ。

人々は中毒したようにランキングに惹かれるので（自分のランキングも他人のランキングも）、航空会社は見事なカモ釣り手法を見いだしたことになる。自分はすわって、顧客が曲芸をしてくれるのを眺めればいい。顧客たちはだまっていてもマイルをためたり、ユナイテッド航空ＶＩＳＡカードを使ったりして、自社の作った「エリート」ランキングを手に入れようとしたりするのだ。

飛行機への搭乗は、私たちの見たところロズ・チャスト的瞬間だ。ロズ・チャストというのは『ニューヨーカー』誌の戯画作家で、変な表情の人々を描き、その人の吹き出しに、その人々が本当に思っていることが述べられている。彼女の戯画で、グローバルサービスやファーストクラスの人々が、エアバス機に乗ろうと並んでいる他の旅行者たちについてどう思っているかを描いたところが見たいものだ。そして逆に、非エリート側の吹き出し思考も見てみたい。実際、私たちの一部のインタビュー（やはりイェール大学生対象）はこうした吹き出しの内容について裏づけを与えてくれた。自分を観察できるある被験者は、それを一語で表現した。「ビジネスクラスにたまに乗ると、最初に搭乗できるので『自己満足』を感じます」と彼女は語った。[11]

もちろんエアラインのシートを決めるランキングなんて世の中に何の影響もない。でも15年前に、新聞記者ニコラス・レマンは影響の大きいランキング群についての本を書いている。教育試験サービス（ＥＴＳ）による大学進学適正試験（ＳＡＴ）だ。[12] １９３０年代と１９４０年代には、エクスター校やグロトン校などの寄宿校に通い、家がボストンのビーコンヒル（高級住宅街）にあるだけで、ハーバード大入学には十分だった。ＥＴＳを創設してＳＡＴを推し進めた当時の改革者たちは、入学審査をもっと幅広いものにしたいと思った。さらにそうした試験で計測できると思った「知能」にもっと重点を置くべきだと考えた。[13]

そのイノベーションは定着した。（レマンによると）そうしたランキングは社交界に親がいるといった条件に代わるものとなった。でも、このランキングにはそれなりの問題がある。新しい「能力主義」がその隙間を埋めた。そしてそれにつれて、人の運勢や人の手取り所得は、ますます大学の学位次第となった。学位なしでは、未来のエイブラハム・リンカーンやハリー・トルーマンやシドニー・ワインバーグたちはいまやほとんど成功の見込みがない。ＳＡＴそのものが、若者が大学に行くか、どの大学に行くかを決めるのに大きな役割を果たす。

そしていまや教育でのランキングは至るところに見られる。それは実に幼いときから、経済学者ギャレイ&ヴァレリー・ラメイが「よちよちレース」と呼んだもので始まる。[14] そしてＳＡＴと高校の後でも、ランキングは続く。大学そのものもランキングされる。[15] その中の学生もランキングされる（特に大学院に進むなら）。その教授たちが論文を発表する雑誌もランキングされる。[16] さらに当の教授たちも、どの雑誌にどのくらい掲載されるかでランキングされる。[17]

こうしたランキングにはそれなりの影響がある。学生たちが試験にあわせて勉強する大きなインセンティブにはなっている。さらに教師たちには試験にあわせて教えるインセンティブになるし、教授たちが専門雑誌の「要件」を満たすよう研究するインセンティブにもなる。でもランキングは、こうした深刻な歪曲よりさらに深い影響をもたらす。そしてこれで、ロズ・チャストの吹き出しに戻ってくる。ランキングの高い人が低い人を見たときには何を感じているだろうか。たぶんそうした「自己満足」の副作用はすでに現れていると私たちは思う。私たち（アカロフ&シラー）二人とも、ユナイテッド航空が昔は子ども連れの家族を先に搭乗させていたように記憶している。旅仲間に対して示すべき親切さについて、新しい規範が生じたらしい。2012年4月に、ユナイテッド航空は方針を変えた。そしてかつての習慣は脇に押しやられた。[18]

フェイスブックの場合と同じように、教育ランキングについて私たちは愛憎半ばする感情を抱いている。持てる者と持たざる者との区分が、社交界一覧に親が載っているかどうかで決まる社会よりは、ETSがその区分を行う社会のほうがいいとは思う。でも「エリート」の認定を受けた人々をランク付けし、「それ以下」とランクされた人々に敬意を示さない教育機関についても思うところはある。ここでの私たちの曖昧さは、本書の大きな主題でもある曖昧さを反映したものだ。自由市場は好きか？　好きではある。でも……。

たばこ巻き機　ビゼーのオペラ『カルメン』は1820年代のスペイン、セビリアが舞台だ。主人公カルメンはたばこ工場で働いている。[19]この物語が80年ほど後を舞台にしていたら、たぶんちがった職業になっていただろう。というのも1880年代には、バージニア州出身のジェームズ・ボンサックが機械式のたばこ巻き装置を発明し、紙巻きたばこを作るために必要な労働力を大幅に減らしたからだ。[20]たばこと酒に関する次の章は、この発明が人間の厚生に与えた負の影響を述べる。

第8章 たばこと酒と釣り均衡

現代のアメリカで、カモ釣りが重要になる場面があるとすれば、それは4大中毒分野のたばこ、酒、ドラッグ、ギャンブルだ。中毒者というのは、本当の嗜好が肩の上の特別なサルに乗っ取られた人だ。中毒者がそれを消費すればするほど、サルはそれをもっと消費する必要を感じてしまうのだ。(1)

本章では、たばこと酒のまったくくちがった来歴を論じる。たばこについては、いまや喫煙は愚かと思われている――どうやらほとんどの喫煙者もそう思っているようだ。というのもアメリカ成人喫煙者の69パーセントは禁煙したいと思っているからだ。(2) これに対して酒は――少なくとも少量なら――むしろ健康にいいと言われている。喫煙がこれほどの悪評になったのに、酒がその評判を維持してきた理由を見よう。

喫煙が健康に与える影響

少し時代をさかのぼって、1920年代とか30年代とか40年代に戻ると、喫煙はかっこいいと思われていた。喫煙はセクシーで、クールだった。有名なチェスターフィールズの広告がその感覚を伝えている。優雅な男とグラマラスな女性が、ビーチでロマンチックな様子で座っている。男はたばこに火をつけている。そのコピーにはこうある。「こっちにも煙を流して[3]」

でもそこで何かが起きた。1500年代にヨーロッパ人が新世界でたばこを発見して以来、それが健康に与える影響はずっと疑問視されてきた[4]。でもそれを断定できるだけの統計的な証拠が出てきたのは、やっと1950年代になってからだった。かつて19世紀には、パイプや葉巻はよく見られたが、たばこは噛みたばこが主流で、しばらく噛んでからはき出すものだった。「たんつぼ」はそのためのものだ。

でも1880年代に紙たばこ巻き機が発明された。1900年には、紙巻きたばこはたばこ産業の全体から見れば小さな点でしかなく、アメリカ人一人当たりの年間消費量はたった49本だった。1930年にはその数は1365本に増えた。そして1950年には3322本だ[5]。この増加と、肺がんの蔓延が同時に起こった。1930年には肺がんによる死者はたった3000人だった。1950年にはそれが1万8000人になった[6]。

1940年代末、研究者の二つのチーム——片方はアメリカで片方はイギリス——が、この蔓延について喫煙が果たしている役割を調べる簡単な試験を見つけた。肺がん患者たちの喫煙歴を、慎重にマッチさせた対照群の喫煙歴と比べたのだ。アメリカでは、エヴァーツ・グレアムとアーンスト・ウィンダーが肺がん患者684人とその対象群の標本をアメリカの病院でつくった。グレアムは、セントルイスのワシントン大学医学校にいて、がん患者の肺の外科除去を初めて成功させた人物だ。ウィンダーは熱心な若き医学生だ。(7) 肺がん患者の喫煙歴を、男性入院患者と対照させることで、がんのない患者たちはまったく喫煙しないか、しても軽くしか喫煙していない可能性が7・5倍も高いことを発見した。(8)

グレアムは当初、喫煙が肺がんを起こすかどうかを疑問視していた(たばこの煙は両方の肺にいくのに、どうして通常の肺がんは片方の肺だけに見られるんだね、とかれは尋ねていた)。この研究を承認したのは、ウィンダーの熱意に負けたからでしかなかった。(9) 結果を見て、かれも禁煙し、反たばこ運動に転向した。(10)

一方、大西洋の反対側では、似たような老若ペア——ロンドン大学衛生熱帯医学大学院の医学統計教授A・ブラッドフォード・ヒルと、疫学の新人研究者リチャード・ドール——もまたロンドンの病院で得たマッチング済み標本から似たような決定的結果を得ていた。喫煙が多いと、肺がん群(対照群ではなく)に入る確率は系統的に高まった。(11)

グレアムとウィンダーは『アメリカ医学協会ジャーナル』に、ヒルとドールは『イギリス医学ジャーナル』に結果を発表した。1950年のことだ。

まもなく、非疫学的な証拠から生物学的なつながりも出てきた。グレアムとウィンダー、そして同僚の研究者アデル・クローニンガーがマウスの背中にたばこのタールを塗ると、59パーセントが病変を発達させた。44パーセントは立派な悪性腫瘍だった。[12] 対照群のマウスからはどれもそんなものは出なかった。オスカー・アウエルバッハとその共著者たちは、喫煙者と非喫煙者の肺を死後解剖した。喫煙者は肺がんの前兆となる事象が多かった。[13]

別の科学者を探す

こんな悪い知らせを受けて、たばこ産業は対応を考案した。大手たばこ会社（これはアメリカの5大たばこ企業を指す）はイメージづくりの達人だった。それまでも、広告業界のトップを雇って自分たちのために活動させてきた（前出のラスカーとオグルヴィもそこに含まれる。でもラスカーは1940年代にがんに対する戦いの旗手となった。[14] そしてがんと喫煙のつながりが明白になると、オグルヴィはたばこ広告を断った）。[15] 主要たばこ会社は、広告会社ヒル&ノールトンを雇った。[16] その仕事は、主要医学雑誌がたばこでがんになるという強い証拠を発表しているとの世間的な認識が高まっていることに対して、接ぎ木できるような新しい物語を作り出すことだった。

業界は、肺がん患者が同じような対照群に比べて喫煙している可能性がずっと高いという結果に反論はできなかった。そこでヒル&ノールトン社の助言にしたがって、次善の策を採った。疑念を作り出したのだ。金融業界のマイケル・ミルケンが、人々は二種類の「ジャンクボンド」をなかなか区別できないと気がついたのを第10章で見るけれど、たばこ産業も世間が同じように、さまざまな「科学者」の見分けがつかないことに気がついたのだった。グレアム、ウィンダー、ヒル、ドール、クロニンガー、アウエルバッハたちは、説得力ある証拠を生み出した。でもたばこ会社は、喫煙とがんの間の関連性は「証明」されていないという意見を強く述べてくれる他の「科学者」(特に喫煙者)が見つかるのを知っていた。かれらは独自の研究所を設置し、その運営に独立したたばこ研究所研究委員会(TIRC)を充て、それを監督する存在として独立の科学顧問委員会(SAB)を設けた。[17]

大たばこ会社はSABの委員長兼TIRCの科学長官を選んだときに、単に「ツイていた」わけではなかった。かれらが慎重に選んだ人物、クラレンス・リトルのキャリアと人物像を慎重に検討すると有益だ。というのもこれが、疑念を作り出すにあたってのこの業界の戦術をもっと一般的に示すものだからだ。

クラレンス・リトル

遺伝学の大学院生として、かれは一連の近親交配マウスを開発した。遺伝学には幼い頃から興味があったという。ボストンの名家出身の父親（イヌのブリーダー向け乾燥食材契約商人だったが早めに引退した）が、ブリーディングの技術を息子に伝えたからだ――その発端は、3歳のときにハトを贈られたことだったという。[18] リトルは大学までその才能を持ち込み、ハーバード大学の学部生として、兄と妹のマウスを交配させた。大学院に進み、さらにハーバード大学の教授陣に加わったかれは、近親交配マウスの生産者として有名になった。リトルの最も重要な発見では、近親交配マウスの腫瘍をハイブリッドマウスに移植はできても、その逆はできないことを明らかにしている。[19]

たばこ産業がリトルを見いだしたとき、かれらはがんが遺伝性だと「知っている」人物を発見したことに気がついた。疫学的にどんな証拠があろうと、がんが喫煙で生じたはずはないというわけだ。それは悪い遺伝子の結果なのだ。科学をめぐるこうした見方は、リトルの政治的、社会的活動で強化された。リトルは優生学を信じ（「不適応者」は去勢されるべきだ）、それに関連した団体として、人種改良議会の会長を1928年から1929年にかけて務めている。[20]

リトルはその管理能力のおかげでメイン大学とミシガン大学の学長も務めており、たばこ業界にとってはうってつけだった。彼は自分の主張を本当に信じていた。証拠がどうあれ、この人物はたばこでがんが生じることは「証明」されていないと確信している。[21] もっと研究が必要だとは考えていたけれど、たばこ研究所がリトルの下で提供した研究補助金は、たばこのタールとがんとの関係にいっさい触れようとしなかった。リトルはまたきわめて精力的で、自分の意見を声高に、しばしば、印象的な形で述べた（たとえばミシガン大学学長時代に、かれは「アメリカで最も傑出したサボリ魔たちは（中略）［大学の］教職員だ」と述べている）[22]。リトルや、SABやTIRCの似たような発想の人々をスポークスマンとして、ヒル&ノールトン社は喫煙と健康の関係について新しい物語を示唆するようにした。喫煙ががんを起こすかどうかをめぐっては、「科学的な論争」があるという。CBSの高名な調査レポーター、エドワード・R・マロウがこの「論争」について番組を2本放送したとき、ウィンダーと並んでリトルもインタビューされた。地球は丸い（喫煙ががんを起こす）という証拠がいかにしっかりしていても、それを地球は平ら（喫煙はがんを起こさない）説と対比させたほうがテレビとしては華々しいし、特にマロウがそのトレードマークとして、番組の間ずっとたばこをふかし続けていればなおさらだ。

公衆衛生総監報告書

いま述べた歴史が、歴史的文書の背景となる。その文書は、1964年公衆衛生総監報告書だ。この文書は、この曖昧さに応えようとした。その論争が決着のついたものだと明らかにした。その正反対にこの報告は、学童の英語表現で言うなら、喫煙はバカだというのをアメリカ政府の公式な立場にした。公式政府用語で言うなら、公衆衛生総監は喫煙が健康にとって危険だと定めていた[23]。

ジョン・ケネディ大統領の公衆衛生総監ルーサー・テリーは、喫煙と健康の関係に関する諮問委員会を設立した。報告書を実際に書いたのはこの委員会だった。これはその公式の題名にも反映されている。『喫煙と健康：公衆衛生総監諮問委員会報告』[24]。これはがんと喫煙の関係についての科学的証拠をレビューしただけではない。それまでのグレアム＝ウィンダーやヒル＝ドールなどの疫学研究を、驚異的な形で超えてみせたのだ。

それは死亡率と喫煙に関する独立研究7件——アメリカ、カナダ、イギリスのもの——の結果を組み合わせて示していた。これらの研究は、回答者112万3000人の喫煙習慣を記録していた。その七つの研究すべてで、喫煙者は喫煙しない対照者とマッチングされた。研究はすべて、喫煙者のうち何人が死んだかをつきとめるための追跡をしていた。喫煙者の2万6223人が死亡した。そしてその死因を示す死亡証明書も入手していた。委員会は、年齢と病歴をもとに、マッチングした非喫煙者と同じ死亡率だったらその喫煙者の死者数はどのくらいだったかを計算した。期待値はずっと低く、1万5654人だ。報告書の用語を使うと、喫煙者たちは68パーセントの「超過死亡率」を持っていた[25]。

この超過死亡率は——人々が思いがちなのとはちがい——単に肺がんだけではない。肺がんでは、実際の死者数と期待死者数との比率は10・8だ。また気管支炎や肺気腫だけでもない。こちらでは比率は6・1だ。これはあらゆる病気すべてについてのものだ。たとえば冠状動脈疾患だと比率は1・7だ。喫煙者の実際の死者数と、期待死者数とのギャップは、この七つの研究をあわせたものではあまりに大きく――さらに裏づけとなる科学的な結果と組み合わせると――たばこ喫煙が健康に有害でないと論じるのは、まともな人間にとっては今後永遠にむずかしくなった。

大たばこ会社vs反たばこ運動

この報告の後で、大たばこ会社とその後の反たばこ社会運動との間で50年にわたる闘争が続けられている。大たばこ会社もそれなりの勝利をおさめた。アメリカでは、言論の自由を使って、大たばこ会社はめざわりなラベル追加義務を逃れ続けている。アメリカとはちがい、オーストラリアはたばこの箱に、陰惨な写真を載せるよう義務づけている。たとえば、がんになった肺の写真などだ(26)。

大たばこ会社はまた、テレビやラジオでは広告を出せないけれど、いまだに印刷物での広告は許されている(27)。46州の政府が提訴した訴訟の和解として、たばこ会社は喫煙関連の健康問題により州がこうむった費用として2060億ドルの支払いに合意した。でもこの和解パッケージに暗黙に含まれていたものを考えれば、これ以上はないほどのバーゲン価格だ。これ以上の損害賠償請求は行わないとされていたのだから(28)。

大たばこ会社はそれなりの勝利をおさめたけれど、反たばこ運動もそれなりの勝利をおさめた。そしてその勝利のそれぞれにおいて、喫煙はがんを引き起こすという物語の権威、特に公衆衛生総監報告書による権威が重要な役割を果たした。そして反たばこ運動の勝利が、こんどはその物語をさらに広めるにあたり大きな役割を果たした。その勝利の一つとして、ニューヨークの26歳の弁護士ジョン・バンザフが、連邦通信委員会（FCC）に苦情を申し立てた。その苦情によれば、かれらの電波利用許諾におけるフェアユースのドクトリンに照らして、テレビ局がたばこを広告するのであれば、公共の利益から見て同じだけの時間をたばこの害の説明に費やす義務があるはずだ、とのこと。

驚いたことにFCCはこれに合意したけれど、要求されていた等時間ではなく、3分の1の時間しか認められなかった。[29] 反喫煙広告は、陰惨な写真やときに使われる陰気なユーモアのおかげで、実に効果が高かったため、大たばこ会社も裸足で逃げ出した。そしてたばこ製品のテレビコマーシャルすべてを禁止することを認めた。[30] 最初の反喫煙広告と、それに続く大たばこ会社のテレビCM禁止は、どちらも二つの物語の間のバランスに影響した。喫煙はバカだという物語（反たばこ運動）と、喫煙はクールだという物語（大たばこ会社）だ。

反たばこ運動はもう一つ、意外な勝利をおさめた。科学的な疑念を作り出す以外に、特に損害賠償についての弁護論の大きな部分として、大たばこ会社は喫煙者の選択の権利を強調した。でも反たばこ勢力はこの議論を有利にひっくり返した。喫煙者に選択の権利があるなら、屋内の非喫煙者はそうした権利を否定されている。大たばこ会社の主張をこのように変形させることで、あなたの屋内喫煙はわたしの健康にとって危険なのだ、という主張をうちだしたのだ。つまり喫煙者はわたしの権利を侵害しているのだ。

アリゾナ州は、呼吸器系問題に苦しむ人々にとっての避難所であり、副流煙運動が育つ肥沃な環境をもたらした。1973年に同州は公共の場での喫煙を禁止した(31)。いまやアメリカ中で、オフィス労働者たちは屋外でたばこを吸っている。その後ろめたそうな顔は、喫煙はバカだという物語を無言のうちに広めている。だれもかれらに加わりたくはない。

たばこをめぐる釣り均衡

公衆衛生総監報告書の後で、かつてクールだったものがだんだんバカに変わっていった。そしてそれが現状となっている。アメリカ成人の42パーセント（男性の53パーセント、女性の31パーセント）が当時は喫煙していた(32)。いまやそれは18パーセント弱だ（男性の20・5パーセント、女性の15・3パーセント）(33)。人口に占める喫煙者比率は、過去50年にわたり年0・5パーセントずつ着実に低下している(34)。現在では、喫煙者の割合が減ったというだけではない。喫煙する人も、その量が減っている。1965年に、喫煙者は平均で一日1と8分の3箱吸っていた。それが現在では平均10分の9箱だ(35)。

こうした進歩は結構なことだ。でもコップはまだ半分空だ。アメリカ疾病管理予防センターの推計では、2005年から2009年にかけてアメリカの死者の20パーセント近くが喫煙によるものだ(36)(この巨大な数が過大推計だという可能性を考慮するにしても、喫煙が健康にとってきわめて有害だという点に疑問の余地はほとんどない)。そしてみんな、悲しい思い出を持っている。

私たち(アカロフ&シラー)にとって、それはエヴァ、ジョー、ジョン、ピーター、ミゲル、マーガレット、リチャード、フィッシャー、アンソニー……その他大勢。みんな友人たちだ。他の人たちの場合——あなたはちがうと思いたい——もっとひどい。ご両親、兄弟姉妹、息子や娘だ。そして経済はグローバル化したので、喫煙もグローバル化しており、それを主導しているのが主にアメリカのたばこ会社による「煙を向こうに吹く」活動だ。

大たばこ会社の釣りに対抗して、反たばこ勢力は継続的に強力な資産を持っている。喫煙はバカだという物語だ。1964年の公衆衛生総監報告書は、この資産の当初の創造とさらなる拡大に大きな役割を果たした。

大たばこ会社をめぐる私たちの物語を、本書の大きな文脈の中に置くと有益だ。釣り均衡というものがあるなら、まさにこれだ。大たばこ会社は儲かるから私たちの描いた戦略に従った。そしてかれらはその狙いを支持してくれるクラレンス・リトルを見つけたのは幸運だった——大した幸運ではなかったが。かれは才能豊かな科学者だったが、とんでもなく頑固な科学者でもあり、がんの原因として遺伝の役割を誇張しすぎて、たばこを含む環境要因を排除してしまったのだった。かれが疑念拡大という狙いに登用されたのは、釣り均衡の側面のさらなる一つにすぎない。リトルがいなくても、たばこ会社は手持ち一覧の中から次の人物を選出しただけだろう。

酒の害について話そう

喫煙の害をめぐってはコンセンサスがあるけれど、酒をめぐってはその正反対だ。ここでのコンセンサス物語は、アルコール中毒は深刻だというものだ。でもそれはかなり珍しいとも思われている。

これは国立アルコール濫用・依存研究所（NIAAA）が出しているアル中の生涯に関する標準統計から自然に読み取れるものだ。NESARC――全米アルコールおよび関連状態に関する疫学調査――によれば、若年男性（18歳から29歳）の13パーセントは「アルコール依存」の状態を示す。中年期後半（45歳から64歳）では、これが人口の3パーセント以下にまで下がる。女性にとって、この比率はずっと低い。18歳から29歳では6パーセント、45歳から64歳では1パーセントだ[37]。アメリカ疾病管理予防センターの統計も似たようなメッセージを告げる。かれらの統計によれば、過剰アルコール摂取は、全死者数の3・5パーセントほどを占める[38]。

こうした統計は、アメリカ社会におけるアルコールの害に関する支配的な図式だと私たちが考えるものをまとめている。全体では多くの人に影響はしているけれど、若い日のがぶ飲み以外では、その生涯に与える影響は人口のかなり小さな部分に限られている。そして同時に、アルコールは宴会やお祝いでは不可欠なものだと一般に見なされている。広告業者たちはこの主題を使い、楽しいことが大好きな美男美女たちが、ドリンクを片手に持っている光景を活用する。こうしたイメージがあるので、アルコールの害の話を持ち出すのは、公共の場でゲップをするのにもちょっと似ている。

でも私たちは、2人でかなりの議論を経た結果ではあるが、公共の場でぜひともゲップをすべきだと決めた。というのもNESARCなどの調査の証拠がなんと言おうと、別の図式を示唆する証拠もあるからだ。つまり酒の害は、たばこの害にも比肩するものかもしれないという証拠だ。それは人口のたった3~4パーセントだけに慢性的な人生破滅剤として影響するものではなく、むしろ人口の15パーセントから30パーセントに影響するものなのだ。アル中の影響を最も受ける家族を含めるなら、特にこの大きなほうの数字になる。

この見方についての大きな証拠は、変わった調査からきている。昔の1930年代に、当時流行っていた雑貨店チェーンの創始者(W・T・グラント)はハーバード大付属病院の院長に説得されて、ハーバード大学の学生たちの生涯を継続的に調べる調査に出資した。[39] そうした生徒は、その心身の健康を元に選抜される。狙いは、幸せな人生を決めるものが何かを発見することだった。こうした若者たちは、特権的な大学を出てすでに優秀な学業を上げているので、幸せな人生に向けて大きくリードしているはずだと思われたのだった。[40]

この研究のため、1939年卒から1944年卒までの卒業生の中から268人が選ばれた。[41] そしてこの調査は75年以上もつづき、その責任者も4人交代している。3人目の責任者であるジョージ・ヴァリアントは、いまやハーバード・グラント調査と呼ばれているこの研究の特別記録者となっている。[42]

アル中の人が失う能力

この調査の主要な発見は、こうした特権的な人々の生涯におけるアルコールの役割だった。23パーセントは生涯のどこかの時点でアルコール濫用者と診断された。[43] 7・5パーセント近くが「アルコール依存」に苦しんでいた。[44] さらにヴァリアントの見解では、この依存はかれらにとって、若き日の一過性の問題ではなく、むしろ慢性的で能力を喪失させる、心身症なのだった。かれらは平均でアル中でない同期生たちよりずっと若くして他界するにとどまらない。[45] アルコールは、かれらが他人と人間関係を持つ能力を破壊した。

驚いたことに、ヴァリアントはアルコール濫用が人格にマイナスの影響を与えることを実証した。ハーバード・グラント調査以前には、精神分析医の間では、アル中を引き起こすのは劣悪な子ども時代だというのが通説だった。このいささかフロイトじみた見方によれば、アル中はよくない冷たい母親と、よくない冷たい父親がもたらす自然な結果となる。精神分析医たちは、こうした見解についての証拠を嫌というほど持っていた。かれらは長いすの上で、アルコール濫用患者たちが悲惨で虐待された小児期について（おそらくは精神科医に促されて）ぐちる様子を直接目にしていたのだ。

でもハーバード調査からのデータは、こうした文句についてのユニークなチェックを提供してくれる。調査の冒頭で、有能なインタビュー担当者たちが生徒たち自身に子ども時代についての聞き取りを行っているし、そればかりかかれらの家を訪ね、両親にもインタビューしているのだ。こうした過去についてのインタビューを見ると、アル中たちは素面《しらふ》の仲間たちと特にちがっているわけではないことがわかる。むしろアル中そのものがかれらの人格を変え、最終的なぐち屋に仕立ててしまったらしい。[46]

ヴァリアントはもっと一般化した結論に達している。アル中は、親密さを保つ能力を被害者たちから奪っているのだ——それはアル中ではない同窓生たちにおける幸福の基盤だとかれが考える能力そのものだ。さらにこの害の裏面がある。アル中たちは妻子たちをも傷つけていた。こうした結果は深層心理分析インタビューに登場した。でもそれはまた、冷徹な統計にもあらわれている。夫や妻がアル中の場合には高い離婚率が出ているのだ。[47]

アルコール依存のハーバード卒の、破滅した人生の一端は、フランシス・ローウェル氏の物語からもうかがえる。[48]かれは優等で卒業した。第二次世界大戦に出兵し、連合軍がドイツ侵攻するにあたり、ライン川とルール川を越えるときに果たした役割で戦闘勲章を三つ獲得している。ハーバード・ロースクールをトップ10パーセントの成績で卒業した。そして高名なニューヨークの法律事務所に就職した。人生は順風満帆だったはずだ。でもやがて、大学時代に始まった週末の暴飲が台頭してきた。20代のときに出会った、生涯で唯一親密になった女性は、かれが30歳のときのプロポーズを断った。飲み過ぎるからという。二人とも週末に母親と暮らし続けたけれど、ガールフレンド側の母親が23年後に死んだ。その後まもなく、彼女は別の男と結婚した。あわれなフランシスはその先、話し相手が一人しかいなくなった。自分自身だ。弁護士稼業は続いた。でも金曜の昼食から深酒を始め、そのまま日曜まで暴飲を続けて、しばしば月曜の欠勤をごまかし続けた。

『老いたる仲間たち』

私たちはヴァリアントの見解が証明されたものとは思っていない。証拠は、必然的に主観的なものとなる。でも別の証拠のかけらが似たような図式を描き出す。

2006年に『オークランド・トリビューン』紙の記者デイヴ・ニューハウスがメンロ・アサートン高校の卒業50周年同窓会に出席した。1956年、この場所が「シリコンバレー」の中心となる以前のメンロパーク/アサートン地域は、ファミリードラマの舞台となるような慎ましい郊外住宅地だった。この50周年同窓会のために、ニューハウスは同級生28人にインタビューして、その回想を『老いたる仲間たち』という本にまとめた。[49] この老いたる卒業生たちは、喜びや悲しみの物語を驚くほどの率直さと思えるもので語っている。人生のその時点になると、みんなどうやらありのままの話をしたがるらしい。

老いたる仲間たちの大半にとって、充足した人生の中心となるのは、夫や妻への愛だった。でも少数派とはいえ相当部分にとって、かわりに重要な役割を果たすのはアルコールだった。28人中6人にとって、人生のどこかの時点でアルコールが中心となった。

学級委員長は、同校のフットボールのスター選手でもあり、高校時代の恋人と結婚して、パロアルトに法律事務所を開いた。そして父親になった。でも結局離婚して、やがては度重なる飲酒運転で逮捕されて、サンクエンティン刑務所に入ることになる。(50)

別の卒業生はスタンフォード大学時代の英文学教師の一人と結婚した。でも意識がなくなるまで酒を飲むようになる。彼女はアル中で破滅はしなかった。離婚して、やがて酒を断ち、ニューアークのラトガース大学でフランス語の終身教授となった。(51)

大工のビル・ローソンの最初の結婚は24年で終わった。妻のスーザンは、かれが飲み過ぎると言った。当人は、そんなことはないと言った。そして家を出て、その後14年にわたり独身で過ごした（ほぼ同窓会の直前まで(52)）。

老いたる仲間の4人目は、再婚相手のアル中との結婚生活に24年間耐え抜き、ついにそれに終止符を打った。(53)

そして当のニューハウスを含む他の2人は、両親のアル中で癒えない傷を受けたと主張する。(54)

老いたる仲間たちの物語はこのように、標本は小さいし精度は低いものの、ヴァリアントが描くもっと高齢でもっとレベルの高いハーバード卒業生たちの姿を再現している。

アルコール研究は後進分野だ

するとこれは、アルコールとその影響に関する基本的な問題に戻ってくる。NESARCなどのアルコールの標準的な統計指標がその影響を隠してしまう理由はある。ヴァリアントは、アル中の主要な症状とは人と親しくなる能力が失われることだと見ている。私たちからすれば、こうした心理的な疾病は、ヴァリアントの観察が正しいなら、厚生を本当に破壊してしまう。

NESARCは、アメリカ精神医学会の「精神障害の診断と統計マニュアル」（DSM）のアルコール濫用とアルコール依存症の定義に基づいている。「アルコール濫用」は「飲酒または飲酒による病気により職場や学校で問題を起こしましたか？」といった一連の問題に一つでも「はい」と答えたら該当する。もっと深刻な「アルコール依存」は、「当初意図していたよりも長く飲み続けた時期がありましたか？」といった質問の少なくとも三つに「はい」と答えた人物となる。(55)

NESARCのアンケートに対する回答は極秘とされ、それが質問者にもわからないような配慮がされている。でもだからといって、回答者が本当のことを言うとは限らない。示唆的なこととして、アル中更生者の会は治療のきわめて重要な部分がまず「自分はアル中だ」と認めることだと考えているので、アル中の回答者たちは一生懸命それを否定しようとするだろうと予想できる。

この想定は事実とも一致している。NESARC報告の回答者たちが報告しているアルコール消費は、アメリカでの総アルコール販売量の51パーセントにしか対応しない量なのだ[56]。ひょっとすると、アル中の真の診断を引き出すには、ニューハウスやヴァリアントのような優れた質問者と、きわめてよいタイミングと場所が必要なのかもしれない。特にアルコールの真の害が、ヴァリアントの言うとおり、人格における観察しにくい変化であるなら。

すると驚いたことに、アル中と酒の反対者に対する私たちの知識は、1940年代末のたばこについての知識と同じ状態にあるわけだ。喫煙が肺がんを引き起こす可能性について、経験豊かな肺外科医グレアムですら疑問を持っていたことを思い出そう。アルコールの影響に関する知識の欠如は、偶然ではない。肺がんの診断は、愛情喪失の診断よりずっと見えやすい。でもアルコール濫用による被害の規模についての知識がこれほど疑問視されている理由はもっとある。各種肺がん研究の文句なしの結果により、公衆衛生総監はずっと強力な物語を作り出す力を得られた。似たような物語がないので、アルコール研究は相変わらず資金不足だ。がんの研究に比べると、アルコールの疫学研究やアルコール研究は後進分野でしかない。

なぜアルコール増税はむずしいか

でもこれは、本書のさらに大きなテーマ、カモ釣りに話を戻してくれるものだ。必要な研究がないため、私たちは特にカモとして釣られる危険が高くなっている。自分たちが正しい物語を持っているかどうかわからないからだ。アルコールの害についての疑念を支持する既得利権もたくさんある。たとえばビール、ワイン、蒸留酒の生産者、その小売業者、レストランなどだ。

かれらの足跡はあちこちに見られる。その最大のものは課税に対する反対だ。名目値で見ると、アルコール課税は禁酒法の終わりからほとんど変わっていない。当時はアルコールに対するわずかな税（高すぎると密造酒が増えるので、あまり高くてはいけない）が抑制の手法として導入された。デューク大学のフィリップ・クックは計量経済学的手法により、エタノール（つまり酒に入っているアルコール）価格を倍にすると、その需要は40パーセント下がると推計している。[57] 自分の子どもの命にかけてこれが価格引き上げ（または課税）の「真の」影響だと誓ったりはしないだろうけれど、勇気づけられることに、各種の推計はすべて同じ定性的な結果をもたらすようだ。つまり、エタノール課税が増せば、エタノール販売量は減る、というものだ。[58]

同じく勇気づけられることとして、自動車事故の死亡率、転落／転倒による死亡率、果ては肝硬変の死亡率ですら、増税は軽い酒飲みだけでなく、ヘビーな酒飲みにも影響することを示唆している。[59]

でも残念なことに、社会はこのアルコール抑制手法を活用できずにいる。この手法は、他の分野での税金を引き下げるための歳入をもたらすという便益さえあるのに。これは連邦の水準でも州の水準でも見られる。2013年にビール1缶に対する連邦税は5セントだった。ワイン1びんの連邦税は21セント、80度の蒸留酒（ウィスキー、ウォッカ、ジン）なら2・14ドルだ。(60) 州税も低い。一例としてマサチューセッツ州では、ビール1缶に対する州物品税は1セントだ。ワイン1びんの税は11セント、蒸留酒はボトル当たり80セントだ。(61)

例としてマサチューセッツ州を選んだのは、酒税を低く抑えるにあたって酒造産業が私たちをカモ釣りする力を示す騒動が最近あったからだ。珍しく気骨を見せた州議会は、州の財政赤字削減の包括法案の一部として、酒類販売税6・25パーセントを採決し、その税収はアル中やドラッグ中毒の治療専用とした。この法案は可決した。でもこの税金は短命に終わった。酒の販売店が抗議したのだ。顧客が州境を越えて隣のニューハンプシャー州での州営酒店に走ったので、売り上げが激減したというのだ。

その翌年、酒屋たちはこの税金を廃止する州の特別住民投票を実施させた。その主要な議論（これは住民投票用のまとめにも明記されていた）は、酒にはすでに州税があるというものだった。「これは二重課税、税金にかかる税金になる」。もちろん、物品税がビール1缶につきたった1セントだということは書かれていなかった。この住民投票とその成功は、この業界がなぜどのようにして、こうした物品税を低く抑えるのに成功したかを示している（それでもマサチューセッツ州の酒屋はことさら幸運だということも述べておこう。他のほとんどの州では酒は売上税免除にならない）。(62)

MADDの努力

アルコール濫用を抑える努力も多少の成功は見せている。MADD（飲酒運転に反対する母の会）は1982年に、13歳の娘を飲酒運転で殺されたキャンダス・ライトナーが創始した。むごいことに、その犯人は逃走して遺体を車道に放置したのだった。1970年代にほとんどの州では、全国的な投票年齢の低下にあわせて、アルコール購入の最低合法年齢も18歳に引き下げられた。だがMADDのキャンペーンのおかげで、最低飲酒年齢は21歳に引き上げられた。また、飲酒を判定する際の血中アルコール濃度や、無作為の検問によるアルコール検出での違反水準を引き下げるようロビイングも行った。[63] この運動はかなりの成功を収めている。1982年以来、飲酒運転による人口一人当たり死者数は72パーセント下がった（同じ期間に、アルコールとは無関係の自動車事故の死者数も下がってはいるが、その減少はたった6パーセントだ）。[64]

MADDはその教育的な使命を強調しており、特に飲酒運転をめぐる物語を広めるのが重要だとしている。MADDは無辜の被害者を殺す飲酒運転手というイメージを活用する。飲酒運転死者数の82パーセント以上は、運転手自身（66パーセント）か同乗者（16パーセント）だ。[65] MADDがキャンペーンに使う主人公はほとんど常に無辜の第三者だ。たまに同乗者もいるが、運転手は決していない。[66] 無辜の被害者の物語と、それが成功したという点は、まさに副流煙の話に相当することを認識してほしい。ちょうど屋外に追い出されて、たばこをまぬけ帽がわりにした喫煙者たちが、喫煙はバカだという物語を広げたように、飲酒運転の犠牲者の物語は、アルコール摂取の抑制に大きな役割を果たした。1981年以来、一人当たりエタノール消費は、決して少なくはない18パーセントも低下した。[67]

でもたばこと酒に関する最も基本的な事実は、それがとても低い税金ですぐに手に入るということだ。たばこが市場を通じて簡単に手に入るという事実そのものが、喫煙者の基本的な釣りとなる。同じように、市場を通じた酒の容易な入手が、飲み過ぎてしまう人々の基本的な釣りとなる。

第9章 倒産して儲けを得る

この章と次の章では、いまやほとんど忘れ去られた金融危機、1986～95年の通称S&L（貯蓄貸付組合）危機に目を向けよう。この数十年前の危機を振り返れば、金融業界で起こる、おおむねなかなか目につかない釣りの真の性質について、もっと深い理解を得やすい。

S&Lは、20世紀初頭にアメリカで人気の出た銀行機関の一種だ。イギリスの住宅金融組合を真似て作られたこれらの銀行機関は、小口貯蓄者が現金を蓄えて、家や自動車を買うための融資を得る支援をしてきた。これは立派な狙いだ。

でも1980年代になると、多くのS&Lは釣り師の道具となり、その多くが倒産した。こうした倒産は決して些末《さまつ》な規模ではなかった。その救済整理で、納税者にはインフレ調整後でおよそ2300億ドルの負担がかかっている。(1) もっと高くついたのは、危機による信用収縮と資産価格下落が、1990～91年の不景気の引き金となった可能性が高いということだ。[2]
　S&L危機は、比較的近年に起こった、ちがう制度状況の中での釣り均衡の問題を示すものだ。それは特に、経済学者ポール・ローマーと著者の一人（アカロフ）が「儲けのために倒産」と呼んだ形態をとっている[3]（この章と次の章を、2人の協同研究に基づいたものにするのを許してくれたポールには感謝する）。そこで見るのは企業が利潤を最大化するという通常の経済学がひっくり返されてしまった世界だ。その世界では釣りが、ゆがめられた（そしてときには不正な）会計の形で倒産につながる。でもそれが実は富への道なのだ。

S&L危機と略奪

　子どもでもなければしない質問：なぜ破産法廷は、破産した企業をすぐに差し押さえるのか？答えはあまりに単純明快だ。もしその会社に12万5000ドルしかなくて、そこがピーターに7万7000ドル借金していて、ポールには24万3000ドル借金していたら、だれかがその12万5000ドルをどう山分けするか決めるしかない。法廷が差し押さえるのは、ピーターがポールより先に不公平に（つまり違法に）支払いを受けて、ポールが自分の取り分を得られない状況を避けるためだ。企業が倒産したら法廷がなぜすぐに差し押さえるかについての、子ども向けの説明はそうなる。

でも、もっと細やかな答えがある（人生の細やかな事実を理解できる大人向けの答えだ）。債務超過に陥っていない企業の所有者たちが、その企業から1ドル引き出したとしたら、将来その企業から得られる分は、その1ドルに収益を足した分だけ減ってしまう。だから、債務超過でない企業の所有者は、そこから今すぐお金を引き出そうというインセンティブは特にない。

これに対して、倒産企業の所有者がそこから追加で1ドル引き出したところで、明日犠牲になるものは文字どおり何もない。なぜか？　倒産企業はすでに資産すべてを使い果たし、ピーターだのポールだのといった債権者の返済にあてているからだ。所有者には何も残らないから、そこに働く経済インセンティブはアジアを征服していったジンギスカンの軍隊と同じだ。今日奪っておかなければ、明日はお目にかかれない。だから強奪するのがインセンティブとなる。

この章では、S&Lが経済的に倒産した状況を見る。でも監督当局は差し押さえなかった。むしろ、S&Lを「救済」したくなかった当局は、営業を続けさせた。破廉恥《はれんち》な人々なら大量に儲けられた。倒産水準のS&Lを買収する。ほとんどタダ同然で買えた。そして精一杯借り入れをする。そして、巧妙な（あるいは不正な）会計の釣りを通じて、その借入金をS&Lから吸い出して自分の懐に入れる方法を見つければいい(4)。

発端

1980年代初期に、アメリカのインフレ率は13パーセントにまで上がった。[5] FRB（連邦準備制度理事会）議長のポール・ヴォルカーはこの問題に対応するため、経済を絞り上げた。金利を急上昇させたのだ。3カ月ものアメリカ短期国債、世界で最も安全な国債の利率は、1981年には14パーセントになった。[6] 1982年秋と1983年春には、失業率は10パーセントを超えた。[7] この対インフレ戦争の中で、アメリカのS&L――人々が貯金する静かで親切な銀行であり、人々の住宅購入にも資金を出した――は流れ弾の犠牲になってしまった。

かれらは5～7パーセントくらいで30年固定金利住宅ローンを出していた。[8] そのローンをまかなうための預金が必要だった。でも、消費者が貯金を蓄えておける別の便利な場所である、マネーマーケットファンドに太刀打ちできるはずもなかった。[9] どんな経済学者でも、S&Lは倒産していると言うだろう――これは必ずしも会計的な意味ではない。これは会計規則次第だからだ。でも経済学的な意味では倒産だ。S&Lの投資に対して入ってくるお金（ほとんどはその固定金利住宅ローンの返済だ）は、そうした住宅ローンを出すのに必要な預金を引きつけるために支払うべきお金にはとても足りなかった。[10]

さらに話をややこしくする材料として、FSLIC――S&L口座を保証する連邦貯蓄貸付保険公社――はS&Lの持ち分とその借り入れ分との差額を埋めるだけの信託基金を持っていなかった。既存S&L口座を清算するには、連邦政府からの資金注入が必要だ。でもそうした基金が認可されるのは、やっとジョージ・H・W・ブッシュ政権になってからだ。それまで、そうした基金の使用は考えられないことだったので、面倒は先送りされることになった。

問題の先送り

この問題先送りで、さっきの子どもの質問に対する答えが見つかった。倒産した機関が法廷に差し押さえられたり、監督機関から閉鎖されたりしないときには、本当は何が起こるんだろうか？　納税者に330億ドルから490億ドル（今日の金額で）の負担をかけたはずのつまらない問題が、みるみるうちに、少なくともその4・5倍はかかる問題にふくれあがった。[11]

もっとひどいことに、危機の間接的な被害はもっと重要なものだった。カリフォルニア州とテキサス州の不動産市場は大活況となった。そして暴落した。[12]また次の章で見るように、経済的に破綻したS&Lは、アメリカの企業金融に後戻りできない変化を一気に引き起こしたとさえ言える――が、先を急ぎすぎた。

アメリカ政府がS&Lに引導を渡す日を先送りする方法はいろいろあった。そしてかれらは、S&Lがすでに深刻な債務超過になっていたことを考えれば、絶対に成功するはずのない規制改革をいくつか行った。当初、規制当局はS&Lに対し、その競合である市中銀行が貯蓄預金に支払うことを認めた金利制限より少し上の金利を認めていた。でも1980年代初期に金利が2桁台にまで上がると、S&Lの主な競争相手はもはや銀行などではなかった。むしろそれは当時まだ目新しかったマネーマーケットファンドだ。そしてかれらの支払い金利に上限はなかった。政策は失敗した。S&Lの規制当局である連邦住宅ローン銀行協会（FHLBB）はまた、会計規則にちょっと手を加えて、S&Lが破産していても営業を続けられるようにした。[13] この薬もまた、強さが足りなかった。

これで問題は議会につけまわされた。当時は規制緩和の時代だった。発想としては、当時の金利上昇で軽度の破産だったS&Lは、規制緩和すれば破産から立ち直れるということになった。忘れられていたのは、そして当時はたぶん理解もされていなかったのは、赤ん坊の親ならだれでも知っている教訓だ。1歳児をベビーサークルから外に出したら（規制緩和したら）監視はゆるめるどころか、もっと厳しくする必要があるということだ。

そんなわけでS&Lはベビーサークルから外に出してもらった。1980年預金機関規制緩和・通貨制御法は、S&Lが預金に対して支払える利子の天井（当時は5・5パーセント強だった）を撤廃した。[14] これでS&Lは、ほぼ無限の資金供給を得られるようになった。銀行や仲介企業などは、金利さえ十分に高ければ（そして特に、FSLICが少なくともある程度までは返済を保証してくれたので）喜んで融資をしてくれた。[15]

S&Lは、住宅用の融資だけに限られていた。いまやその制約もゆるめられた。1982年ガーン＝セントジャーメイン法の頃には、さらに、預金の最大10パーセントを開発業者に貸してもよくなり、S&Lの規制当局はこの条件をかなり広い裁量を持って扱った。[16] S&Lは融資手数料2・5パーセントを課していいことになった。それだけでなく、融資はその開発者がプロジェクト期間中に支払うはずの利払い分を含めていいことになった。[17]

うまく強奪するためにカモ釣り

そして、うまく強奪するための方法もいろいろあった。でも基本の手口はだいたい同じだった。S&Lを乗っ取る。大機関からの預金を受け入れて「預金ベース」を何倍にも増やす。S&Lのオーナー友人たちにとんでもない額の支払いをする「開発業者」に融資する。その開発業者は約束どおりにS&Lに返済するつもりなどない。その間のS&Lは健全な利潤を計上できる。というのも「開発業者」は借りたお金を使って利払いできるからだ。この釣り――強奪の根底には、不正会計がある。

この戦略は何百回となく行われ、多くのS&Lは急拡大して何十億ドルもの資産を擁するようになった。テキサス州メスキートのエンパイアS&Lは「テキサス戦略」の好例だ。[18] この戦略だと、まず結託した開発業者たちが仲間内で土地をぐるぐる取引してだんだん値段をつり上げる。そうした取引価格が、開発融資を受けるときに使われる都合のいい評価額の基盤となる。そして融資を受けたあとは、その開発は開発業者とお友だちにとって気前のいい手数料の源泉となる。開発業者はS&Lからの借り入れに対して高い利子を払う（そこには当初の気前のいいポイントも含まれる）。いつの時点でも、開発業者自身は一銭も負担しなくていい。というのも融資はこれまた気前よく、プロジェクト竣工までの当然ながらかなり長期にわたる利払い分も含んでいたからだ。

一番簡単な手口（これはエンパイアで使われた手口そのものではないけれど）では、S&Lがその建設技能を認知して支持した開発業者は、お返しとしてS&Lからの借入を増やしてあげる——その借り入れは、当時の仕組みだとS&Lの高い当期利潤やバランスシート拡大にあらわれる。[19]だから開発業者とそのお仲間は、S&Lの株式の相当部分を購入できる。

この戦略からの収益に対する唯一の実質的な制約は、この融資機関があまり犯罪歴のない、バランスシートもきれいな人物で、開発業者役をやってくれる人を見つけられるかどうか、ということだ。というのも規制当局は、ある一人の個人や単一の企業に対してS&Lが融資できる限度額を設けていたからだ。やがてエンパイアは、新しい潜在的「開発業者」をつれてきた人にはだれでも、紹介手数料を支払うようになった。

S&L危機に関する受賞作『インサイド・ジョブ』で、スティーヴン・ピッゾ、メアリー・フリッカー、ポール・ムオロは「ダラス近くのエンパイアS&Lからの融資で建てられた、州間高速道路30号線沿いの無人の崩壊しつつあるマンション」について述べている。[20]一部の建設現場は、野ざらしでぼろぼろの建材だらけだった。でも他のプロジェクトに比べればこれでもましだ。他では独創的な描写力を持ったあるアメリカ検事が「火星人の着陸場」と呼んだ空っぽのコンクリートスラブが並んでいた。[21]

不動産市場にツケをまわす

S&Lの直接の影響は、当時のダラス商業不動産市場で突出している。高い空室率に伴うことが多いのは、建設の急減だ。近くのヒューストンでそれが起こった。空室率が32パーセントに達すると、建設はすぐさま直前のピークに比べてたった2パーセントに激減した。でもダラスでは、空室率が同じように32パーセントに達しても建設は続いた。[22]

地元不動産大手は、抑えの効かないS&Lがすべて悪いと述べた。1982年6月という早い段階で、リンカーン不動産のマーク・ポーグはこう語っていた。「私たちみんな、もっと慎重にならなければ（中略）こんな何百万平方フィートもの物件を市場が吸収しきれるはずがない」[23]。その1年後の1983年6月、ダラスはオフィス空室率でヒューストンに次ぐ全米第2位となった。でもそこは、逆説的ながらオフィス建設では全米1位だった。

1983年10月に、定評ある開発業者トラメル・クロウ社のマクドナルド・ウィリアムスは、過剰建設を警告した。その原因は「S&Lが商業不動産に与えている後押しだ。（中略）かれらはこのまま過剰建設を続けるつもりらしい」とかれは述べた。[24]その1年後、『全米不動産投資家ニュース』が「ダラスの古参組は建設の急増に驚愕している」と報じたとき、スウェアリンゲン社のダン・アーノルドはこんな説明をしている。「金融機関や貸し手としては、お金をどこかに投資しなければいけませんからね[25]」

もっと後の1985年6月に、ウェイン・スウェアリンゲンはこう述べている。「開発業者たちは空きビルを抱えてどうしようもなくなっているのに、貸し手が次のビルを建てろとお金を貸している。貸し手が悪いと言わざるをえない。こうした建設業者がどこからキャッシュフローを得るのか見せてみろと言いたい。(中略)需要と供給の法則が市場行動を律していない。高い空室率なのに建設を続けるというのは、実需よりは新規建設に対する資金の提供と関連しているように見える[26]」

でも実は需要と供給の法則は機能していた——強奪版のカモ釣りとして。S&Lの所有者は、十分に高い金利を提示し、そのお金をお仲間に融通し、そのお仲間は十分に賢ければ、それをロンダリングして所有者に戻してくれる。ロンダリングの特殊技能を発達させたマフィアが、S&L強奪で大活躍したのも偶然ではない。[27]

無視された教訓

S&Lで起こったことは、20年ほど後に2008年の経済暴落につながる盛り上がりの中で起こったことに対する警告になったはずだという点は留意しておくべきだろう。その2008年にも、釣りの連鎖が見られた。これは地価つり上げの連鎖ではなく、それを融資担保としてメスキート式に計上するというものでもなかった。今回はむしろ、住宅ローン評価の連鎖となる。評価額のつり上げは、過大な格付をされた住宅ローン証券を通じて隠される。

次章では、この貪欲の新時代の初めにおいて、S&Lの強奪がジャンクボンド市場に転移した様子を見る。ジャンクボンド市場の拡大においては、まもなく破綻するS&Lが大きな役割を果たした。ジャンクボンド市場の拡大は、それまで不可能と思われていた最大級の企業に対する敵対的買収の根底をなすものとなった。

第10章

マイケル・ミルケンがジャンクボンドを餌に釣り

1970年代と1980年代の、マイケル・ミルケンというたった一人の人物の活動が、アメリカのファイナンスの様相を永遠に変えてしまった。もはやアメリカ大企業の重役は、自社が大きすぎるから敵対的買収の脅しをかける企業乗っ取り屋の攻撃など受けないと安心してはいられない。いまや企業乗っ取り屋は、大した資本を積まなくても、大企業ですら買収してしまえるからだ。

これを可能にしたのがレバレッジド・バイアウトだ。乗っ取り屋の会社が、すさまじい借金を（ミルケンが開発した高収益または「ジャンク」債を通じて）抱え込むことにより大量の現金を得て、ずっと大きな会社でもしばしば買ってしまえるのだ。レバレッジド・バイアウトは、企業の買収合併にかかわるすべてをすさまじく拡大したけれど、なかでもリスクと潜在的な収益が莫大になった。潜在的に巨額の儲けに関する認識に伴い（そして潜在的に巨大なリスクを無視して）ＣＥＯがもらうべき報酬についての見方も更新された。

たとえばＲＪＲナビスコ社のレバレッジド・バイアウトでは、そのたばこ子会社ＣＥＯのエドワード・ホリガンに４５７０万ドルの黄金のパラシュートが与えられた。[1] そして会社全体のＣＥＯであるロス・ジョンソンには、もっとたっぷりしたおみやげが与えられたと伝えられている。[2] その当時は、こんな金額でも少額とは思われなかった。そしてこれから見るように、ミルケンの収益も、今日の基準から見てすら少額などではなかった。

報酬専門家グレーフ・クリスタルによれば、この新時代においてはつつましい報酬を得ているＣＥＯはだれでも、コンサルタントを雇えばすぐに役員会に対して、自分のような立場の他のＣＥＯたちが、年収何十万ドル単位ではなく何百万ドル単位、いや何千万ドル単位でもらっていることを指摘してもらえる。[3]「過剰」の時代（これはクリスタルの表現だ）が始まったのだ。ミルケンが発行した債券の多くは、後に破綻し、これが１９８０年代のジャンクボンド危機と呼ばれるものをもたらした。

でも危機の原因は、法を逸脱したこのたった一人の人物の犯罪だけによるものだと思ってはいけない。もっと深く言えば、これはカモを釣る機会を持つ経済均衡の結果なのだ。これはまた、不適切な金融格付の役割についてさらなる例を示すものでもある。

北部カリフォルニアで黄金の再発見

北部カリフォルニアで黄金が発見されたのは一度だけではない。1969年に見つかった黄金は、特に奇妙な場所にあった。カリフォルニア大学バークレー校の図書室に置かれた、1958年刊のどうということのない本の中だ。発見したのはロサンゼルス郊外出身のビジネス専攻学部生、マイケル・ミルケンだ。本はW・ブラドック・ヒックマン著『社債の質と投資家の体験』だった。

この536ページにわたる表だらけの本は、各種の格付水準を持つ債券で投資家がどのような体験をしたかについてのものだった。ヒックマンの本の表1が、その発見をまとめている。(4)

1900年から1943年にかけて、低格付社債（投資グレード以下の格付社債、つまり市中銀行や保険会社の投資対象にはあまりならないもの）は驚くほどの好成績をあげていた。デフォルト損失を差し引くと、こうした債券は平均収益率が年8・6パーセントだった。これに対し、高格付投資適格社債は、平均収益率が年たった5・1パーセントだ。

こうした低格付社債の高い収益率は、低格付債券が実はかなり安全だったということを示す。1900年から1943年という期間は大恐慌のひどい時期を含んでいるのに、そのデフォルト損失は年1パーセント以下にとどまっていた。

でも地中の黄金が価値を持つには抽出されねばならないのと同様に、『社債の質と投資家の体験』も抽出が必要だった。この本はその時点で刊行から10年以上もたっていた。売り上げはたった934部だった。(5)そして使われているデータは、出版時点ですらすでに15年前のものだった。黄金を引き出すには、セールスマン的な才能を持つミルケンが必要だった。1970年代初期から末にかけてキャリアを築いたミルケンは、ヒックマンのマルーン色の表紙をした本を投資家との会合に持参した。そのセールスマン的才能は低格付社債に「ジャンクボンド」という名前をもたらした。とはいえミルケン自身はこの用語を避けはしたのだが。

1975年には『ウォールストリート・ジャーナル』が一面でミルケンについて肯定的な記事を載せた。「ある人のジャンクボンドが他の人には大当たり」と題されたその記事によれば、債券取引は「世の中で最も急速な取引になっている」(6)という。ミルケンはスーパースターになった。それも大学院を出てたった5年で。

二種類のジャンクボンド

人々はしょっちゅう、ジョン・ロックの表現を借りるなら「言葉をモノだと思い込む」という誤謬に陥る。(7)この場合のまちがいは、ある10年のジャンクボンドが、別の10年のジャンクボンドと同じだと思ってしまうことだった。どっちも同じジャンクボンドという名前ではあり、愚かしい投資家たちはどちらのボンドについても同じ行動をとってしまうはずだ。でも今回それを発行しているのは、評判マイニングをしている機関なのだ。マイケル・ミルケンさえいなければ、ジャンクボンドは1943年以前と同じものであり続けたかもしれない。でも現実はそうではなかった。

ミルケンが活用した認知的な誤りは、ゲーリー・スミスの2014年の著書『標準偏差：歪んだ想定、無理なデータなど、統計で嘘をつく手法』(8)で紹介されている。「リンゴとスモモ」という章は、ちがったものを同じ名前で呼ぶことで、便利ながらもきちんと説明しない想定が生じてしまい、だましの機会が発生することを描いている。

ミルケンは、何も嘘をつかなかったけれど、二種類のちがったジャンクボンドを同じものとして扱った。リンゴは、かつては成功していた企業が不遇に陥って発行する社債で、「落ちた天使」だ。ヒックマンが研究したのはこちらのジャンクボンドだった。スモモは、ミルケンが実現に貢献した新種のジャンクボンドだ。「落ちた天使」ジャンクボンドは確かに、1943年までは驚くほど好成績をおさめた。釣り師としてのミルケンの腕の見せ所は、別種のジャンクボンドを作り出すことでこのまちがいから利潤を得る方法を見つけることだった。落ちた天使のジャンクボンドではなく、新規発行のジャンクボンドで、しかもそのミルケン自身がその新規社債発行のブローカー役となるのだ。

ミルケンの物語は、バークレーを卒業してウォートンビジネススクールでMBAを得てから初の就職で進展を見せる。かれはいささかみすぼらしいフィラデルフィア州の投資銀行ドレクセル・ハリマン・リプリー社に雇われ、これが一連の買収合併を経て、かなりの追加資本を持つドレクセル・バーナム・ランバート社になった。就職してたった2年で、ミルケンは新上司タビー・バーナムを説得して、その追加資本のうち200万ドルを、低格付債投資のトレーディングデスク開設に使わせた。そして一瞬のうちに、100パーセントの利潤をたたき出した。これは「ミルケン以前」の時代のことで、この程度の儲けでも巨額と見なされた。(9)

ジャンクボンドの需要と供給

でもその200万ドルは、ジャンクボンド市場のハブにいる中抜き人にとっては、機会の始まりでしかなかった。そのときの価格で需給ギャップがあれば必ず、中抜き人は、買い手の支払い意思額と、売り手の受け入れ意思額との差額の一部を懐に入れられる。そして若きミルケンはいまや、うまくマーケティングすれば本当に巨大となれる市場において、支配的な中抜き人となる立場にいた。

ミルケンのセールストークの後では、こうしたジャンクボンドの需要はまちがいなくあった。ブラドック・ヒックマンの福音によれば、ミルケンは丸3・5パーセントも高い収益をもたらせるように見えた。(10)必要なのは、単に銀行や年金基金や保険会社のポートフォリオマネージャーたちを引きつけることだけだ。こうした巨額のマネージャーたちは、ほんの数ベーシスポイント――つまり1パーセントのさらに数パーセント――でも高い収益に飛びつくので有名だ。

でも、当時の市場金利でのこうした債券に対する需要が大量にあっただけでなく、それに対する潜在的に巨大な供給もあった。19世紀初頭までさかのぼっても、見渡す限り、株の収益率は巨大だった。株の収益率と債券の収益率のギャップはあまりに大きいので、その差には名前がついている。エクイティプレミアムというのだ。エクイティプレミアムは実に大きくて、1925年に創設された10万ドルの信託基金を国債に投資したら、70年後には130万ドルにしかならないけれど、株に投資・再投資すれば、8000万ドル以上になっているほどだ。[11] 運良くちょっとお金持ちのひいおばあさんがいて、こんな株式信託基金に投資していれば、いまのあなたも貧乏ではないはずだ。

1980年代初頭にミルケンのまわりでジャンクボンドのことを考えていた人々は、ジャンクボンドを発行した収益で、いまの株主に現行の株価を支払えば、企業を乗っ取れるし巨額の収益が得られると見抜いた。平均的な企業を選べば、株式の収益率はとても高いから、ジャンクボンドの利払いは十分まかなえるはずだ。でも、人件費をぐっと減らせる企業を乗っ取れば、もっと儲かる。たとえば賃金を下げたり、不要な労働者をクビにしたり、法的に必要以上の資本を持つ年金基金に手を突っ込んだりすればいい。あるいは経営陣が無能な企業を乗っ取り、経営陣の首をすげ替えたら、平均以上の利益が得られる。マイケル・ミルケンとそのプロパガンダ装置とトレーディングデスクにとって、こうした襲撃で発行される債券は、債券の大量供給源になりうる。

黄金まで到達するにはいくつか障害もあるだろうが、鉱山労働者ならだれでも知っているとおり、鉱石がどんなに純粋だろうと、それを採掘して精錬する作業は必要だ。必ず面倒はある。企業襲撃もそうだ。ビジネスが「ビジー（忙しい）ネス」なのは、そこにいつもややこしい面があるからだ。企業襲撃には三つの主要な障壁があり、ミルケンにとっては過小評価の株価から収益を手に入れる障壁も同じだった。でもかれの手口は、見事にその三つすべてに対処できる独特な立場にあった。

タイミングという障壁

最初の障壁はタイミングだ。敵対的乗っ取りの標的が十分な警告を受けたら、その標的は防衛に乗り出せる。経営陣によるバイアウトのために自前で資金を用意したり、買収の優先パートナー——通称ホワイトナイト——を探したりもできる。

でもミルケンは対抗策を持っていた。活動を拡大するにつれて、それまでの顧客のますます多くは、かれのおかげで儲けた人々となっていた。どうやら、この点で特に有用だったのは、S&Lを乗っ取った人々だったらしい。この連中はそうしたS&Lの資産を使い、ミルケンの示唆に応えた。連邦預金保険公社（FDIC）と整理信託公社（RTC）によるミルケンに対する後の訴訟によれば、S&Lの所有者の中でも特に目立ったのは、コロンビアS&Lのトマス・スピーゲル、リンカーンS&Lのチャールズ・キーティング、セントラストのデヴィッド・ポールだった。[12]同様に、フレッド・カーが所有するファースト・エグゼクティブ生命保険も、他人のお金を使ってミルケンに何十億ドルもの資金を提供したらしい(13)。

S&Lにしてみれば、連邦預金保護法のゆるい施行のおかげで、ミルケンにまわせるお金は大いに増えた。そしてその同じゆるい法規制のおかげで、S&Lは預金に対して十分に高い金利を支払い、手持ちのお金を増やせるようになった。だからミルケンが新しい機会があると呼びかけると、その示唆にみんな真面目に応えたのだった。

1985年になると、かれは目玉の飛び出るほどの巨大取引をほぼまちがいなく成立させられるようになったので、ドレクセル社はこの資金提供を実現できるという「高い自信がある」というレターさえ出せばすむようになっていた。カール・アイカーンがフィリップス石油から追い出されたときに実証されたように、ミルケンは48時間で15億ドルを調達できた(14)。これほどのすさまじい力があれば、ミルケン一座は標的となった経営陣を不意打ちできた。襲撃する側が実にすばやく買取額を提示できたので、標的は防衛にほんの数時間しかかけられなかった。

ついでにというわけではないが、ミルケンはジャンクボンドによる資金調達以外にも、取引で手助けしてくれた人々に報いる他の方法を持っていた。FDICとミルケンの訴訟での訴状は、何ページにもわたりミルケンが友人たちにお金を融通した手法を示している。たとえば原告によれば、トマス・スピーゲルはストーラー通信社の乗っ取りに際して、ワラント（特殊なストックオプション）を保有するパートナーシップに出資する機会を与えられたという――ストーラー通信の乗っ取り資金は、相当部分がスピーゲルのコロンビアＳ＆Ｌから出ていたのだった。

スピーゲルは、このパートナーシップ参加に13万４５９６ドルを支払った。その投資はみるみるうちに、７００万ドル超の利潤をたたき出した。[15] 原告はさらに１９８７年11月30日に、リンカーンＳ＆Ｌのチャールズ・キーティングとその子会社が、ビアトリス・インターナショナル食品社の買収で、３４００万ドル以上のジャンクボンドを買ったとしている。その同じ日、かれは買収企業の株を23万４３８３株買っている。[16]

フレッド・カーは、別のやり方で恩恵を受けたとされる。かれが乗っ取りを支援した企業は、いずれその従業員の年金基金をかれのファースト・エグゼクティブ生命保険に投資したのだ。この生保はその後倒産した。[17] この証拠を見ると、ミルケンの友人たちは金持ちになっていたけれど、みんなミルケンが売り出していたものを買うだけの十分な理由があったことが示唆される。[18]

ホールドアップ問題という障壁

でも、襲撃側には二番目の障壁があった。通称ホールドアップ問題だ。[19] 普通、襲撃側はその時点の市場価格にかなり上乗せした価格を支払わねばならない。

たとえばミルケンの支援で１９８５年に行われた、ロナルド・ペレルマンのパントリー・プライド社によるレブロン社乗っ取りでは、パントリー・プライド社は当初、一株47・50ドルの価格を提示していたのを58ドルに引き上げるしかなかった。でもパントリー・プライド社があまりに定評ある会社だったら、値上げ幅は手の届かないものになった可能性もある。その場合、その時点の株主たちは、株を売却するよりは少数株主としてとどまろうと思うかもしれない。

なんといっても、もしあなたが株を持っている会社をウォーレン・バフェットが乗っ取りたがったら、手持ちの株を売る——あるいは専門用語では「テンダーする」——のをためらわないだろうか。バフェットの投資判断は無敵なのだし、この人物がコントロールする企業の株を持っていたほうがよくはないだろうか？

でも1985年のパントリー・プライド社とペレルマンは、ほとんど無名だった。パントリー・プライド社の純時価総額は1・45億ドル（対するレブロン社は10億ドル）。新興のスーパーマーケットチェーンで、1981年に倒産からやっと立ち直ったばかりだった。さらに、ペレルマンは「襲撃屋」であり、この人物に対してレブロン社の既存経営陣は頑固な反対をしていた。つまり既存株主たちにとっての選択は、かなり簡単だということだ。その「かなりの高値」をつけた価格で株を売るか、あるいは株を温存して様子を見るか。ホールドアップ問題はこれで解決だ。[20]

第三の障壁

「自信レター」や襲撃者の評判はこのように、ジャンクボンドの大量供給をもたらす襲撃を実施するときの問題二つを解決しやすくした。でもそこでミルケンは第三の障壁にぶつかる。今回は需要側の問題だ。新規発行ジャンクボンドも、ヒックマンが収益率やデフォルト率を評価したジャンクボンドも、どちらも低格付債にはちがいないので、ある点では似ているけれど、でも別の面ではまるでちがっていた。デフォルト率が計算された古い社債は、かつては高格付だったのに、その後苦境に陥った企業のものだった。

ペンシルバニア鉄道を考えてみよう。これが倒産したときの社債は落ちた天使だった。でもミルケンのジャンクボンドはちがう。これは最初からジャンクだったのだ。ペットを探すなら、ラブラドールという別の「イヌ」がおとなしいという研究結果が出たからといって、猛犬ピットブルを選ぶのはまちがっている。同様に、ブラドック・ヒックマンやその後の研究者が落ちた天使に高得点をつけたからといって、ドレクセル・バーナム・ランバート社による新規発行でポートフォリオを満たすのはまちがいかもしれない。

これでミルケンは次のような悪夢に直面した。新規発行ジャンクボンドと落ちた天使が別物だと気がつかれたら、これは事業をすべてを崩壊させかねないということだ。入手できる統計が、これをある面から隠していた。ニューヨーク大学のファイナンス教授エドワード・アルトマンと、その元生徒スコット・ナンマチャーは、平均デフォルト率が1・5パーセントだという結果を出していた。[21]この数字は不適切だ。というのもジャンクボンドは時間がたつにつれてだんだんデフォルト率があがるからで、しかもこの市場は急速に成長していたからだ。このようにデフォルト率の単純平均を取るというのは、老人1人と10歳児100人との母集団をもとに死亡率を出すようなものだ。

やがてこのバイアスも認識されるようになったけれど、少なくとも一時的には、ミルケンは吠えそうな犬の注意をそらし、黙らせておく手法を手に入れた。ジャンクボンドがデフォルトする寸前に、ある法的手続きがやってくる――交換の提示（1933年証券法3(a)条(9)項）というものだ。これをやると、企業は再建に入り、デフォルトには数えられない。[22] ミルケンはあれこれいじりまわすことで、デフォルト直前の債券が、少なくともドレクセルの仕切る交換の中で、何か他のおいしい取引の支援と後押しを受けて、ちょっとましな条件を提示されるようにできたのだった。

MITのポール・アスキット、ハーバードビジネススクールのデヴィッド・マリンズとエリック・ウルフは、傑出した論文の中で、1977年から1980年までに新規発行されたジャンクボンドの30パーセントが、[23] 1988年末までにデフォルトしていることを示した。これは交換を行ったものの、その後デフォルトした10パーセントも含んでいる。[24]

5・5億ドルの報酬

1980年代の初頭から半ばにかけて、ミルケンの手口は蔓延しつつあった。毎年3月に、ドレクセル社はミルケンの年次高収益債券会議を開いた。1985年にはこの大集会は、プレデターの舞踏会というあだ名がついていた。ビバリー・ヒルトンと、近くのビバリー・ホテルに1500人の参加者を集めていたのだ[25]。こうした出資者たちは、何兆ドルも――手持ち資金とジャンクボンド調達資金で――敵対的買収に投入できた。

ジャンクボンド商売は実に見事に花開いていたので、1986年にドレクセル社はミルケンのトレーディンググループ――1978年にニューヨークからロサンゼルスに移転していた――に7億ドルのボーナスを出していたほどだ。それを山分けする立場のミルケンは、5・5億ドルを自分の懐に入れた[26]。これは強欲だったかもしれない。でもかれはジャンクボンド市場の指揮者だった。かれの活動が、アメリカのあらゆる事業に影響を与えていた。ファイナンス業界の計算だと、かれはそのボーナスに見合う働きをしていたのかもしれない。アメリカの重役が単年度にこれほどの巨額報酬を受け取った例はそれまで存在しなかった[27]。

ミルケンのやったことは、ほとんどが完全に合法だった。釣りは、ミルケンのような人々が雇うよい弁護士が説明するような範囲を超えない限りは合法なのだ。釣りは合法的だと言うにとどまらない。ミルケンによる釣りは、ある側面では、英雄的とさえ言われた。

ハーバードビジネススクールのマイケル・ジェンセンは、ミルケンが仕組んだような乗っ取りは、社会をもっと豊かにすると論じていた。その説明だと、乗っ取りの動きは既存の無能な経営陣を蹴り出し、万人にとって繁栄を高めるという[28]。

でもこの議論はコインの裏面を無視している。つまり敵対的買収は、立派な経営者たちだって蹴り出せてしまうということだ。襲撃の利益は、むしろ報酬や福利厚生や労働条件や年金などをめぐる従業員たちの信頼を反故にすることからも生じる。[29]

物語の幕引き

ミルケン物語の幕引きは異例だった。通常、釣り師たちは決してつかまらない。でもミルケンは確かに牢屋に入った。ＦＢＩは、インサイダー取引の連鎖を伝って、イヴァン・ボスキーにたどりついた。かれは株式トレーダーで、カリフォルニア大学バークレー校卒業式の演説で、通常のお行儀よいお話から逸脱して「私は貪欲が健全だと思う」と述べたことで即座に有名になった人物だ。[30]

ボスキーはこのチェーンに加わったことで脅されると、別の取引の機会をそこに見いだした。かれはミルケンを告発する証拠と引き換えに司法取引を申し出たのだ。ミルケンの取り巻きとしてボスキーは小者でしかなかったけれど、テープレコーダーを身につけて、かれはミルケンに対する捜査を開始するための証拠を入手した。

当初起訴された98件の犯罪についての法廷裁判を避け、また兄弟を訴追から外すため、ミルケンはそのうち6件に対して罪を認めた。その一つはボスキーからの債券購入をめぐるもので、そこにはボスキーがそれを買い戻すという約束がついていた。こうした取引は、ＳＥＣによる証券の

「駐車」を禁止する規定に反していた。これをやるとボスキーの税額は下がるのに、かれは何もリスクを負っていないからだ[31]。

この取引は、ミルケンがいかに公共の利益を軽視していたかを示すものだ。でもそれだけでなく、取引の仲間に対してはどれほど気前がよかったかも示している。ミルケン自身も儲けるけれど、仲間たちも儲けるのだ。起訴からほんの数カ月で、ロサンゼルスのウィルシャー大通りにあったミルケンのトレーディング部隊は閉鎖された。そしてその後、親会社のドレクセル・バーナム・ランバート社全体が倒産した[32]。

ミルケンが罪を認めた「駐車」などの6件は、通常は懲役にはならず、罰金ですむ。私たちに言わせれば、公益の面から見てもっと深刻な違反というのは、さっき述べたFDICやRTCによる民事訴訟のほうだ。こちらの訴訟は、ミルケンやその他「共謀者たち」が、他人のお金を共謀して使ったと訴えていた[33]。この裁判は法廷外で決着した。ミルケンがこれで支払った額は5億ドルだった[34]。

六つの考察

六つの考察で、ミルケン騒動をもっと広い観点から考えられるようになる。

考察1　ミルケンのジャンクボンド事業は、これまでの章ですでに登場した二種類の情報釣りの好例だ。かれは格付の歪曲（かれのジャンクボンドは、ヒックマンの落ちた天使としっかり区別されていなかった）と、経済的に破綻していたS&Lの腹黒い会計とを組み合わせた。S&Lはミルケンの気まぐれにあわせて購入をして、かれはその報酬をS&Lに送り込んだ。

考察2　これまでの章は、「物語」というテーマを紹介してきた。ミルケンについては、一つの物語はかれが本当に文字どおりの意味を除けばあらゆる意味において、お金を自分で刷る方法を見つけた天才だと述べている。別の物語は、かれのジャンクボンドはヒックマンの落ちた天使と同じ低いデフォルト率を持つと述べていた。

考察3　ミルケンは新しい格差を一気に創始させた。1980年代は、所得トップ1パーセントが全所得に占める割合と、トップ1パーセントの賃金の激増が見られた[35]。こうした変化に対するミルケンの活動の間接的な影響は、絶対に定量化はできない。また私たちは、ミルケンは頭はよかったけれど、これまでの重役報酬基準をひっくり返すような買収を仕組むといった活動で、他の人々より大して先んじていたわけではないと考えている。私たちの釣りの市場における均衡の理論と、買収ビジネスにおける大規模エクイティファンド設立から示唆されるのは、ミルケンのような買収は、かれがいなくてもまちがいなく起こったはずだということだ。でもかれはその創造の現場にいた——それも最前線に。

考察4　ミルケンのジャンクボンドは、金融市場でのカモ釣りをめぐる別の原理を示している。

これまでの二つの章で、釣りと金融市場との連鎖を実証してきた。ミルケンのジャンクボンドは、2008年の危機と同様、釣りの影響がその当初の現場のはるか遠くにまで伝わった例だ。ジャンクボンドは、1980年代初頭から半ばにかけての企業買収の波に大きな役割を果たした。これは出所であるS&Lや保険会社の釣りという当初の出発点からははるかに離れている。(36)

考察5 マイケル・ミルケンは、釣り均衡につながる力を実証している。以前使った例に戻ると、ウォートン校からの卒業後に「レジ」にやってきたとき、かれは利潤の機会に気がついたのだ。落ちた天使とはちがう新種のジャンクボンドを引き受けるのだ。克服する必要のあった三つの「障壁」(右で説明)は、なぜレジでのこうした機会がこれまでは利用されなかったかを説明している。ミルケンは、それを克服する方法を初めて見抜いた人物なのだった。

考察6 これで本書の最も重要な実務的考察にやってくる。資産価格はきわめて変動性が高い。私たちが示した図式は、なぜそうなのかについての大きな理由を示している。多種多様な釣り——たとえば評判マイニング、強奪、不適切会計、ニュース報道の誇大なストーリー、投資顧問や投資会社や不動産業者の営業トーク、どこからともなくあらわれる儲け話——が大きな原因となっている。そうした変動性からの被害は、下降期の敗者たちが、本当にだまされた人々だけならば大したことはない。でも借金で値段のつり上がった資産が購入されると、一連の追加的な損失が発生する。この場合、倒産や倒産への警戒が伝染病を拡大させる。さらなる倒産や倒産への警戒が生じる。そして信用が干上がり、経済は沈没する。

なぜ公的介入が必要なのか

経済学でも医学でも、疫病はすばやい大胆な対応を必要とする。過去100年における二つの劇的なエピソードが、二つの対照的な実験を与えてくれる。そうした対応があった場合と、なかった場合だ。

1929年のウォール街大暴落への対応は小規模で遅かった。そして世界はミニ暗黒時代に突入した。それが15年間、1930年代の恐慌を通じてつづき、第二次世界大戦につながった。

2008年の崩壊は1929年の暴落と似たような兆しを持っていた。でも対照的に、世界の金融当局と世界の中央銀行はすぐさま介入した。しかも協調して、適切な大規模の介入だった。回復の勢いは弱かった。でもありがたいことに、かつての時代のミニ暗黒時代には突入せずにすんだ。

いまや財政当局や金融当局が2008〜09年にそんなに慌てて介入すべきでなかったとか、そんなに大規模に介入すべきでなかったといった見方が出回っている。この見方によれば、危機時に介入してもらえるという期待こそが、その危機の主要な原因だったという（経済学の用語でいうと、資産価格の高騰は「モラルハザード」のせいで起こったと言われる）。でも実はこれとは正反対で、金融に対する私たちの見方や、その見方を支える詳細な事実を見ると、資産価格の高騰が起きるのは、通常は、不合理な熱狂のせいであり、それを支援し拍車をかけるのが釣りなのだ。

不合理に熱狂した人々は、別に金融当局や財務当局が介入して経済と信用の流れを維持した場合の収益など考えてはいなかった。あるいは極端な場合、自分の銀行や会社が「救済された」場合の収益も考慮はしなかった。こうした検討は、あったにしても、2008年に先立つ多幸感の中ではかなり周縁的な考察事項でしかなかった。過大な価格で販売していた人々は儲けていた。そして取引の反対側では、そうした過大な価格を支払っていた、肩の上のサルの期待を持った買い手たちは、自分たちが正しいことをしていると「確信」していた――正しくなかったのだけれど。かれらは椅子取りゲームの音楽が流れている間に踊っていただけだったのだ。

金融危機に際してすばやく即座に介入する必要性を理解しないというのは、強奪、評判マイニング、不合理な熱狂といった要因を考慮しない経済学に基づいたものだ。それは、消防署がなければみんなもっと注意するから火事がなくなるというような、まちがった論理に基づいている。

私たちは何年も前に、金融崩壊で有効な介入がなくて、疫病がそのまま最後まで進行してしまうと何が起こるかを思い知らされ、世界はそれを大いに残念に思うことになった。私たちの分析は、金融システムをとても変動の大きなものにするのが局所的な自然の力だけではないことを示している。さらに、金融崩壊が起こりそうなら、その時は介入が必要なのだということも示している。ミニ暗黒時代は一つでも多すぎるのだ。

第11章 釣りと戦う英雄たち

本書で描いてきた釣り均衡はいたるところにあるけれど、それがすべてではない。その理由は、利潤動機から退いて、ビジネスや政府、思想、宗教におけるリーダーとして行動する個人がいるからだ。

標準経済学（「純粋経済モデル」）は市民社会をまったく想定しないけれど、実際には私たちが暮らしているのは、人々がお互いのことを気にかけるコミュニティの中だ。本書のあちこちで、英雄たちにはたくさん触れてきた。こんどは、釣りへの抵抗におけるかれらのヒロイズムの性質に注目しよう。さらにはこうした英雄たちの業績、そしてかれらが成し遂げられないことが何かを検討する。

釣りを減らす英雄たち

実際、自由市場システムが現在ほどうまく機能しているのは、かなりの程度こうした英雄たちのおかげなのだ。私たちが享受する豊穣さをもたらすのは、まじりっけなしの市場の活動ではない。というのもその自由市場システムそのものが、ますます高度な操作や欺瞞をもたらすからだ。

これまでの歴史のあらゆる期間にくらべ、先進国の人々は驚くほど豊かに暮らしている。50カ国以上の女性、そして11カ国の男性は、期待余命が80年以上だ(1)。現代の自動車は問題もあるしリコールも起こるけれど、いまやすべてにシートベルトが備わっている。わずかな例外を除けば、自動車は――50年前にラルフ・ネーダーが主張したような――「どんな速度でも危険」だったりはしない(2)。驚いたことに、2013年2月現在で、アメリカでは商用航空機の死亡事故は4年にわたり1件もない(3)。飛行機そのものが完璧な安全記録を持つだけではない。それを飛ばす機長や整備工も完璧な記録を持っているのだ。

安全と製品の質についてこれほどの記録があるなら、疑問が生じる。この成功をもたらしたのは、純粋に市場システムだけなのか？　私たちの英雄の役割は何だろう？　この章では、こうした疑問に対して少なくともとりあえずの回答を試みる。

私たちに言わせると、自分が買う財やサービスや資産の品質を自分で計測できるとき――あるいはそうした品質を正確に格付できて、人々がその性質や格付を理解できているとき――みんなはだいたい期待どおりのものを手に入れられる。本章の英雄たちは、情報による釣りを、計測しにくい、評価しにくいものの僻地に追いやることで釣りを減らしてきた（金融危機を扱った第2章は、そうした僻地の例を挙げた。ローン担保証券のデフォルトリスクは格付がむずかしかった。買い手は自分たちがよいアボカドを買っているつもりだったのに、当てが外れた。そしてそのまちがいが大不況を引き起こした）。

でもこうした英雄たちは、次章（結論）で論じるように、心理的釣りに対してはずっと効力を発揮しにくい。もし私が予算を無視したいとか、食生活をめちゃくちゃにしたいとかいう衝動にかられたら、それを止めてくれる保護はほとんどない。

基準を掲げる人々

私たちの英雄の最初は、品質基準を計測して強制する人々だ。

20世紀の初めから、製品の品質を計測してそれを格付する能力は驚くほど進歩した。この進歩が標準化を可能にした。その一端は、ハーヴェイ・ワシントン・ワイリーと食品医薬品局創設の話で垣間見た。われらが英雄ワイリーは化学者だった。そして、すでに見たとおり、新しい化学――ワイリーが働いていたインペリアル食品研究所[4]のあるドイツが主に主導していた――は食品と医薬品の中身について検査を可能にしてくれたので、含有物の表示をごまかしたら検出できる。19世紀のほとんどを通じて、憲法で定められた「重量や計測の基準を固定する」という責任をアメリカ政府が果たしていたのは、財務省の小さな事務所の活動を通じてだった。でも1901年には、新設されたアメリカ国立標準技術研究所にその責任は移管された。そしてすぐさまこの機関は、全政府での連邦購入物の検査に活用された。

この研究所は、たった200万ドルの予算で、3億ドルの政府購入に対して、年1億ドルを節約していると言われた[5]。1927年に、われらが2人の英雄スチュワート・チェースとフレデリック・シュリンクがベストセラー『払っただけの価値あるもの』を書いた（チェースは後に「ニューディール」という用語を考案したとされる[6]）。

かれらは研究所の仕事だけでなく、各種の産業における標準化、格付、認証の作業を記述している――それは政府、民間、非営利活動の驚くべきミックスにより実現されているものだ。ほとんどの場合、この作業はまったく気がつかれもせず、当然と思われている、無名の英雄たちの産物なのだ。それを示す二つの例がある。小麦の等級づけと、電気器具の認証だ。

経済学の教科書や経済学記事では、小麦は純粋で単純な商品の典型とも言うべき存在であり、競争市場で売買される。でも教科書ではなく実際の小麦は、いろいろちがった種類があって、その等級もさまざまで、欠点もいろいろあったりする。それを分類して等級づけするシステムがあるからこそ、小麦は商品として貨物車単位で簡単に売買できるのだ。

アメリカ農務省の穀物検査包装貯蔵管理局――略してGIPSA――は小麦の種類ごとの公式分類を持っている。基本分類八種類（デュラム小麦、硬質春播小麦など）、1から5までの等級（ブッシェル当たり重量、芯に損傷があるかどうか、異物があるかどうか、他の等級の小麦が混じっているか、動物汚物やトウゴマ、ヤハズマメ、ガラス、石、その他異物の数、虫害穀物の数などによる）、その他の条件（麦角病、黒穂病またはニンニクの含有、不適切な扱い）にもとづくさらなる等級[7]。

GIPSAからライセンスを与えられた企業は、アメリカで育成される穀物のおよそ半分を検査する[8]。でもそれ以外の取り決めもたくさんある[9]。大穀物倉庫は独自の検査を行ったり、それを外注したりする。保存の計算、料金、条件を決める各種の穀物貯蔵法も追加の保護を提供する。大穀物倉庫は連邦や州のライセンスを得るかわりに、それぞれの規制に従うという義務を負う[10]。このおかげで小麦は容易に取引される。そして買い手は自分が何を買っているかわかる。

電気機器の市場もまた基準設定の別のモデルとなる。電灯や消火器などの家電や家庭用商品は、安全機関（UL）で検査を受けるのが通例だ。ULは1894年に非営利団体として創設され、アメリカの家電製品についている、太丸の中に傾いたULの文字が入ったマークをつけている証明書を発行している団体だ。メーカーはULにお金を払って製品を試験してもらい、認証を受ける[11]。

アメリカの電気機器をめぐるさらなる基準は、通常は別の組織、米国国家規格協会（ANSI）によるものだ。これはもともと別名で、アメリカの五つの工学系学会（たとえばアメリカ電気工学会、アメリカ機械工学会など）と、三つの米政府機関（陸軍省、海軍省、商務省）の協同出資のもとで1918年に創設されたものだ。[12] こうした基準は安全を確保してくれるだけではない。均質性も促進する。標準化されたコンセントやソケットがいかに便利か考えてほしい。あるいは自動車のタイヤの大きさが標準化されていたり、電車の線路軌道や車両連結装置が標準化されていることがいかに役に立つかを考えよう。

『コンシューマー・レポート』

『払っただけの価値あるもの』で、チェースとシュリンクは製品に標準規格があることを推奨するだけにとどまらなかった。消費者たちが、政府が調達の際に成功裏に使用しているのと同じ製品評価にアクセスできるべきだと主張した。かれらの本が出てから数年、2人はまさにそのための団体を創設した。[13] やがて、労組を結成した従業員たちが反乱を起こして組織を乗っ取ってから、この団体は今日の消費者同盟となり、これが『コンシューマー・レポート』を発表している。[14] 発行部数730万部で、冷蔵庫から自動車からエアコンからビデオゲームまで、あらゆるものを評価している。[15]

こうした評価は、それを直接読む消費者に役立つだけではない。その他すべての人にも有用だ。というのも生産者たちは、よい評価を得るためにお互いに競争するからだ。消費者同盟は、消費者活動団体の中で最も強大ではあっても、数多くの団体の一つでしかない。消費者活動の総合組織であるアメリカ消費者連合（ＣＦＡ）は、会員組織250以上であり、そのそれぞれが研究、教育、消費者支援、サービスを行っている。[16] でもこの数字は、おそらく全体的な活動の見取り図としてかなり控えめなものでしかない。どうやら私たちは、友人たちのちょっとした助け以上のものを受けて暮らしているらしい。

消費者活動には、別の面がある――標準、等級、評価にとどまらない活動だ。この消費者活動の別の面は、価値や製品安全と部分的には関連しているけれど、それはもっと深い目標の副産物でしかない。その目標とは、人々の消費は市民活動の一部だというものだ。そしてその市民活動は道徳的な義務を負う。

こうした市民ベースの市民社会運動は、アメリカでは少なくとも入植者たちが、1760年代や1770年代にイギリス製品の輸入拒否（イギリス東インド会社の貨物をボストン湾に投げ込んだ、ボストン「茶会」がその最も有名な活動だ）を行ったときにまでさかのぼる。その次の世紀には、南北戦争以前の奴隷制廃止論者たちが、奴隷の生み出した財をボイコットした。[17] 現代の開始時点とも言えそうなもので、そうした道徳的な目標のよい例は、1899年にフローレンス・ケリーが創設した全米消費者連盟（ＮＣＬ）だ。

ケリーは、かの偉大なアメリカ人女性たちの一人であり、連盟の目標と活動は、彼女の力強い人格と社会的良心から生まれている。33歳でチューリッヒの大学院を修了した彼女は、イリノイ州で主任工場査察官に任命された。当時の女性としては驚異的な地位だ。クエーカー教徒の奴隷廃止論者で共和党議員の娘だった彼女は、シカゴのジェーン・アダムズの救貧院で貧困者とともに生活する道を選んだ。(18)

連盟は、消費者としての私たちは、購入する商品を生み出す工場の労働者たちの間接的な雇用者なのだと主張した。だから、かれらを直接雇う工場主と同じように、私たちにも労働者の厚生について道徳的な責任があるのだ。連盟はケリーがイリノイ州でやっていたのと同じように、労働条件を検査し、その検査に合格した製品には「白ラベル」を発行した。(19)このラベルはさらに、製品自体の安全性も保証するものだった。白ラベルを買えば、一石二鳥というわけだ。市民社会への貢献と、買い手の家族のための安全確保が果たせる。

第6章では、労働者の状態に対する懸念と製品の安全性についての懸念が共生する別の例を見た。アプトン・シンクレアが『ジャングル』で描こうとしたのは、シカゴの精肉業界での低賃金奴隷労働を暴露することだったことを思い出そう。でも世間はむしろ、自分たちの口に入っているものについてその本が暴いたことに衝撃を受けた。

今日に至るまで、「買い物で世界を改善」運動は、消費者活動の一派の根底にある。プリウスを買った友人たちを考えよう。放牧牛やニワトリを買う人々もそうだ。低賃金労働に反対する学生連合もそうだ。そして2015年にも全米消費者連盟は健在で、ケリーのビジョンを継続している。現在はなかでも、アメリカ南部におけるたばこ農場でのニコチン濫用を伴う児童労働に反対している。[20]

ビジネス界の英雄たち

よい製品を作っている良心的なビジネスマンたちは、釣り師たちを蹴り出す道徳的な理由も経済的な理由も持っている。そしてかれらは、それを実現する手法をいくつか開発した。1776年のロンドンで「詐欺師やペテン師から取引を守る協会、別名ガーディアンズ」という組織が結成された。[21] この団体は消費者の苦情を書面で受け付ける。そして消費者に代わり法的な訴えを起こす。倫理的でない事業慣行を持つ会員を追放する。そして「よい信用と評判」を持つ証拠として会員に証明書を印刷・発行する。この守護者たちは健在であり、現代のアメリカではベタービジネスビューロー（BBB）となっている。

BBBが消費者からの苦情に頼るというのはあまりに当然に思えるので、だれも疑問視しない。でもこれは、会員たちが質の低い競合他社に対して対応するための、驚くほど有効な方法を提供してくれる。もし会員の企業が苦情を申し立てたら、疑惑の入り込む余地がある。潜在的な利益背反が生じるからだ。でも苦情を申し立てるのは顧客自身なので（これはBBBでもチェックする）信用できるものなのだ。

釣りに対するさらなる保護は、ビジネス業界の規範からもくる。ネル・ミノウは主導的な活動家株主で、よくない行動の驚くほど有効な抑止手法として、責任者たちに恥をかかせている。[22] 彼女の話では、アメリカ大企業の重役たちは、自分の評判に驚くほど敏感だ。「世界で最も評判を気にする人々なんです[23]」

また、自分たちの原理原則を明示しているのは、医師（ヒポクラテスの誓い）や弁護士（法曹への誓い）だけではなく、あらゆる事業がそうしている。その一例は、全米不動産仲介業協会だ。かれらは16ページと4分の1にわたる、びっしりつまった倫理綱領を持っている。[24] あるいはほぼあらゆるアメリカ地域にあらゆる規模で存在する商工会議所は、倫理声明を持っている。もっと個人のレベルでも、アカロフの曾祖父が1900年頃にボルチモアで50万ドルほどの借金を抱えて破産したとき、息子たちは父親の借金を引き継いだ。これに対し、ボルチモアのビジネス界はかれらが借金を返せるように、健全なフランチャイズを任せた——スチュードベイカー社の地元ディーラー業だ。両サイドがビジネス倫理を実践して見せたわけだ。

政府の英雄たち

カモ釣りに対する抵抗は、別の道もたどっている。私たちを保護する法的な基準が発達してきたのだ。レイドロー対オーガンという古いアメリカ最高裁判例が、買い手責任と売り手責任の共同原則を、アメリカ商法の基盤として確立した。

1815年2月19日未明、1812年戦争を終えるヘント協定が調印されたと知ったニューオーリンズのたばこ商人ヘクター・オーガンは、（そのニュースが広がる前に）レイドロー社に急いだ。そしてたばこを111ホグスヘッド買った――12万7715ポンド相当だ。オーガンは、イギリスの海洋封鎖が解かれるから、たばこの価格が上がると予見したのだった。このホグスヘッド購入で、オーガンはちょっと小利口に立ち回った。何か特別な情報を仕入れたのか、という質問をはぐらかしたのだ。[25]でも主任判事ジョン・マーシャルは、詐欺が行われたのでない限り、だれが何をだれにいつ告げるべきかを法廷がいちいち決めるのは手間がかかりすぎるという判決を下した。[26]むしろ、それは買い手の責任と売り手の責任でやれ、ということだ。

この法的原理は、カモ釣りを公然と認めるように思えるかもしれない。でもその時代以降、一連の法的英雄たちがこれに少しずつ取り組み、もっと柔軟性（そして合理性）を持たせるようにした。マーシャルとオーガンの時代ですら、買い手責任は絶対的なものではなかった。私たちが見てきたとおり、詐欺に対してはある程度の保護があった。いまや過失に対してもかなりの保護が存在する。この点で画期的な判例は、マクファーソン対ビュイック自動車だ。

1910年5月、墓石に名前を彫る石工ドナルド・マクファーソンは、ニューヨーク州スケネクタディの地元ディーラーからビュイック車を買った。[27]その車は主に、田舎での仕事にでかけるのに使った。でも翌7月、後輪の左側がつぶれた。スポークが腐った木で作られていたのだった。車は横転してマクファーソンは下敷きになった。そして両目の視力障害と、右腕に重傷を負った。[28]

かれはビュイック社を訴えた。

当時ニューヨーク控訴法廷判事で、後に最高裁判事となるベンジャミン・カードゾは、ビュイック社に過失があったと判決を下した。マクファーソンが車を買ったのは（ビュイック社から直接ではなく）ディーラーからだったし、その車輪をビュイックに供給したのは評判の高いメーカーだったとはいえ、ビュイックはそれでも責任を負うという。将来の深刻な事故の可能性を予見し、車輪を検査すべきだったのに、そうしていなかった[29]（カードゾとマクファーソンも私たちの英雄一覧に名を連ねている）。

洗練された買い手の責任

アメリカの法律は、カモ釣りに対する詐欺や過失にとどまらないさらなる法的保護を、別の形で提供している。アメリカの州はすべて、何らかの形で統一商事法典を施行している[30]。この法典は、契約で抜けている条例を補おうとするもので、おかげで後から予想外の抜け落ちが見つかるのは避けられる[31]。それは商業契約における「善意」の義務を課し、「消費者」と「商人」に別の区別を設ける[32]。この区別はつまり、私たちのような一般的な消費者は、もっと洗練されているとされる「商人」よりも細かい注意書きをよく読む責任が少ないということだ。

ここで挙げた保護は有益だけれど、買い手責任がなくなったわけではない。その適用のあいまいさ、特に洗練された買い手の間での応用に関するものを示す一例がある。ゴールドマン・サックス社が、投資家ジョン・ポールソンに促されて設立した投資商品アバカスをめぐる、訴訟2件の三つの結果がその曖昧さを示してくれる。

ゴールドマン社は、担保ローン証券のデフォルトが一般的になるかどうかについて投資家が賭けられるようにするこの投資商品を設立した。投資家ジョン・ポールソンは、これを設立するにあたり重要な役割を果たした。そしてかれは、そのベースとしてかなりデフォルト確率の高い担保ローン証券を選んだ。[33] 投資家たちは、ポールソンが賭けのどちら側なのかについて、誤情報を与えられたという。かれらは、ポールソンがロングする（つまりローンのデフォルトが少ないと賭けている）と思わされた。でも実はかれは、ショートしていた（デフォルトが多いと賭けた）。[34] ポールソンはおよそ10億ドルを儲けた。その逆に賭けた人々はそれと同じくらい損をした。[35] SECはゴールドマンサックス社と、その重役ファブリス・トーレに対する苦情を申し立てた。

ゴールドマン社に対する訴訟そのものは、罰金5・5億ドルで和解となった。[36] またゴールドマン社は事業慣行を変えると合意したが、自分たちの罪は認めなかった。でもこの仕組みを立ち上げて販売した重役トーレに対する訴訟は法廷に持ち込まれた。トーレは「空港で出くわした未亡人や孤児たちにもアバカス債を売りつけてやったぜ」といったガールフレンド宛のメールで有名となる。[37]

陪審員たちはまったく同情しなかった。6件の詐欺について損害賠償責任を負うという判決となり、[38] 82万5000ドル以上の罰金刑となった。[39] でもそれに続く訴訟では、取引で1・2億ドルを失ったACAキャピタルマネジメント社が提訴した。こちらは却下された。その判決では、ACAは「きわめて洗練された商業存在」なのだから、自分で判断できたはずだ、とされていた。[40] トースターを買っても、細かい注意書きを読む必要はない。でも退職年金基金が何億、何十億もの責任を負いかねない契約を交わすときには、そんなことは容認されない。だから買い手責任はいまだに健在だし、特に金融市場や、洗練されているとされる投資家たちの世界ではそれが強い。そしてこれは、釣りを容認するものだ。

規制の英雄たちと規制の虜の問題

釣りに対する政府保護は、なにかおかしくなったら訴訟できるような契約法だけではない。規制もある。アメリカ初の大きな規制機関は、1887年に創設された州際通商委員会（ICC）で、地元の人々を鉄道による収奪的な値づけなどの濫用から守るためのものだった。[41]

その当時から、山ほどの政府機関が登場した。その主要な規制当局の一覧見本だけでも、米国消費者製品安全委員会（CPSC）から連邦預金保険公社（FDIC）から原子力規制委員会（NRC）まで実にさまざまだ。[42] でもこのアルファベットの乱舞する規制が経済に与える便益については、それなりの論争がないわけではない。

20世紀後半に、政府規制当局は汚職するにとどまらず、規制される側に虜にされてしまうことがあまりに多い、という理論が出てきた。1955年に政治学者マーヴァー・バーンスタインは、規制機関が設置されるのは世間がなんらかの濫用で頭に血が上っているときだけれど、でもみんなすぐに忘れてしまうという発想を提案した。その後は、規制される側が規制当局を虜にして、かれらに賄賂を出したり、親族友人の職を世話したり、監督するはずの政治家に政治献金を行ったりする。規制される企業は自分たちに影響する規制を変えさせようと注力する一方で、世間一般は虜になっていることに気がつかず、自分の理解できない大量の規制に混乱してしまう。

そしてこの説だと、規制される側の企業は規制当局を自分の子飼いの警察に変えてしまい、まともに正当化できないような規則を厳しく施行することで、競合を排除する。[43] この議論はどこかで聞き覚えがあるはずだ（政治について述べた第5章を参照）。

さらにもっと悪意ある形だと、この理論は、政府が規制当局を作り上げるのは、規制される側にこっそり促されてのことなのだ、と主張する。かれらこそが規制の主要な推進者となる。なぜなら、自分たちがそれを濫用できると知っているからだ。[44] これは「規制の経済理論」と呼ばれる。経済の中で起こることは、大なり小なり自己利益の追求から起きるのだという経済学者たちの標準的な想定に基づいているからだ。[45]

でも虜理論にもそれなりの問題がある。それを支持するために使われる証拠は偏っているのが通例で、規制が失敗した「人がイヌを噛む」的逸話に頼り、おそらくずっと多いはずの、イヌが人を噛む一般的な話、つまり規制当局ががんばって職務を全うする場合を探そうとしていない。

また使われる証拠は因果関係についての基準が低い[46]。

同じく重要なこととして、虜は白黒はっきりしたものではなく、濃淡さまざまな灰色なのだ[47]。ダニエル・カーペンターとデヴィッド・モス編『規制の虜防止研究』は、かれらが弱い虜と呼ぶものを実証している。利益団体による影響はあるけれど、規制は確かに制約を加えるし、全体として見れば公共のためになっているというのだ[48]。

そうした事例を、第6章の食品と医薬品に関する部分で見た。スワイム万能薬だのラダムの微生物キラーだのが認められていた19世紀のライセンスに戻りたいと思う人はいない。でもその後で、医薬品を売り込もうとする人々が規制当局の釣りに重点を移したのを見た。FDA（食品医薬品局）が、臨床試験の設計と結果の報告において自由度5を与えることで、規制対象企業からの釣りに弱くなってしまうことを説明した。ヴィオックスでマーク社がFDAを手玉にとった様子も示した。

でも、規制に問題があったからというだけで、規制がまったくないほうがいいという論理を受け入れてしまうのは、伴侶や子どもや友人がしばしば面倒だから絶対に結婚したり子どもを作ったり友人を作ったりすべきではないという話になってしまう。

そして、この章の主要なテーマに戻ると――つまり英雄たちの役割に注目すると――アカロフはワシントンに住んでいて、規制当局の英雄たちをたくさん知っている。みんな残業し、週末も働いて、人々の金銭的、個人的安全を守ろうとしている。金融危機のときには過労のため病気になった（たとえば心臓発作）人もたくさん知っている。そして、そこからウォール街に転身した人々も知っているけれど、それは別にそれが当初からの狙いだったわけではなく、単に1日24時間、週7日の公僕仕事の要求から逃れたかったからだ。そう、規制当局の中にも多くの英雄たちがいる。ここでかれらの名前を挙げたりはしないけれど、私たちの個人的な知り合いなのだ。

まとめ

本章で挙げた各種のヒロイズムの例に見られる共通点は、基準や制度を採用するよう人々の説得にあたる、ビジネス界や政府やその他の場所の指導者たちに見られる、倫理的で利他的な態度だった。ベンジャミン・カードゾがコロンビア大学の1889年の卒業式演説で述べたように、私たちは社会主義下とはちがって「絶対的コミュニティ」を要求したりはしない。というのもそれは、経済的行動のインセンティブ化に逆行するものだからだ。[49] 私たちは、道徳コミュニティは不可欠であり、その中に個人行動の自由市場が置かれるべきだと論じたい。その道徳コミュニティは情報釣りに対する抵抗に成功してきた。

でも私たちはまだ、心理的釣りにはまったく対抗できない。アイスクリームを食べ過ぎた子どもならだれでも「自分がほしいって言ったんでしょう」という言葉の意味を知っている。ギリシャ人たちは、それについてのお話さえ持っていた。ミダス王の話を思い出そう。私たちは情報釣りなら制限できる。心理的釣りはずっとむずかしい。そしてそれが次の章の話となる。

第3部

自由市場の裏面

結論

自由市場のすばらしい物語を見直そう

本書はある場所で始まったけれど、この終わりは別の場所となる。カモ釣りの導入部の事例は、いまや伝統的な行動経済学からの事例だ。これはチャルディーニの一覧だった（「はじめに」の釣り均衡についての話）。おさらいしておくと、チャルディーニは人々を操作するための具体的な心理的バイアスを六つ一覧表にしていた。

でも本書の議論が進むにつれて、新しい力点が生じた。その力点は、人々が釣られる理由について、はるかに一般性の高い特徴づけを行うというものだ。マーケティングと広告の章（第3章）以来、人々が釣られるのは、かれらが自分自身に言い聞かせる「物語」が意思決定における重要な入力《インプット》になるからだと私たちは言い続けてきた。なぜこうした意思決定が人々を実に操作されやすくするのか？　それは、典型的な物語が蛇行するからだ。それは枝分かれして広がってしまう。

ほとんどの釣りは、大なり小なり、人々が自分に言い聞かせる古い「物語」に新しい枝を接ぎ木する。ときにそれは、古い物語を新しい物語と入れ替えたりする。

同じ考え方を述べる、別の同等のやり方がある。最も根本的な人間技能の一つは、何かに注目することだ。あるものだけを見て、他を見ない。人々が意思決定のときに自分自身に言い聞かせる「物語」を、かれらの「注目点」と呼んでもいい。この概念は、人々がなぜ釣られるかを即座に明らかにしてくれるし、釣りがどうやって行われるかについてもヒントを与えてくれる。というのも、注目点を操作するというのは、二つの業種の基盤となっているからだ。その業種は、スリと手品師だ。かれらは人々の注意をそらす特別な技能を持っている。注意をそらしてから小手先の技をやってみせるのだ。

いまの段落を書く前に私たちは、シナボンに始まる、本書で挙げた多くの事例を見直した。このチェックで実証されたのは、そのすべてにおいて、釣りが生じるのは、カモがまちがったところに注目しているのを釣り師が利用したからだ、ということだった。一部の例では、釣り師たちは手品師やスリのように、自分でそのまちがった注目点を作り出した。私たちはまた、チャルディーニの心理バイアスの一覧もチェックした。そのどれも、カモが誤って注目した結果と考えられる。

カモ釣りそのものが物語である

これで本書の最も根本的なメッセージが出てくる。私たちが本書を書いたのは、別のまちがった発想だと思われるものを相殺しようとしてのことだった。自由市場に関しては、アメリカで広く信じられている物語があり、それが外国でも影響力を持つ。その物語は、標準経済学についての粗雑な解釈から生じている。それは、自由市場経済は、所得分配と外部性という落とし穴を除けば、可能な世界すべての中で最高のものをもたらす、という物語だ。この呪文によると、万人に「選択の自由」を与えさえすれば、この世の天国が到来し、既存のテクノロジーや人間の能力や所得分配に基づいて最もエデンの園に近いものが実現する、というのだ。

私たち（著者）は自由市場が生み出した豊穣はわかっている。でもあらゆるコインには両面があるのと同じく、自由市場にも裏面がある。豊穣を生み出すのと同じ人間の創意工夫は、セールスマンの技能にも向けられる。自由市場は、お互いに利益があるものを作り出す。でも、相手を犠牲にして自分が儲かるものも作り出すのだ。利潤が得られる限り、どちらもやる。自由市場は、人類最強のツールかもしれない。でも、あらゆる強力なツールと同じく、これも諸刃の剣なのだ。

これはつまり、問題からの保護が必要だということだ。コンピュータを持っている人ならだれでもこれは知っている。コンピュータは私たちを、多くのちがった形で世界に開くものだ。みんな、釣りやウィルスに対して予防策をとる必要があるのは知っている。こちらのためにならず、相手の得にしかならないような依頼をするメールが送りつけられるのも知っている。みんな、自分自身もそれに対して同じことをするのも知っている。みんな、自分がコンピュータに中毒しかねないのも知っている。ゲームやフェイスブックや、その他神のみぞ知る各種の誘惑をコンピュータがもたらすからだ。(1) 私たちがこうした欠点（これは自由市場の一形態だ）に対して隙を見せてしまうのは、メリットもあるからだ。でも何も欠点がないふりをしたり、予防策をまったくとらなかったりするのは、本物の愚か者だけだ。

これと対照的に、1980年代以来のアメリカでの有力な経済物語（そして支配的なものかもしれない）は、自由市場が――さっき述べた落とし穴はあっても、通常それは通例というよりはたまに生じる違反として考えられている――常に人々にとってよい、というものだ。単にみんなに選択の自由さえあればいいというのだ。

改革の時代

アメリカ史には重要な時期があって、それは改革の時代と呼ばれる、おおむね1890年から1940年までの時期だ。この改革は、三つの別々の運動を指すとされる。ウィリアム・ジェニングス・ブライアン率いる1890年代の農本人民主義、1900年から1920年のセオドア・

ルーズベルト率いるよい政府の進歩主義、フランクリン・デラノ・ルーズベルト率いるニューディールの実験主義だ。こうした運動とその目標は、どれも大きくちがっていたけれど、この時期の終わりには、1890年の父祖の時代に比べると、あらゆるレベルで――特に連邦レベルでの――政府の役割について、新しい、ずっと拡張的な見方が生まれてきた(2)。

第二次世界大戦後の時期、おそらく大いなる改革の時代以後を振り返って見ると、そこには驚くべき合意があった。政府は、自由市場の過剰に対抗する重しとして有益になれる、という合意だ。もちろん、共和党と民主党の間で意見の相違は多少あったけれど、アメリカ国内政策の実践という面からすれば、両者の差は程度問題であり、質的なものではなかった。

共和党の大統領ドワイト・アイゼンハワー――好きでなったわけではない(3)――はアメリカ史をひっくり返し、それまでの最高裁の判決も覆した共和党の最高裁判事を任命した。その判決は学校での人種分離を違法にしたのだ。さらにアーカンソー州知事オーヴァル・フォーバスがリトルロックでその判決に刃向かうと、アイゼンハワーは連邦軍を送り込んだ。かれはまた州間高速道路網を創設した。アイゼンハワーは共和党だったけれど、どちらの場合でも、人々のニーズに応えるためなら政府を喜んで使った。

ジョン・F・ケネディとリンドン・ジョンソンという民主党大統領でも、その政策は続いた。ケネディはケインズ派の刺激策を使って「経済を再び動かした」。また市民権の法制化を提案し、リンドン・ジョンソンはケネディの死後も、これを猛然と議会を通過させた。ジョンソンはメディケアも開始した。大統領が共和党のリチャード・ニクソンの手に渡っても、改革は止まらなかった。ニクソンは環境保護局を創始した。そして社会保障手当の大幅な増額も実施した。[4] だからアメリカの国としての物語――民主党も共和党も――は政府にいろいろな役割があるというものだった。もちろん、それが完璧に機能したわけではない。ここではそれをあげつらいたいのではない。でも当時の支配的な国の物語では、政府は多くのちがった形で人々の役に立てたのだ。[5]

政府こそ問題だ、というカモ釣り

でもそこで別の物語が人気を博しはじめた。「この現在の危機においては、政府は問題の解決策ではない。政府こそが問題なのだ」。最初の大統領就任演説におけるロナルド・レーガンのこうしたもの言い――通常は「この現在の危機においては」の部分なしに引用される――は、新しい国の物語へのかれなりの許諾だった。[6]

政府が問題だと（何も留保なしに）信じこむのは簡単だ――人々に選択の自由があれば市場が完全に機能すると思うのであれば。でも外部性や、不公平な所得分配や、カモ釣りがあれば、市場は完全には機能しない。この場合、政府の役割も潜在的にはある。改革の時代は、政府を有効に使えば本当に役に立つことを示した。それがいまや、古い物語になってしまった。

新しい物語はまちがっている。それは、その経済の見方がまちがっているからだ。そのアメリカ史の見方もまちがっている。長年かけて、改革の時代とその後も、私たちは政府活動の大幅な拡大を目にしてきた。注意深い試行錯誤により、痛みを伴う経験への対処として、私たちは本当にニーズに応える政府プログラムや法律を施行した。社会保障、メディケア、証券監査、預金保証、州間高速道路網、貧困者支援、食品・医薬品の監督、環境保護、自動車安全法、住宅ローンのぼったくり禁止、市民権、男女平等などだ。これですらごく一部だ。長く、つらい戦いの歴史――レーガン就任の時点で100年近く――により、人々に本当に奉仕する政府システムが発達してきたのだ。

新しい物語――政府こそが問題だというもの――はそれ自体がカモ釣りだ。当時も今も、その魅力には一抹の真実がある。特に、うまくいった話よりも失敗した話のほうに記者たちがずっと簡単に食いつくというのもある。「SECの人々はすばらしい熱心な公僕」なんていう記事を書こうとした記者はすぐクビになる。だから政府についてのニュースは、主に政府の失敗についてのものとなる。さらに、世間がこうした政府プログラムのなめらかな機能に依存しているということこそ、なぜそうなっていないことのほうが「ニュース」とされるかの理由でもある。

三つの例

本書を通じて私たちの手法は、各章の基盤となる経済理論を、その応用を示す実例と組み合わせることだった。この手法は、本書の終え方も示唆する。古い物語と新しい物語の経済学を対比させた例を三つあげよう。このそれぞれの例は、新しい物語の経済学に従うべく、経験的な試行錯誤を通じて実現した改革を脇に押しやることが、カモ釣りの役割を致命的に無視することになるのだと示している。

社会保障の役割

私たちは、カモ釣りに関する私たちの考えを多くの人々に示してきた。いちばんよく聞かれるのは「で、どうすりゃいいんです?」というものだ――特にスージー・オーマン式の過大な支出についてだ。明らかな答えは一つある。多くの家計アドバイス本は、人々に予算案を作ってそれを死守しろと言う。

上院議員エリザベス・ウォーレンとその娘のアメリヤ・チャギは、こんな目安を提案している。(7) 人々は、手取り所得を三つの部分に分けるべきだというのだ。5割は「必需品」に。3割は「ほしいもの」に。2割は、非常時と老後のための貯蓄に。これはまともな助言だ。特に使いすぎにありがちなのが、必要なもの(「必需品」)をあまりに広く捉えすぎることだからだ。また、たまの花束や外食といった、人生に少し彩りを添えるものも認めている。基本的にはこのアドバイスは、スージー・オーマンのものとかなり似通ってくる。金銭的な心配から自由になるには予算から外れないようにすることだ、というわけだ。

低貯蓄問題をなんとかする直接的な正面きっての方法は、慎重な予算管理だ。でもその正面玄関は、しばしば封鎖されているように見える。というのも人生が展開するにつれて、慎重な予算管理は心理的にむずかしくなるからだ。この正面玄関を通り抜けるのはあまりにむずかしいので、アメリカ政府は低貯蓄の最悪の結果を防ぐべく、裏口を開いた。アメリカの社会保障システムは、高齢者の貧困を大いに軽減してくれる。社会保障があるので、人々がそれぞれ独立に、ウォーレン＝チャギ式のなかなか実現できない2割を貯金しなくてもすむ。もっときれいな解決策が見つかったのだ。

社会保障は人々の所得を税金を通じて減らす（現状では最大11万8500ドルまでの収入の6・2パーセントを、従業員と雇用主の両方から取る）[8]。集めた資金を使って、老後にかなりの所得を与えるようにする。このプログラムの有効性は驚くべきものだ。1960年代に支給額が引き上げられると、65歳以上の人々の貧困率は、1959年に35・2パーセントだったのが、1975年には15・3パーセントになった[9]。

65歳以上の人々にとって、社会保障は勤労収入以外では圧倒的な収入源となっている。勤労所得や退役軍人手当などの政府移転を除外すると、所得分布の底辺20パーセントの人々にとっては、所得の94パーセントだ。下から20～40百分位の人々では92パーセント、40～60百分位の人では82パーセント、60～80百分位だと57パーセントだ。社会保障が非勤労収入の半分以下なのは、トップ20パーセントの高齢者だけだ。でもこのトップ層ですら、年金の多い人々や大金持ちがいるので歪んでいるとはいえ、社会保障はなくてもかまわないようなものではない。31パーセントを占めるのだから。[10] 社会保障の収入を奪うと、アメリカの65歳以上の貧困率は、いまの9パーセントから44パーセントに跳ね上がる。[11]

このように社会保障は、カモ釣りによる使いすぎを相殺するのにかなり貢献している。メディケアと、60歳までの持ち家率80パーセントとを組み合わせると、[12] 高齢アメリカ人はたまに孫におみやげを買ってあげるくらいの余裕はある。またこうした低貯蓄問題に対する救済措置は、正面玄関から人々にお金の使い方を声高に指図するような、押しつけがましい方法ではない。政府は大いに役立ってきた（さらに付け加えると、他の政府の試みは低貯蓄によるもっと目先の問題を軽減してきた。完全雇用を目指すマクロ経済政策は、失業期間のほとんどは短くて済むということだ。失業保険は職探しをやりやすくする。傷病保険は、仕事につけない人々を楽にしてくれる）。

新しい物語に基づく改革

人口の相当部分が社会保障に依存していることを考えれば、それに手をつけようとする政治家がいるとは考えにくい。でも新しい物語についての信念は実に大きかったので、深刻な脅威があった。２００４年にジョージ・Ｗ・ブッシュ政権は、このプログラムの相当部分を「民営化」しようと提案した。改訂版のプログラムはもっと選択の自由を与えてくれる。従業員たちは社会保障納付金6・2パーセントのうち、4パーセント分を手元における。[13]そのお金は、承認を受けたミューチュアルファンドのうち好きなところに投資できる。引退時には、自分のファンドに入れたお金が手に入る。でも、その購入に使われたお金は社会保障システムに払い戻さなくてはならない。これは筋が通っている。社会保障システムに入るお金が減って、その分がファンドの構築に使われるのだから。

この提案は、実に巧妙に、この払い戻しは社会保障給付金の減額というかたちで起こると述べていた。まるで引退者がローンを借りたかのような言い方だ。そのローンの金利は、3パーセントにインフレ率を加えたものとなるはずだった。[14]この計画が選択の自由の論理を使ったやり方には、心から敬服したと言わざるをえない。でも、それがはっきり言ってイカレていると思うことも言わざるをえない。まるで人口のうち最もか弱い部分に対し、株式市場や債券市場で投機を行うためのローンを、政府のお金から提供するというようなものだ——そしてかなり高金利のこのローンの返済は、退職のその日から始まるのだ。

私たちの一人シラーは、アメリカの過去100年の株や債券の収益率データを使って、これがまともなものか、ちょっとシミュレーションをやってみた。[15]確かに、この計画が退職者たちにかなり有利になるすてきな条件はある。もし株の収益率が、アメリカの過去100年のパフォーマンスと同じなら、お金をすべて株に突っ込む投資家はかなり儲かる。でもこれは極端な想定を二つ必要とする。

もっと普通のポートフォリオ戦略をとって、株と債券を混ぜて保有したら、株の収益率がこれほど高いとしても、平均では大した儲けは出ない。それにリスクも高い。ベースラインとなる計画（中央値の労働者で、ライフサイクル調整済みの株や債券に基づく）では、32パーセントの場合には損になる。

株の収益に関するもっと通常の収益想定、つまり過去1世紀のアメリカでのとんでもない収益率ではなく、他の国の株式収益率と同じになると考えた場合、この計画は高リスクではすまない。ベースラインとなるポートフォリオは、71パーセントの確率で損をする。すべてを株に投資したポートフォリオは33パーセントの場合に損失を出し、利益の中央値はいまやごくわずかになった。

ブッシュ政権はこの提案を、第二期の主要な政策提案にした。それが不人気なのを見て、取り下げた。10年後の現在、これが新しい物語による改革メニューの上位に戻ってくる可能性はなさそうだ。でも左派も右派も計画は変身をとげる。そしてブッシュ風味の社会保障民営化は、いまやポール・ライアン風味のメディケア民営化に変身した。ライアン計画の最も大きな部分は、2022年以降に65歳になる人々に対してメディケアをやめる、というものだ。かわりに、民間市場で医療保険を買えるようなバウチャーを受け取る。

この計画でなぜ予算節減になるかというと、このバウチャーはずっと急速に増える医療費ではなく、消費者物価連動となっているからだ。でもこの節減には、マイナス面がある。議会予算局の推計では、2030年までに65歳以上の平均的な人物は、医療費の68パーセントを自腹で払うことになるという。いまのメディケアを続ければ、これは25パーセントにとどまる。[16] この計画と、それを元にした共和党予算案は、新しい物語に大きく基づいている。2010年代のやり方で、政府をアメリカ国民から引きはがそうというわけだ。

証券規制

新聞を見ると、あちこちで政府予算の危機だらけだ。ちょっと見ただけでも、幼稚園や小学校の予算、公共高等教育の予算、「インフラ」予算、疾病予防管理センターの予算、科学研究予算、地球温暖化を防ぐ予算。資源が無料であるかのような扱いを受けないために、あらゆる分野でちょっとした予算危機はあってしかるべきだ（そうしないと血税が適切に尊重されない）。でもこうした複数の危機は、そうした理性的な予算を超えたものだ。もし新しい物語に従って、政府が助けではなく「問題」と見なされるなら、政府機関は本当のニーズがどうあろうと、予算を維持するだけで大わらわとなってしまう。

証券規制は、政府機能として最も本質的なものの一つだ。企業会計と証券格付の規制は、世間に適切な情報を与える点で大きな役割を果たす。以前、経済学者ジョン・ケネス・ガルブレイスの「ベズル」という概念を紹介した。これは発見されない金銭的な不行跡が積もった結果だ。第

2章（金融危機についての章）で、サブプライムの大きなベズルがパンクして、その後の資産市場凍結が大不況を作り出した様子を見た。アメリカ証券取引委員会（SEC）のベズル緩和における決定的な役割を考えれば、その予算もまた新しい物語に影響されていないかを知るのはことさら重要だ。

予算不足のSEC

SECの予算をちょっと見るだけで、それが不十分である可能性がきわめて高いことがわかる。2014年に同委員会は、50兆ドル近い資産を監督したが、その予算はたった14億ドルだ。[17] これは、SECが監視している資産の1ドル当たり1セントの100分の1のさらに4分の1よりちょっと多いくらいでしかない。二つの比較を見れば、こんな金額が少なすぎるという直観はさらに裏づけられる。SECが一部監督しているたった一つの銀行であるバンク・オブ・アメリカは、マーケティングにかける費用だけでもSEC予算総額よりもずっと多い。[18] ミューチュアルファンドの費用は、平均で手持ち資産1ドル当たり1・02セント、つまりSECの監督する金額1ドル当たりの予算の400倍だ。[19]

もしSEC支出がそんなに低いなら、その影響が見られるはずだ。第2章では、SECが肝心なときに派生商品を規制できなかったり、格付機関を規制できなかったりしたのを見た。また

SEC内部からも資金不十分の直接的な指標が見られる。

一例として、ニューヨーク南地区のアメリカ地区法廷ジェド・ラコフ判事の発言を考えよう。かれはSECが合意したシティコープとの和解を承認拒否して議論を呼んだ。[20] ラコフは、2008年以来、予算不足を大きな理由として、悪行を行ったとしてSECが訴えたのがわずかな例外を除けば企業だけ――個人ではない――と主張した。[21] この決定には、費用的な配慮が大きな役割を果たす。というのも法的には、個人を訴追するより企業を訴追するほうが簡単なのだ。でも企業をまるごと訴追する抑止効果はずっと弱い。組織に対する罰則は、その企業のステークホルダーすべてに分散されてしまうからだ。これに対し、個人に対する罰則は、直接責任ある人々が対象となる。

マドフの釣りとマーコポロスの訴え

SECの仕組みについて、二番目のずっと詳細な視野を与えてくれるのが、マドフ事件だ。そしてこれから見るように、おそらくそれは予算不足の影響を示すものでもある。いまや、偉大なカモ釣り師であるバーナード・マドフが金持ち投資家たちをだましてねずみ講に参加させたのはだれでも知っている。

投資家たちは毎月、マドフが保有するかれらの資産の価値が上昇したかどうかを示す計算書を受け取る。その価値増大ぶりは驚くほど一定だ。マサチューセッツ州ホイットマンのクォンツ分析家ハリー・マーコポロスはそれを追跡し、疑念をSECボストン地方局に提示した。かれは、マドフの高いなめらかな集積（月当たり1パーセントから2パーセント）はファイナンスの法則から見てありえないと主張したのだった。[22] マドフは、このなめらかな成長を、「カラー」という投資戦略で実現したのだと述べた。過大な損失を切り捨てるためのオプションを購入し、過大な利得を減らすオプションの販売でそれをつり合わせたのだという。[23]

確かにこうした戦略は収益をなめらかにしたかもしれないけれど、マーコポロスはマドフが投資家に与えている高い収益を稼ぎ出すには、あまりに高くつきすぎることに気がついた。さらにねずみ講が指摘された。というのも、こうした「カラー」を実施するには、マドフはアメリカ市場全体よりもたくさんオプション取引をしなければならないはずだからだ。[24]

その説得力にもかかわらず、マーコポロスの疑念はSECで抵抗にあった。2000年と2001年のボストンSECに対する初の申し立ては、すぐに消えてしまった。[25] でもマーコポロスは頑固に訴え続けたので、マドフを監督する立場のニューヨーク地区事務所は2005年11月に捜査を行うことにした。地区事務所の所長メイガン・チュンと職員弁護士シモーナ・スーが担当となった。[26] でもかれらも、その2人を指名したドリア・バチェンハイマーも、標的であるマドフよりも、訴え出たマーコポロスのほうをずっと怪しく思っていたようだ。3人とも、マーコポロスが自分の利益のために動いているのではと懸念していた。バチェンハイマーはそれを率直に述べている。かれは「賞金稼ぎ」ではないかというのだ。[27]

クオンツ分析家であるマーコポロスと、この件を検討しているチームとの間には、明らかな文化的ちがいがあった。ここでもバチェンハイマーがこれを述べている。マーコポロスの訴えは「理屈」でしかないというのだ。かれは弁護士的に見たホイッスルブロワー（内部告発者）の基準を満たしていなかった。弁護士が内部告発者というとき、これは犯罪行為についての内部情報を持ち、信用できる形で法廷で証言できる人物、というものだ。[28] またすでに腹を立てていたマーコポロスが、電話でチュンを罵倒し、SECについての自分の低い評価を公言したのもよくなかった。[29] だからマドフがやがてSECを訪問し、チュンとスーによりインタビューされたとき、かれらはすでに釣られやすい絶好の状態になっていた――しかも相手は、実はこの技能の偉大な名手だったのだ。詐欺の証拠はまったく見つからなかった。そしてやがてこの一件は閉じられた。

新しい物語による予算カット

私たちにとって、ここでの関心はマドフ事件の詳細ではなく、それがもっと一般的にSEC予算の十分性について物語ることのほうだ。ニューヨーク事務所でのまちがいはあれ、その職員は献身的な政府職員であり、SECとその任務を大切に思っていたという示唆は見られる。[30] でも捜査チームはマーコポロスの不服申し立てや動機についてほとんど理解を示さなかった。この誤解は、そこにファイナンスの知識を持った人物がいればすぐに解けたかもしれない。

さらに、新しい物語による規制当局への敬意否定がなく、業務に見合うだけの給料と業務量が与えられていたら、マーコポロスの不服申し立てやマドフの弁明は、別の見方をされたかもしれない。もっと予算が豊富なら話が本当にちがったかどうかは、わかるはずもない。でも捜査があまりうまく行かなかったのはわかっているし、これは昔ながらの格言とも一貫している。「安物買いの銭失い」というやつだ。1セントの100分の1の4分の1なんて大した額じゃない。そしてこうした政府機関に対する爪に火をともすような予算カットは、「政府こそが問題だ」という新しい物語の見方により、SECに限らず奨励されてしまっている。

シティズンズ・ユナイテッド

三番目の例は、本書の政治領域からくるものだ。政治に関する章（第5章）で、利益団体からくるお金がアメリカの選挙では票を釣るのに使われるのを見た。こうした影響力を抑えようとして、1世紀以上にわたる連邦選挙戦法がある。1907年ティルマン法は、企業が政治キャンペーンに直接献金できないようにした。1974年の連邦選挙運動法改正は、連邦選挙管理委員会を設立した。また選挙キャンペーンやキャンペーン支出にも制限を設けた。

でも間もなく、政治活動委員会といった政治的「盟友」を通じて、こうした直接献金に関する法律を迂回する手法が発見された。直接的な献金がまったくなくても、ＰＡＣ（政治活動委員会）は相変わらず政治キャンペーンを支援できる。これは頭の痛い問題を引き起こす。言論の自由という憲法に定められた権利を侵害することなく、ＰＡＣなどの利益関係を持つ「友人たち」を制限するにはどうすればいいか、という問題だ。

長年にわたる激論の末、２００２年に議会は妥協案を思いついた。超党派選挙改革法（一般にはマケイン＝ファインゴールド法として知られる）だ。[31] その重要な条項の一つとして、企業、労組、非営利団体は、予備選から30日以内か、総選挙60日以内には、候補者を名指しする広告の放送に資金を出してはいけないとされていた。

２００７年に、政治広報を行う右派の非営利組織シティズンズ・ユナイテッドが、この条項に挑むことにした。この団体は『ヒラリー：ザ・ムービー』というドキュメンタリーを作って、それをケーブルテレビで配信しようとした。オンデマンドで、視聴者に無料で配信されるけれど、シティズンズ・ユナイテッドはケーブルテレビ会社に対し、１２０万ドルを支払うという契約だ。シティズンズ・ユナイテッドは連邦選挙管理委員会に対し、ヒラリー・クリントンが立候補する２００８年大統領予備選の期間中にそれを配信すると、マケイン＝ファインゴールド法に抵触するかどうか判断を求めた。抵触するとの回答を得て、この団体は差止命令を求めて訴えた。[32] 地区法廷で却下されると、最高裁に控訴した。

カモ釣りを考慮しない言論の自由

『ヒラリー：ザ・ムービー』は一般向けに放送されるものではなかったので、この裁判も狭い論拠だけで判決を下すのは簡単だったはずだ。ところが最高裁は、きわめて幅の広い、言論の自由に関する憲法修正第一条に基づいた判決を下した。[33] 5票を獲得した多数派意見は、新しい物語思考のきわめて明白な例を示すもので、カモ釣りをまったく考慮できていない。私たちの言論の自由に関する見方は、自由市場に対する私たちの見方ときわめて似通っている。

どちらも、経済的繁栄にとってはきわめて重要だと考える。そして言論の自由は特に民主主義にとって重要だと考える。でもカモ釣りが自由市場のよくない面を生み出すのと同様に、それは言論の自由にもダメな部分を生み出す。市場と同じで、言論の自由もまた機能しているものを機能不全のものと仕分けするフィルタ役のルールを必要とする。会議を運営したことのある人ならみんなこれは知っている。最も民主的な町の総会ですらルールがある。そのアナロジーで言うと、議会はティルマン法以来ずっと、そうしたルールをいくつか設定しようと試行錯誤を続けてきた。

アンソニー・ケネディ判事が多数派意見を書き、それにジョン・ロバーツ、アントニン・スカリア、クラレンス・トマス、サミュエル・アリトー判事が賛成した。この意見書は明示的に、個人の言論の自由と企業の言論の自由に区別はないのだと述べている。でももっと基本的な部分として、この意見書は、言論の自由に欠点があることをまったく認めず、ルールがあってしかるべきだということも認めない。

決定的な一節が、この判決の根拠を明らかにしている。「一部の人から言論の自由を奪い他人にはそれを与えることで、政府は恵まれない人物や階級に対し、言論を使って話者の声に対する価値や地位や敬意を確立しようと苦闘する権利を奪う。政府はこうした手段により公衆に対して、どんな言論や話者が検討に値するかを自ら決める権利と特権を奪ってはならない。憲法修正第一条は言論と話者、およびそれぞれから発するアイデアを保護している[34]」

言論は説得の手段でもある

でもカモ釣りを考慮すれば、ケネディが議論をはき違えていることがわかる。人々に語らせることについて、絶対のルールなどありえない。ハイドパークのスピーカーズコーナー(ここではあらゆるイギリス人が、どんなにイカレたものであっても、自分の意見を述べる権利を持つ)で、大音響の音楽をかけることは決して認められないのと同じだ。ケネディは、語ることを単に情報伝達として扱っているらしく、それが説得に果たす役割と、それに不可避的に伴うカモ釣りについては考慮していない。

それに先立つ一節でかれはこう語っている。「言論は民主主義における本質的なメカニズムである。というのもそれは人民に対して役人に説明責任を負わせる手段だからだ。市民が合意に達するために探索し、知らされ、語り、情報を使う権利は、啓蒙的な自治の前提であり、それを保護するための必要手段である」(35)。もちろん私たちだってこれには同意する。

でもかれが述べなかったことは、ここでの問題にとって同じくらい重要なのだ。言論はまた、他の人々にこちらの利益の手先となるような行動をするよう説得する行為でもあるということだ。人々が釣られるなら、それは人々にこちらの利益にはなっても当人の利益に必ずしもならないやり方で行動するよう説得する手段にもなる。

新しい物語が見落としたもの

異論書でジョン・ポール・スティーヴンスが述べたように、企業と人民とを別の扱いにするというのは常識だ。かれは多数派意見書が明らかに「選挙支援」を考慮していないことを嘆いている。釣りは新しい物語の一部というだけにとどまらない。スティーヴンスは法廷に対し、企業（および労働組合）がしばしば国会議員にお願いをして、その見返りにその議員の対立候補に対するネガティブ広告に献金することを指摘している。そうすれば当の議員はポジティブ広告だけを打てばよくなり「超然としている」ように見えるからだ。そしてその企業や労組は、こっそり議員にそのことを告げて、自分たちが何をしてあげたかしっかり理解されるようにする。議員は舞台裏で感謝を述べる。[36] スティーヴンスは次のように指摘する。「たまの賄賂よりも民主社会にとってはるかに破壊的な腐敗の脅威が存在する。しかし多数意見の腐敗の理解では、立法者は最も露骨な濫用以外にはまったく対応できなくなってしまう」[37]

たとえを使うなら、そんなに豊かでない他の人々の声をかき消せるような巨大な拡声器を持ち出せるだけのリソースを持った人々には、ある程度の制限を加えなければならない。以前に挙げた例（政治についての第5章）の２００４年グラスリー＝スモール上院議員選挙は、いまの規則がすでに電波を支配するだけのリソースを持った人々にすさまじい優位性を与えることを示している。シティズンズ・ユナイテッド判決はつまり、古い物語を新しい物語に置き換えることが、政治の領域でもたらす危険の例となる。新しい物語に基づく評決は、カモ釣りの問題を抑えるための慎重な妥協の必要性を理解し損ねている。

ハーバード大学の法学教授ローレンス・レッシグは、こうした妥協となる計画を提案している。アメリカ市民は、最大で総額50ドルを、好きな候補者に献金できるバウチャーを与えられる。また各候補者に、自腹で追加の１００ドルを提供できる。そうした献金を受け取った候補者は替わりに、他の資金源（ＰＡＣを含む）からの献金を断らなくてはならない。[38] レッシグの試算では、費用は年額30億ドルになる。[39] でもすでに見た民主主義への歪曲を考えれば、これは実にお安い。議員たちの本当の仕事は、もはや献金を求めて電話をかけることではなくなる。人々のためになることを追求する仕事に戻れるのだ。

結論

私たちの三つの例、社会保障法制、証券規制、選挙資金法は、本書全体での私たちの議論の相当部分をカバーしている。これらは国民的物語を正しいものに保つ重要性を実証してくれる。政府と世帯との関係（社会保障）、金融とその監督の関係（証券規制）、法制度と選挙民との関係（選挙資金法）において、新しい物語がアメリカ政策を覆ってしまった。もっと一般的には、次から次へと各種の状況で、私たちは新しい物語が半分しか正しくないことを示してきた。自由市場は人々に選択の自由を与える。でもそれは、釣りの自由も与え、釣られる自由も与えてしまう。こうした真実についての無視は、大惨事に確実につながる。

アメリカのレンズを通じて、主にアメリカの例から、私たちは物語、特に国民的な物語が重要だということを実証した。でもカモ釣りはもちろん、単にアメリカだけの現象ではない。どこでも起こることだ。機能する国民的な物語にはいろいろな条件が必要だが、経済と政治が本当はどう機能するかについての正しい解釈が必要だ。市場と民主主義のよい面だけ考慮せずに、悪い点も考慮しなければならない。そしてそうした悪い点には、重要なものとして、カモ釣りも含まれるのだ。

あとがき：釣り均衡の重要性

私たちは次から次へとカモ釣りの例を挙げてきた。でもこれは、読者のみなさんの一部だって思いついたはずの質問を引き起こすものだ。本書の内容は、現在の経済学に比べて、何が新しいのだろうか？　経済学者はだれだってカモ釣りのことなんかとっくに知っているのでは？

おもしろいことに、この質問への答えは「そのとおり」というものだ。これは、私たち経済学者たちがカモ釣りの実例を見れば、それを見分けられるしその原因も理解できるという意味だ。でも自由市場についての一般的な理解は、それがいつ、どのような形で起こるかについて、見通しを与えてくれるだろうか？　これに対する答えは「ノー」だ(1)。

市場への賞賛が行きすぎないようにしよう

ほとんどの国は自由市場に対する敬意を学び、ほとんどの場合それは適切なことだ。自由市場は高い生活水準をもたらす。経済学により、競争市場が「効率的」だということを学ぶ。というのもかなり緩い仮定のもとでも、均衡ではある人物の厚生の改善は、他人を犠牲にしないとできないことが示されたからだ。要するに、経済学は通常、自由な競争市場が「うまく」機能している状態を記述する――もっともそこには、「外部性」や「不公平」な所得分配の問題を解決するための介入が必要だが、これは適切な税金や補助金を通じた最小限の介入で実現できる。

でも私たちは人々や市場について、ちがった――そしてもっと一般化した――見方をする。その見方は本書で一貫している。私たちは、自由市場の優れた点について経済学の教科書に刃向かうつもりはない。私たちの心の目は、中国から北朝鮮へと国境を越え、さらにまた国境を越えて韓国へと旅ができる。

でも、市場への賞賛が行きすぎないようにしよう。あらゆる適切な前提がすべて本当に整合していれば、市場はかなりうまく（教科書で述べるとおり）機能するかもしれない。でもだれにでも弱点はあるし、だれでもしばしば、手持ちの情報は完全でなかったりする。そしてしばしば、人々は自分が本当に何を求めているのか、なかなかわからなかったりする。

こうした人間的な弱みの副産物として、人々はだまされる。それが人間というものかもしれないけれど、でもそれは経済学講義に登場する様式化された人間もどきとはちがう。そして人々が完全ではないなら、こうした競争的な自由市場は、単に人々が求め欲しがるものを供給するための競技場にとどまらないものとなる。そこはまた、カモ釣りの競技場ともなるのだ。それは釣り均衡につかまることになる。

この視点のちがいを示すものが、親切な友人や同僚との長々しい熱っぽい会話に見られた。かれは本書のプレゼンテーションに耳を貸そうと言ってくれた。そしてすぐに、本書の質問にやってきた。どんな経済学者も理解できていなかったようなことが、この本にはあるのか? 私たちは、本書が人々に弱点があるとき、つまり市場が効率的でないときの市場の役割を検討しているのだと説明した。そして弱点を持つ人々は、潜在的には、だまされごまかされかねない、と。かれは「病理学」を標準経済学に混ぜるのはまちがっていると述べた。

でも現在の経済学に比べたとき、それがまさに本書の根本的な論点なのだ。私たちは――教科書の中や、ほとんどあらゆる経済学者の標準的な心構えのように――市場の健全な（つまり「効率的」な）働きだけを描くのはまちがっており、経済的病理学は、単に外部性や所得分配のせいだけであるかのように描くのはよくないと考えている。私たちは、経済はこの標準的な見方よりもっと複雑だと思っている――そしてもっとおもしろいと思っている。さらに私たちが思っているのは、この思想の分割（健全なものと病理的なもの）が単にいい加減でお門違いだというだけでなく、きわめて悪影響をもたらすということだ。

経済学者による市場理解の問題点

なぜか？　その理由は、そうすることで現代経済学が内在的に、欺瞞と詐術を扱うのに失敗するからだ。人々の単細胞ぶりとだまされやすさは、見て見ぬふりをされている。2015年時点の経済学者たちは、2008年の世界金融危機を振り返っている。そして私たちの少なくとも一部は、「どうしてなんだ？」という質問をしている。これは金融崩壊そのものがなぜ起こったかを尋ねているだけではない。それならいまや一般的な形で理解されている。でもそれに加えて、私たち経済学者は自分自身をも省みている。なぜ私たちの中で危機を予測できた人間がこんなにも少なかったのかを不思議に思っているのだ。

何が起こるかを予見した経済学者がこれほど少なかったというのは、実に驚異的なことだ。[2]グーグルスカラーには、ファイナンスと経済学に関する論文や書籍が225万件ほど挙がっている。[3]これはサルとしての経済学者たちがランダムにキーボードを叩いて『ハムレット』を創り上げてしまうには不十分かもしれないけれど、カントリーワイド、ワシントン・ミューチュアル、インディマック、リーマン・ブラザーズなど、実に多くの企業がきわめて短期間に炎上して崩壊すると述べる論文がそれなりに出現するには十分なはずだ。不動産担保ローン証券やクレジット・デフォルト・スワップにおけるかれらのポジションが脆《もろ》いものだというのはわかっていたはずだ。当時の私たちは、ユーロの将来的な脆弱性もまた予想できていたはずだ。

私たちはこの巨大な欠落が、経済学者たち（ファイナンス畑の人々も含む）が市場の働きにおけるごまかしと詐術の役割を系統的に無視するか過小評価していることを物語っているのだと考える。私たちはすでに、なぜそれがこれほど無視されてきたかという単純な理由を指摘している。経済学者たちの市場理解が、系統的にそれを排除しているからだ。

その病理は、私たちの友人が明らかにしてくれたように、主に「外部性」によるものだと見られている。でもそれは競争市場が、まさにその性質そのものにより詐術とごまかしを生み出すことを見損ねている。それは、繁栄を与えてくれるのとまったく同じ利潤動機の結果として生じるものだ。私たち経済学者が自由市場を正しく諸刃の剣として見ていたら、ほぼまちがいなく金融デリバティブや担保ローン証券や国家債務がひどい結果をもたらす方法も検討していたはずだ。そして警鐘を鳴らした経済学者も数人ではすまなかったはずだ。

カモ釣りとがんの類似性

『病の皇帝「がん」に挑む』（邦訳早川書房）で、がん研究者兼医師のシッダールタ・ムカージーはがんの分析と治療に見られた似たようなまちがいを描いている。[4] 経済学者のことばを使うと、このたとえでは「外部性」によると見てもいい病気がある。こうした病気の起源はバクテリアやウィルスだ。ほとんどの場合には、かなり単純な治療法がある。身体の異質な侵略者を殺すような薬やワクチンを発見するだけでいい。外部性アナロジーで言えば、経済学では「病気」は風下にいる人々への被害だ。治療は喫煙課税だ。

でもムカージーによれば、がんはそういうものではない。それはウィルスやバクテリアのような外部からの侵略者により引き起こされるのではない。それはむしろ、私たち自身の健康な生理とまったく同じ自然の力により引き起こされる。ちょうど私たち自身の健康細胞が攻撃に対する強い防衛力を持っているように、突然変異も同じように独自の防衛機構を持つ。

問題は肉体の防衛力が十分にうまく機能しないということではない。悪性腫瘍の場合、こうした防衛機構があまりにうまく機能しすぎるのだ。悪性のがん細胞は、攻撃にあまりに耐性がありすぎる。死ぬのを拒否するのだ。がんの性質は、こうした突然変異に対して私たち自身の無害な生理機構が拡張されていることにある。これはカモ釣りにとって、そのものズバリのアナロジーになる。それは万人が洗練されているような市場の無害な作用を、一部の人が単細胞であるような市場の仕組みに拡張して当てはめることから生じるのだ。

1970年代に、がんに対する戦争の支持者たちは「がんの征服についての国民的取り組み」を求めてロビイングし、それを成功させた。[5] 1971年国家がん法成立により、がん研究に対する連邦リソースは大幅に増えた。こうした予算増強は決して悪いことではないと思うかもしれない。でもおもしろいことに、ムカージーはこの「戦争」がまちがいだと見ている。

それがお手軽で手っ取り早い治療を探そうとしたせいで、問題が矮小化されてしまった。お手軽で手っ取り早い治療法が見つかるのは、がんにウィルスなどの単純な根本原因がある場合だけだ。[6] でもがんの原因についてのこうした単純すぎる見方は、その根本的な性質の発見から関心をそらしてしまった。がんによる死亡の大幅な削減が実現したのは、それがもっとよく理解された後の話だった。がんは突然変異の結果であり、その防衛能力は、肉体自身の健康な防衛機構の拡張だと判明したのだ。

私たちは、市場についての経済学者たちの見方も似たような過剰な単純化をしていると主張している。経済的な病理が「外部性」に過ぎないふりをするのは、標準的な経済学かもしれない。でも自由市場が多種多様なカモ釣りを宿せるのは外部性ではない。それはむしろ競争市場の仕組みに内在するものだ。そして万人が完全に合理的なら健全で無害な経済をもたらすのと同じ利潤動機が、カモ釣りという経済的病理をもたらしてしまうのだ。

カモ釣りの既往研究

もちろん本書には先立つ存在がある。ここでは、(やはりグーグルスカラーを通じてざっと推計した)20万本の、「洗練された人」と「単細胞な人」とを区別したり、「情報の豊かな人」と「情報の少ない人」との区別を行っている論文の代表格を数本解説しよう。そうした論文の典型は、私たちの例にも見るように、洗練された人と単細胞な人を、ある特別なやり方で組み合わせる。そして、ときには注目点としてでも通常は行きがけの駄賃的な形で、そこに記述された特殊な文脈においては、はい確かに、洗練された／情報豊かな人が、単細胞な／情報の少ない人を手玉に取りますね、と示すことになる。

最初の例としては、序章に登場したステファノ・デラヴィグナとウルリケ・マルメンディアによるトレーニングジムの、バタフライアンカー式契約を思い出してほしい。こうした契約は、結ぶのは簡単だけれどキャンセルはむずかしい。これをモデル化するとき、デラヴィグナとマルメンディアはトレーニングジムの戦略を、顧客の現在バイアスにつけこむものだとしている。(7) 顧客たちが現在に高い重みづけを行うせいで、みんな今日できることを「ちょっと明日まで」先送りしてしまう。でもその「ちょっと明日」がやってくると、それが現在となり、かれらはそれをさらに先送りする。

ザビエル・ギャベックスとデヴィッド・レイブソンは、売り手が買い手を手玉に取る別の方法を生み出している。この場合それが起こるのは、製品の一部の属性がなかなか見えないからだ。(8) かれらの用語だと、そうした属性は「ヴェールに隠されている」。暗黙のうちにかれらはこう尋ねている：顧客にバスマティライス（高級米）と安手のライスとの区別がつかなければ、レストランが出すライスはどうなるだろうか？　利潤動機からして、レストランは安い方を選ぶということになる。

ヴェールに隠された属性としてギャベックス&レイブソンが筆頭に挙げる例は、インクジェットプリンタをめぐるものだ。買い手はプリンタの価格に注目する。でもその後のインクカートリッジの費用は、プリンタの初期費用に比べてかなり大きい（平均で初期費用の3分の2くらいだ[9]）。つまり関係する費用はプリンタの初期支出だけからくるものではない。ページを印刷する総費用が重要だ。HP社プリンタ機種の買い手を対象としたあるアンケート調査では、回答者のうちプリンタ購入時にインクの費用まで知っていたのはたった3パーセントだった[10]。

これは決して偶然ではない。ギャベックス&レイブソンによれば、プリンタの買い手にとってその価格は単純明快だ。またこれはウェブでも調べやすい。でも必要なインクの価格を調べようとしたらどうだろう。この情報は複数のウェブサイトに分散している。プリンタメーカーは、意図的にこの属性をヴェールに隠したのだ[11]。そしてアンケートの結果から見ると、かれらは成功している[12]。

私たちの一人（シラー）は、ヴェールに隠された属性の理論について別の試験を行った。シラーは飼い猫ライトニングのために、テレビ広告に説得されてグルメキャットフードを買うことにした。広告では、ネコたちは餌入れに大喜びで駆け寄ってくる。でもグルメキャットフードは本当においしいんだろうか？

シラーは自分で食べてみた。人間にとって魅力的に見える味――七面鳥、ツナ、あひる、羊――は全然感じられなかった。通常はヴェールに覆われたこの属性の提供に関するギャベックス＝

レイブソンの予測はズバリ的中した。でも私たちは、これが決定的な試験ではないことを慎重に認めねばならない。ライトニングが口をきけさえしたら、本当のことがわかるのだけれど。[13]

ファイナンス研究の例

ファイナンスの世界もまた、カモたちがもっと知識豊富な人々から手玉に取られる好例を与えてくれる。ファイナンスのまじりっけない経済学が引き出す結論はどう見ても正しくない。基本的な主張は、株はその「ファンダメンタルズに基づく価値」で値づけされるというものだ。これはつまり、株価は適切に割り引かれた期待将来支払額（たとえば配当や株の買い戻しなど）に等しいというものだ。

でもこれが正しいはずがない。これを成立させるには、株価はあまりに変動が激しすぎるのだ。[14]それに金融市場には、まじりっけない物語に比べると各種の奇妙なハプニングがやたらにある。なぜ取引量がこんなに大きいのか？　なぜ株のトレーダーは平均して株を手元におく期間がこんなに短いのか？　謎の一覧はどんどん増えるばかりだ。

ほとんどのファイナンス経済学者（全員ではないが！）は、まじりっけなしのモデルに深刻な欠点があることは認めている。そこでかれらは、株式市場（とその他の資産市場）に二種類の人々がいるとして描くようになってきた。[15]一方には「情報を持つ」トレーダーがいる。これは本当に株式市場を理解している人々だ。この理論によれば、かれらがもし支配的な存在であれば、かれらこそ株価を「ファンダメンタル」価値に向けて動かす大胆な人々となる。でもこの物語によれば、そうしたファンダメンタルズを理解しない「情報のない」トレーダーたちがいる。ファイナンス教授たちはこれを「ノイズトレーダー」と呼ぶ。というのもこうした株の購入者たちは、ファンダメンタルズに基づくのではなく、ランダムな「ノイズ」に従って取引をしているとされるからだ。

こうしたトレーダーの好例としては、1990年代にバブル崩壊以前のドットコム株を買った人々が挙げられる。[16] ノイズトレーディングの論文は、多くの株価「アノマリー」を説明できると主張する。債券に比べて株式の収益性が高いことや、株価がファンダメンタルズに比べてきわめて変動が激しいといった現象もこれで説明がつくという。[17]

ノイズトレーディングの検討は研究パラダイムとして成功だった。数学モデルではカモ釣りは起こる。洗練された投資家たちがノイズトレーダーたちを手玉に取るからだ。実際、そうしたモデルは情報の多いトレーダーと情報のないトレーダーの「厚生」のそれぞれについて、明示的な数式を導出さえできる。[18]

経済学とファイナンスからのこうした例は、単細胞と洗練組、情報のある者とない者とを対比させる大量の研究成果を示している。洗練／情報豊かな人々は、ほぼ確実に単細胞／情報のない人々よりよい業績を上げる。それが起こっているところには必ずカモ釣りがある。

そのちがい

もし単細胞で情報のない人々について、行動経済学とファイナンスでこれほどの論文が書かれているなら、私たちの立場についての疑問は相変わらず残る。ひょっとしたら本書には何も目新しいものはないのかもしれない。もしそうだとしても、みなさんが本書やその物語を楽しんでいただけたことを願いたい。でも私たちはまた、自分たちが新しい観点を追加したはずだと期待もしている。ここでは、本書が現在の経済学にとって、実は目新しいかもしれない観点を提供する三つの方法を記述しよう。

競争市場での均衡の役割

こうした観点の最初のものは、経済学の中での行動経済学の位置づけについてだ。「はじめに」で述べ、この章の冒頭でも論じたように、経済学者の根本的な考え方はアダム・スミスから発している。経済学者たちの中心的なビジョンは、スミスの有名な精肉店、醸造業者、パン屋に基づくものだ。かれらは競争的に消費者の要求に対応し、消費者たちの支払い意思額に基づいてどれだけ供給するかを決める。

この仕組みには一貫した均衡がある。もし経済がそうした均衡になければ、利潤を得る機会が存在する。もしそうなら、だれかがそれを活用すると期待される。ちょうど自然は「真空を嫌悪する」と言われるように、私たちは経済システムがそうした未活用の利潤機会を嫌悪すると期待する。私たちのイメージで言うと、空港やショッピングセンターにシナボン販売やそれに類するものの出店がなければ、いずれ出店されるだろう。

こうした一般化した思考法は、一般均衡へのこだわりにより、ほとんど2世紀半にわたり、経済学思考の中枢神経系となってきた。それなのに行動経済学は（ファイナンスについてはすぐに触れる）、奇妙なほどこれと切り離されているようだ。行動経済学から挙げた二例、デラヴィグナ＝マルメンディア論文とギャベックス＝レイブソン論文がそれを示している。

経済専門誌論文で要求される様式に従ったかれらのモデル構築や例はきわめて特殊だ。デラヴィグナ＝マルメンディア論文でのフィットネスクラブ記述では、血気にはやるスポーツマンたちはみんな現在バイアスという同じ弱点を持つ。ヴェールで覆われた市場というギャベックス＝レイブソンのモデルもまた特殊だ。かれらは基盤財と追加財の需要・供給という例示的なモデルを提供している。消費者の一部は洗練され、他は近視眼的であり、企業は追加財の価格をヴェールで覆うべきかどうか決断する。(19)

経済学専門誌論文の基準にしたがって、こうした論文はカモ釣りが存在することを証明する。そのためにこれらの論文は、釣りがまちがいなく起こっているモデルや事例を提示する。でもそうしたまちがいなさを専門誌が要求するために、費用も生じている。それはカモ釣りの一般性が伝わらないということだ。

これぞまさに本書の出番だ。カモ釣りを、アダム・スミス的な一般均衡の枠組み（これはあらゆる経済学者にとってベンチマークとなる思考だ）に当てはめることで、その一般性が示唆される。その一般性は、釣りの不可避性を私たちに示唆してくれるのだ。

なぜ経済学者たちが金融危機を見逃したかという問題に戻ろう。もし私たちがカモ釣りについて、人々が情報的、心理的弱点を持ちそれを儲かる形で利用できてしまう一般的な現象だと捉えていたなら――あるいは少なくともそうした弱点を利益になる形で作り出せると見ていたなら――経済学者たちは短期間のうちに崩壊につながった釣りを探すように仕向けられていたはずなのだ（そして、そうしているべきだったのだ）。

顕示選好は疑問視されない

行動経済学と行動ファイナンスが、特殊なバイアスや市場の記述のために、カモ釣りの普遍性を認識し損ねている理由がもう一つある。標準経済学でありがちな想定は、人々は自分の厚生を最大化する選択しかしない、というものだ。この想定には「顕示選好」なるかっこいい名前さえついている。つまり人々は自分たちの状態を改善するものが何かについて、選択を通じて明らかにする、というわけだ。[20]

こうした想定はもちろん、人々が本当に求めるもの（本当に人々にとってよいもの）と、人々が自分がほしいと思っているもの（肩の上のサルの嗜好）のちがいという私たちの概念と真っ向から対立するものだ。行動経済学の特殊性――個別心理的バイアス（たとえば現在バイアス）の基盤とそうしたバイアスを特殊な市場条件（たとえば独占競争）に埋め込むこと――は、人々がほしがるものと肩の上のサルの嗜好がずれるのは決して一般的なことではないという概念を強化した。これらは個別の例ごとに検討する必要はあるかもしれない――がしょせんは珍しい例外にすぎないというわけだ。このメッセージは意図的なものではないけれど、行動経済学の提示の仕方は、無意識的なものにせよ、こうした含意を生み出す。

だからほとんどの経済学者は、人々の選択が人々の本当に求めるものを実際に反映していると考えて安心していられると思う。そしてさらに、機能不全の意思決定の数も影響も小さいという見方も安泰だ。この見方は、少なくとも先進国ではほとんどの人々が目論見《もくろみ》どおりに自分たちの基本的ニーズを獲得できているという観察と一貫性を持つ。こうした目論見実現は、真の厚生におけるパレート最適性と、肩の上のサルの厚生におけるパレート最適性とのちがいはどうでもいいものだと信じるよう人々を促しかねない。そのちがいは、トレーニングジムの契約や、インクカートリッジの購入で顔を出すかもしれない。でもこれは例外であり、したがってほとんどの場合には顕示選好が正しい、ということになる。

でも私たちがやったように、一般的な形でカモ釣りについて考えることで、その正反対なのではと私たちは思い当たった。カモ釣りはたまに登場するだけの面倒ごとではすまないということだ。それは至るところにある。それは多くの意思決定を左右するだけにとどまらない。一部の場合には厚生に大きな影響ももたらす。私たちの例は、カモ釣りの可能性を示すにとどまらず、その遍在性と、経済生活における全体としての重要性をも示すよう慎重に選ばれている。それは、人々がおおむね目論見どおりに自分にとってよいものを選ぶから、そうした釣りに大した影響はないという伝統的な（行動ではない）経済学の直観に刃向かうよう意図されているのだ。

私たちが肩の上のサルの嗜好でカモ釣りを一般均衡に埋め込んだことは、このように一般均衡理論に基づいて考える人ならだれにでも自然な真実を指摘することで、現在の行動経済学を超えるものとなっている。その思考は釣りの不可避性に関するものだ。ここでも、私たちの「お気に入りの例」を見よう。

一般均衡では、空港のシナボンの出店が——似たような店がなければ——利潤を出せるなら、それはそこに出現する。だからもし人々に弱点があれば——釣られやすい方法があれば——釣り師たちはそこで待ち構えている。パンやビールや肉を供給するために必要な金額を支払えるだけのリソースを私たちが持っていれば、そこに精肉店や醸造屋やパン屋が出現するように、私たちをカモとして釣ろうとする詐欺師たちもそこに現れる。

物語の接ぎ木

行動経済学に比べると、本書は追加の貢献をしている。現在書かれているような形での行動経済学は、主に心理学者たちの実験による証拠から出てくるものとなっている。私たちのイメージでは、人々は機能不全の意思決定をする。自分の本当の嗜好ではなく、人々の肩の上のサルの嗜好に基づいて決断をしてしまうのだ。心理学者たちは、こうした機能不全の動機について独自の一覧を持っている。

人々がこうした一覧に載っているバイアスを持つことに異論はない。でも本書の主要な狙いは、釣り均衡の概念以外に、こうしたバイアスをずっと一般的な形で見るということだ。ちょうど経済学者たちが（お金をめぐる心配とスージー・オーマンについての第1章を参照）消費者の行動について自分の想定を押しつけるように（たとえば、細かく予算をたてるなどと想定する）、心理学者たちやその後に従う行動経済学者たちは、意思決定者たちは典型的にはチャルディーニの一覧にある何らかのモードに従って活動するものと想定する。ちょうど経済学者たちが、意思決定者の直面する各種「制約」を考案するのにかなりの創意工夫を投入したのと同じように、心理学者たちは「不合理な」行動として考えられるものの驚異的な一覧をまとめあげた。

でも私たちの見立てでは、こうした一覧には問題がある。これはほとんどの社会学者や人類学者たちも合意していることだ。人々が「一覧」のバイアスに基づいて行動していると見るのは結構なことだ。でも実はそうでないかもしれない。経済学者、心理学者、そしてもっと一般に社会科学者たちは、もっと包含的になるべきだ。人々の意思決定の根拠となるあらゆる考え、意識、無意識をも含むようにしなければならない。

この点で、社会学者たちや文化人類学者たちに倣うことで、私たちは人々の意思決定の根底にある心的な枠組みを表現するきわめて一般化された方法を見つけた。本書の後半は、行動経済学者の行動バイアス一覧という古い皮をだんだん脱ぎ捨てた。同時に私たちはまた、この新しい見方に従って私たちの議論を力強く述べ直した。それは一方では、機能不全の意思決定の根底にある心理的バイアス一覧を包含するものだけれど、でもずっと一般性のあるものとなっている。

私たちがこのもっと広い一般性を獲得したのは、人々の意思決定を左右する心的な枠組みに構図を与えたからだ。私たちはそれを「人々が自分自身に言い聞かせる物語」と呼んだ。この説明は私たちにとって、さらなる長所を持つ。これは私たちが、きわめて自然な形で、ほとんどのカモ釣りがどのように起こるかを見て取ることを可能にしてくれるのだ。釣りは、釣り師にとっては利益になるけれどカモには利益にならない決断を誰かに下させる手法だ。私たちの決断は、通常は私たちがある状況について自分自身に言い聞かせている物語に基づいている。だから人々の動機づけをこのような形で理解すればほとんどのカモ釣りがどのように起こるかもわかりやすくなる。

これはまた経済学に新しい変数をもたらす。その変数は、人々が自分自身に言い聞かせる物語だ。さらに、これは人々が自分自身の厚生最大化からかけ離れた決定をするという発想や、そうした物語がきわめて操作しやすいという発想を自然なものにする。人々の注目点を変えれば、人々の行う決断を変えられる。

まとめ

結局のところ、本書には「新しい経済学」と見なせるようなものは何もないかもしれない。私たちが経済学の相当部分を新しく発明しなおそうとしたらなら、正しくもなければ説得力もないだろう。でも私たちの狙いはちがうところにある。私たちはカモ釣りが古い経済学からの通常の教訓とはかなりちがった結論をもたらすということを示そうとしたのだ。かなり自由な市場を持つ現代経済は、先進国に暮らす私たちにはこれまでのあらゆる世代がうらやむ生活水準をもたらした。でも、自分をごまかすのはやめよう。それはまた、カモ釣りももたらす。そしてそれもまた、私たちの厚生にとっては重要なのだ。

謝辞

本書は操作と詐術に関する本ではあるけれど、でもこの世には大量の、そして強調のために繰り返しておくと、本当に大量の善があることも認めねばならない。世界には、第11章で描いたような英雄たちがたくさんいるのだ。こうした多くの親切な英雄たちが本書の根底にいる。

本書を仕上げるにあたってうれしいのは、こうした謝辞を書くことだ。このプロジェクトに貢献した多くの人々に感謝できるのだから。本書は、著者たちが2人きりで部屋にすわって、次にどんな文を書こうか相談するだけで生まれたわけではない。それどころか本書のアイデアとその発展の根底となった研究は、大部分が友人たち、特に経済学界の人々から学んだことをまとめたものであり、また私たちを助けてくれた傑出した研究助手たちに教わったことでもある。

まっさきに礼を述べねばならないのは、本書に基本的で根本的なアイデアを与えてくれた同僚たちだ。

まず、ジョージ・アカロフと「強奪：利潤のための倒産の経済的裏世界」論文を共著したポール・ローマーに感謝する。S&L危機とジャンクボンドに関する第9章と第10章は、その論文を本書の文体にあわせて書き直したものだ。それを容認してくれたポールには感謝する。本書のもう一つのテーマ、物語については、ジョージ・アカロフの別の共著者に負うところが大きい。アカロフがレイチェル・クラントンと『アイデンティティ経済学』で行った協働作業では、主題の一つは、人々が自分自身が何者で、何をすべき／すべきでないかについて自分に言い聞かせる物語だ。そして、そうした物語がかれらの動機にどう影響するかということだ。

同じような考えを持つ人々との出会いを通じ、ボブ・シラーも独自に、前作である資本市場の『根拠なき熱狂』において、特に金融危機における「物語」の役割を発見していた。本書で最も重要な教訓かもしれない、物語の役割は、二つの思考の流れを融合させたものだ。私たちはどちらもレイチェルに大いに感謝している。また、アカロフと「ナイーブな人々のいるレモン」という論文（これは情報に基づく釣り均衡を描いたものだ）を共著したフイ・トングにも感謝する。この研究は、数年にわたり本書に関するセミナーの基盤となった。

マクシム・ボイコへの借りは別種のものだ。かれはボブ・シラーの共著者で、1989年にモスクワで開催されたアメリカNBERとソ連のIMEMO共同会議で出会った。シラーはいまでも、人々の態度や市場との関係についてかれと共同研究を続け、各国を比べて社会規範や態度が市場の働きに果たす役割を明らかにしようとしている。

2012年秋、本書の原稿はかなりできあがったので、ボブ・シラーは研究助手をやとって手伝ってもらおうと考えた。その仕事を宣伝すると、80人ほどの応募があった。この仕事を提示されて受託したイェール大学の学部生3人は、本書で実に大きな役割を果たした。研究助手だっただけでなく、プリンストン大学出版局のピーター・ドハティに加えて編集者役も果たしてくれた。私たちは一度ならず、かれらに本書を採点してくれと頼んだ。それぞれの章ごと、章の各部分ごと、章の段落ごとにそれを頼んだ。ついた成績は必ずしも最高ではなかったし、とくに現在の成績インフレ状況の中では決して高くないものもあった。研究助手たちは、その後辛抱強くなぜその低い成績が正当なものかを説明してくれたし、会話の中で私たちが陥っていた穴から救い出してくれた。この3人の研究助手たちはそれぞれ真に傑出した存在だ。

ヴィクトリア・ビューラーは3年生のときにこの仕事を受けて、あまりに傑出していたので、デヴィッド・ブルックスはイェール大学の講義で彼女が書いた論説を絶賛するコラムを『ニューヨーク・タイムズ』に書いたほどだ。ヴィクトリアは卒業して、ケンブリッジで大学院に入ってからも、本書の作業を続けてくれた。それはボブ・シラーがノーベル賞をもらった年のことで、数カ月にわたり何も手がつかない状態だったけれど、彼女はその隙間を埋めるきわめて重要な役割を果たした。彼女の関心は国際政治で、あまりに才能豊かなので、アカロフはあるとき彼女宛のメールを「きみが国務長官になったら」ではなく「きみがまちがいなく国務長官になった暁には」

と書き出したと告白している。

ダイアナ・リーもまた3人の当初の研究助手の一人だった。ダイアナにはどんな質問をしても、どんな作業を頼んでもやってもらえることがわかった。制約はつねにこちら側にあったようだった。いつも、彼女にいろいろ頼みすぎているのではと不安だった。彼女はディベートのスター討論者で、『イェール・デイリーニュース』のための市役所取材を行っていて、経済学を専攻している。最近のある日、彼女はマレーシアの世界ディベート選手権にでかけるのだと語ってくれた。ダイアナはいつもそんなことをしている。本書の読者は一人残らず、彼女がもたらしてくれたものの恩恵を受ける。見事なインタビュアーであり、本書を生き生きとしたものにするための彼女の計画に、私たちはいつも大笑いしたものだ。あるとき『グラマー』誌が、彼女にある賞の候補になってくれと頼んだ。私たちは彼女の推薦状を書いたけれど、その賞は逃した。明らかに同誌は華やかさ（グラマー）とは何かを知らない。私たちの目からすれば、真の華やかさとは、ダイアナ・リーであることなのだ。

ジャック・ニューシャムもまた、最初の研究助手3人の一人だった。かれもダイアナやヴィクトリアと同様、本書に大きな貢献をした。私たちのためにインタビューをしてくれた。そして常に編集上の意見をくれたし、それは常に正しかった。特に広告に関する章で重要な役割を果たしてくれた。ハーディングの大統領選挙についての仕事を指摘してくれたからだ。これはそのキャンペーンの立案者がラスカーだったので、本書にぴったりだった。イェール大学でジャックは記者になろうとして、その記者としての技能を私たちの仕事に持ち込んでくれた。卒業後、かれは『ボストングローブ』紙に入り、かなりうらやまれる地位についた。特にいまや新聞の仕事は、残念ながら実にまれだからだ。ジャックが私たちのために、本書のために2年も働いてくれたのはありがたいことだった。

本書の作業の後の段階では、スティーブン・シェネベルガーが原稿について優れた編集上のコメントをくれたし、第4章から第8章までのファクトチェックも行ってくれた。その作業への献身ぶりには大いに感謝する。また序文から第3章までのファクトチェックについてはイジヤ・ルーに感謝する。そしていちばん最後の段階で大変で煩雑な仕事をしてくれたデニズ・ダッツにも感謝。かれはすべてのファクトチェックをやり直してくれたのだった。そして2015年5月と6月の6週間にわたり、マデレーン・アダムスがコピーエディターを務めた。私たちが渡した原稿のほとんどあらゆる部分に、彼女はエレガンスと優雅さを加えてくれた。

本書のアイデアは、経済学者としての生涯で私たちが学んだことと、聞いてきたことのコラージュだ。この点で、私たちはあと4人に特別に感謝すべきだ。ダニエル・カーネマン、そう、あのカーネマンは、25年か30年前に私たちに、心理学の独特の特性は人々を不完全な機械として見ることなのだと教えてくれた。かれによると、心理学者の仕事はその機械がいつどのように機能不全を起こすか突き止めることだ。これに対し、経済学の基本概念は均衡だ。私たちは本書がこの二つの洞察を結びつけるものだと思う。

リチャード・セイラーは、シラーが行動経済学ワークショップを25年にわたり共同開催してきた人物で、かれにも影響を受けた。かれは20年以上前に、わたしたちが共同作業すべきだと最初に示唆した。シラーとアカロフの仲人はかれだ。

マリオ・スモールとミシェル・ラモントは、人々の意思決定がおおむね意識ではなく無意識に依存するという点について考えるきっかけをくれた。私たちは、それが人々を操作されやすくするのだとみきわめた。この洞察が本書をまとめるにあたっての重要なステップとなった。

プリンストン大学出版局のピーター・ドハティは、本書の編集者で、そのプロセスを通じてすばらしい友人でいてくれただけでなく、かれの編集上のよい判断が、私たちの行くべきところを理由とともに示してくれた。そのおかげで、本書が可能になった。「はじめに」にある、「どんな人だろうと絶対に望まない」もの、という概念はピーターとの会話から出てきたものだ。

本書には他にも貢献者たちがいる。特に２０１０年10月から２０１４年10月までの4年にわたり本書の原稿に取り組んだ国際通貨基金でのアカロフの同僚たちと、イェール大学でのボブの同僚たちだ。そうした同僚や友人たちとしては、ヴィヴェク・アローラ、マイケル・アッシュ、ラリー・ボール、ロラン・ベナボー、オリヴィエ・ブランシャール、イレーネ・ブロムラード、ニャラ・ブランスコーム、ルチア・ブオノ、ジョン・キャンベル、エリ・カネッティ、カール・ケース、フィリップ・クック、ウィリアム・ダリティ、ステファーノ・デラヴィグナ、ラファエル・ディテラ、アヴィナシュ・ディクシット、カート・イートン、ジョシュア・フェルマン・ニコール・フォルティン、ピエール・フォルティン、アレクサンダー・ハスラム、キャサリン・ハスラム、ジョン・ヘリウェル、ロバート・ジョンソン、アントン・コリネク、ラリー・コトリコフ、アンドリュー・レヴィン、アナマリア・ルサルディ、ウルリケ・マルメンディア、センディル・ムライナタン、アビネイ・ムトー、フィリップ・オレポウロス、ロバート・オクソビー、セイラ・パザルバシオグル、シェリー・フィップス、アダム・ポーゼン、ゾルタン・ポスザー、ナターシャ・シュル、エルダー・シャフィール、カール・シャピロ、デニス・スノウアー、マイケル・ステプナー、ジョセフ・スティグリッツ、フィリップ・スワゲル、ジョージ・ヴァリアント、テオドラ・ヴィラグラ、ジョセ・ヴィナルス、ジャスティン・ウォルファーズ、ペイトン・ヤングらがいる。

私たち2人は、マサチューセッツ大学アムハースト校、カリフォルニア大学バークレー校、デューク大学、ジョージ・ワシントン大学、ジョージタウン大学、ジョンズ・ホプキンス大学、メリーランド大学、プリンストン大学（これはベンドハイム・ファイナンス講義の一部としてだった）、ワーウィック大学でこの研究のプレゼンテーションを行ったし、またカナダ経済学会、国際通貨基金、世界銀行、新経済思想研究所、ピーターソン研究所、ユニオン神学校、カナダ先端研究所の社会相互作用・アイデンティティ・厚生グループでも発表を行った。

ボブ・シラーは本書を、イェール大学の行動と制度経済学講義に取り入れた。これは経済学部大学院、ロースクール、経営学部すべてが受講できるものとなっている。この講義の生徒たちからのフィードバックは、多様で若々しい視点のおかげで、とても有益だった。

ジョージ・アカロフは、2010年10月から2014年10月まで客員教授として鷹揚に支援してくれた国際通貨基金に感謝したい。また2014年11月から受け入れてくれているジョージタウン大学にも感謝する。また多額の金銭支援をしてくれたカナダ先端研究所と、本書に大きなインスピレーションを与えてくれた社会相互作用・アイデンティティ・厚生グループにも感謝する。

家族は私たちにとって大きな支援を与えてくれた。特に経済学者の息子たち、現ウォーウィック大学のロビー・アカロフと、現ブランダイス大学のベン・シラー、さらにはネブラスカ大学オマハ校の哲学者デレク・シラーの貢献は大きかった。ヴァージニア・シラーは常に私たちの研究を支援し、長年にわたり私たちはその判断を仰いできた。それがいいアイデアだろうと悪いアイデアだろうと意見を尋ね、そして彼女自身のアイデアもたくさん提供してくれた。さらには事務方の助手ボニー・ブレイク、キャロル・コープランド、シャンティ・カルナラトネ、パトリシア・メディナには、執筆作業のための時間を確保してくれたことに感謝する。

訳者あとがき

本書はGeorge A. Akerlof and Robert J. Shiller, *Phishing for Phools: The Economics of Manipulation and Deception* (Princeton University Press, 2015) の全訳となる。翻訳にあたっては、原書出版社から送られたゲラのPDFを使い、その後実際に刊行された本も随時参照している。

著者たちについて

この2人による前著『アニマルスピリット』の解説でも述べたように、著者2人は、どちらもノーベル経済学賞受賞者であり、世界の経済学界では文句なしの重鎮だ。いずれも経済や人々が必ずしも完全な合理性に基づいてはいないことを指摘したことで、その地位を確立している。

ロバート・シラーは金融市場、特に投機的な市場の研究で知られており、かつてのアメリカにおけるITバブルや、リーマンショックにつながる住宅バブルなどをいちはやく指摘し、投資家たちの変な思い込みや社会の雰囲気がそうした合理性を逸脱する原因となることを指摘している。こうした業績により、彼は2013年にノーベル経済学賞を受賞した。

一方のアカロフは、情報の経済学の先駆けであり、また限定合理性理論の創始者としても知られる。有名なポンコツ中古車の理論では、売り手と買い手の情報の非対称性が市場を崩壊させかねないことを示し、情報経済学の嚆矢となった。

また、人が常にあらゆる情報を織り込んでガチガチに合理的な市場行動を行うというそれまでの経済学の一般的な想定に対し、実際には人はそこまでマメではなく、新しい情報に対しても様子見で対応してすぐに動かないことも多いと指摘した。つまり人の合理性は、限定的だ。でもそのために、みんなが(つまり経済全体が)一斉に合理性からずれる可能性がある。

こうした業績で、アカロフは2001年にノーベル記念経済学賞を受賞した。

本書の位置づけ：物語の重要性から詐欺の分析へ

この2人の共著である前著『アニマルスピリット』も、2人のこれまでの業績を受け継いだものだ。いまのマクロ経済学理論の主流となっている完全合理的な個人を想定したのでは説明のつかない現象をまとめ、今後のマクロ経済学理論への示唆を行っている。

『アニマルスピリット』で扱われていたのは、貨幣錯覚、根拠のない自信や付和雷同といった動機だった。またアカロフがレイチェル・クラントンと共著した『アイデンティティ経済学』も、それと共通する内容だ。人は自分について、良かれ悪しかれ何か物語を持っていて（「オレはしょせんダメなやつだ」「あたしはXX高校卒なんだからもっとがんばれるはず」等々）、それは人々に合理性を超える（あるいは下回る）頑張りや高潔さなどを可能にする。それがアイデンティティの働きだ。そうしたアイデンティティ／物語を経済学はもっと重視すべきだ、というのが『アイデンティティ経済学』の主張だった。

でも、そうした物語／思い込みによる合理性逸脱には、もう一つ大きなカテゴリーがある。それが詐欺だ。たいがいの詐欺は、人が特に根拠なく持っている各種の物語をねじまげることで成立する。広告やコマーシャルは、たとえば「ちがいのわかる男はXXを選ぶ！」といった物語を創り上げ、自分はちがいのわかる男だと思いたい人々にすり寄ることで購買意欲をそそる。「消防署から来ました」と言って、人々が抱いている公共的な信頼の物語を歪曲することで、いらないものを売りつけようとする。

本書は、そうした詐欺を、人々の抱いている自分自身についての物語歪曲を通じた合理性からの逸脱として理解しようというものだ。

しかも本書は、その範囲をなるべく広げようとする。経済学においては、実際に人々が行った選択は、基本的には顕示選好と呼ばれて尊重される。たとえ変な選択に見えても、その人なりに費用と便益を考え、自分の趣味や嗜好や他の選択肢をてんびんにかけた結果だから当人としては合理的なはず、というのが一般的な考え方だ。だから、詐欺をきちんと経済学的に扱うのは、必ずしも容易ではないかもしれない。

でも本書は、どうみても本人が望むはずのない選択、という概念を持ち出すことでこれを変える。振り込め詐欺のようなものでも、詐欺でインチキ商品をつかまされた場合でもそうだし、またタバコを吸った結果、後で肺がんになるとか、おやつにポテトチップスを食べたら塩と脂肪の取りすぎになってしまった、広告を見ていりもしない洋服を買ってしまった、といった選択まで含む。

本書の主張では、こうした後悔を伴う選択はすべて詐欺の結果であり、人がだまされた結果であり、人々を陥れようとする邪悪で強欲な連中の陰謀となる。

本書はこの発想に基づき、医薬品の認可プロセスの歪曲、タバコや酒の害、広告業界一般、政治家と献金の関係、リーマンショックでの格付機関や金融機関の無責任なたちまわりなどを、物語の歪曲による合理性からの逸脱として描き出し……それで終わる。

本書の評価：後悔はすべて詐欺の結果なのか？

さて、本書についての評価は必ずしも絶賛ではない。イギリスの『エコノミスト』誌は、本書が描き出す事例はおもしろいと評価したうえで、その羅列に終わってしまい、本書自体が詐欺のようだというささか厳しい書評を掲載していた。本書に掲載された多くの事例も、まったく目新しいものはあまりないし、それを「物語の歪曲」と呼んでもこれまでとどうちがうかははっきりしない。

さらに、何でも詐欺という観点から見ようとすることで、著者たちの議論はしばしば極論に陥っているのではないか。たとえば著者たちは、ポテトチップスをなんだかひどいものに仕立てあげる。人々は肩の上にサルがいて、多くの商品——酒もたばこもドラッグもギャンブルもポテトチップスもチョコも——はそのサルに訴えているだけだという。実は人々は、そんなものを求めていないのだ、と。訳者はポテチが大好きなのだけれど、実は食品会社と広告会社の陰謀により、それを望んでいると思わされ、だまされているだけなのだ!

そんなバカな。確かに人は自分の選択に後悔する。でも人間がむずかしいのは、その肩の上のサルだって文句なしにぼくたち自身の一部だということだ。ぼくはポテチをうまいと思い、それを食べたがる。それ自体は詐欺の結果などではない。

さらに著者たちによれば、人々がポテチを食べたくなるように塩や油の加減を（ときにビッグデータなどまで動員して）調整するのは、利潤のため人々に塩分過剰や油の取りすぎによる健康被害を引き起こさせる陰謀だという。

………でもそれは、ポテチがおいしくなるよう工夫しているということでは？　まして、それをもって、以前の腐った肉と何も変わらないインチキ食品だと主張するのはあまりに行きすぎでは？

こうしたすぐに思いつく批判はいくらでもあるため、本書に対する手厳しい書評は多い。広告は不正直だとか、政治家への献金による利益誘導といった話も今さらでは？　ついでながら、有害なイノベーションとしてまっ先に挙げるべきなのは、フェイスブックでの見得の張り合いと、航空会社のマイレージや入試だろうか？　さらに著者たちの主張だと、タバコも酒もポテチもお菓子も、ありとあらゆるものを政府が規制しろということになりかねないけれど、それで本当にいいのか？　このかなり一方的な主張のせいもあり、『フォーブス』誌の書評では、本書はトリビアル、つまりどうでもいい本とまで言われている。

その一方で、アマゾンのレビューなどではそこそこ高い評価も得られている。資本主義が自由放任だけではまわらないという主張は、それなりに共感を得ているようだ。本書が重要な課題を指摘しているのもまちがいないことではある。

本書の新しさ：釣り均衡とは？

こうした指摘を著者たちも予想していたようだ。本書について、「何も新しい内容がない」という批判について、著者たちは特に最終章であらかじめ弁明を行っている。かれらは、自分たちがこれまでの「顕示選好はすべて正しい」という均衡概念に対して、「釣り均衡」、つまりは詐欺によって生じる需要と供給という概念を導入し、それが目新しいのだと主張している。ただし、その釣り均衡の中身については、ほとんど記述がない。通常の需給均衡は価格で調整される。でも詐欺的な財やサービスの需給均衡は何によって調整されるんだろうか？ 規制？ 罰則？ 本書でなぜかまったく言及されない、ゲーリー・ベッカーなどのシカゴ学派による犯罪やドラッグの経済分析は、本書の述べるような「釣り均衡」を考えたものではないだろうか？ 法と経済学の分野はまさにそれを扱う分野では？ また、行動経済学に対する「何とかバイアスというのを羅列しているだけ」という批判は、本当に正当なものと言えるのだろうか？ さらに本書がそれに対抗できるだけの強い枠組みを提示できているかどうかは、必ずしも明かではない。

ただし、なんといっても天下のアカロフ＆シラーが、自分たちでもこうした問題点に気がつかなかったとは思えない（思いたくない）。かれらとしては、普通の顕示選好と詐欺による「釣り均衡」とがどんな形で相互作用するのかについて、もっと明確なイメージか、少なくとも何らかの方向性は持っているものと考えたいところだ。著者2人とも高齢ではあるものの、いずれ「物語」を核とした経済学の新しい可能性について描き出してくれるのでは、そしてその中で本書の位置づけについても、まったく新しい方向性が見えてくることを祈りたいところではある。

さいごに

翻訳は特にわかりにくい部分もなかったが、本書の原題にも見られるFをPｈにする造語（たとえば現題 Phishing for Phools のうち、Phishing は一般に使われる用語だけれど、愚か者 Fool を Phool と書くのは造語だ）は無理に表現しようとはしていない。

それ以外に大きな誤りはないものと思うが、思わぬまちがいが残っているかもしれない。お気づきの方は訳者までご一報いただければ幸いだ。見つかったまちがいなどは、サポートページ http://cruel.org/books/phishingforphools/ で随時明らかにする。

２０１７年2月　ヨハネスブルグにて

山形浩生
hiyori13@alum.mit.edu

不道徳な見えざる手

2017年5月25日　第1刷発行
2017年6月15日　第2刷発行

著　者――ジョージ・A・アカロフ／ロバート・J・シラー
訳　者――山形浩生
発行者――山縣裕一郎
発行所――東洋経済新報社
〒103-8345　東京都中央区日本橋本石町 1-2-1
電話＝東洋経済コールセンター　03(5605)7021
http://toyokeizai.net/

装　丁…………橋爪朋世
D T P…………アイランドコレクション
印　刷…………東港出版印刷
製　本…………積信堂
編集担当………佐藤朋保
Printed in Japan　　ISBN 978-4-492-31498-2

著者・訳者紹介

ジョージ・A・アカロフ（George A. Akerlof）

ジョージタウン大学教授。2001年ノーベル経済学賞受賞。著書に『アニマルスピリット』（シラーとの共著）、『アイデンティティ経済学』（レイチェル・クラントンとの共著）など。

ロバート・J・シラー（Robert J. Shiller）

イェール大学スターリング経済学教授。2013年ノーベル経済学賞受賞。著書に『アニマルスピリット』（アカロフとの共著）、『それでも金融はすばらしい』『投機バブル　根拠なき熱狂』『新しい金融秩序』『バブルの正しい防ぎかた』など。

山形浩生（やまがた ひろお）

1964年東京生まれ。東京大学工学系研究科都市工学科修士課程修了。マサチューセッツ工科大学不動産センター修士課程修了。大手調査会社に勤務するかたわら、科学、文化、経済からコンピュータまで、広範な分野での翻訳と執筆活動を行う。
アカロフとシラーの前著『アニマルスピリット』や、『アイデンティティ経済学』、『それでも金融はすばらしい』を翻訳。クルーグマンほか『国際経済学』、ピケティ『21世紀の資本』、アトキンソン『21世紀の不平等』（いずれも共訳）、ワグナー＆ワイツマン『気候変動クライシス』などの翻訳を手がける。

索引

A–Z

ア行

カ行

サ行

タ行

ナ行

ハ行

マ行

ヤ行

ラ行

ワ行

参考文献

"200 West Street." Wikipedia. 2014年10月22日アクセス. http://en.wikipedia.org/wiki/200_West_Street.

Abramson, John. *Overdosed America: The Broken Promise of American Medicine.* 3rd ed. New York: Harper Perennial, 2008.

Adrian, Tobias, and Hyun Song Shin. "Liquidity and Leverage." *Journal of Financial Intermediation* 19, no. 3 (July 2010): 418–37.

Agarwal, Sumit, John C. Driscoll, Xavier Gabaix, and David Laibson. "The Age of Reason: Financial Decisions over the Life Cycle and Implications for Regulation." *Brookings Papers on Economic Activity* (Fall 2009): 51–101.

Akerlof, George A., and Rachel E. Kranton. "Economics and Identity." *Quarterly Journal of Economics* 115, no. 3 (August 2000): 715–53.

———. *Identity Economics: How Our Identities Shape Our Work, Wages, and Well-Being.* Princeton: Princeton University Press, 2010. 邦訳アカロフ&クラントン『アイデンティティ経済学』(山形浩生他訳, 東洋経済新報社, 2011).

Akerlof, George A., and Paul M. Romer. "Looting: The Economic Underworld of Bankruptcy for Profit." *Brookings Papers on Economic Activity* 2 (1993): 1–73.

Akerlof, George A., and Robert J. Shiller. *Animal Spirits: How Human Psychology Drives the Economy, and Why It Matters for Global Capitalism.* Princeton: Princeton University Press, 2009. 邦訳アカロフ&シラー『アニマルスピリット』(山形浩生訳, 東洋経済新報社, 2009).

Alessi, Christopher, Roya Wolverson, and Mohammed Aly Sergie. "The Credit Rating Controversy." Council on Foreign Relations, Backgrounder. Updated October 22, 2013. 2014年11月8日アクセス. http://www.cfr.org/financial-crises/credit-rating-controversy/p22328.

Alexander, Raquel Meyer, Stephen W. Mazza, and Susan Scholz. "Measuring Rates of Return for Lobbying Expenditures: An Empirical Case Study of Tax Breaks for Multinational Corporations." *Journal of Law and Politics* 25, no. 401 (2009): 401–57.

American National Standards Institute. "About ANSI" and "ANSI: Historical Overview." 2015年3月14日アクセス. http://www.ansi.org/about_ansi/overview/overview.aspx?menuid=1 and http://www.ansi.org/about_ansi/introduction/history.aspx?menuid=1.

American Psychological Association. *Stress in America: Paying with Our Health.* February 4, 2015. 最終アクセス2015年3月29日. http://www.apa.org/news/press/releases/stress/2014/stress-report.pdf.

Anders, George, and Constance Mitchell. "Junk King's Legacy: Milken Sales Pitch on High-Yield Bonds Is Contradicted by Data." *Wall Street Journal*, November 20, 1990.

Annear, Steve. "The 'Pavlov Poke' Shocks People Who Spend Too Much Time on Facebook: It's Meant to Condition Social Media 'Addicts' to Step Away from the Screen and Enjoy the Real World." *Boston Daily*, August 23, 2013. 2014年11月26日アクセス. http://www.bostonmagazine.com/news/blog/2013/08/23/pavlov-poke-shocks-people-who-spend-too-much-time-on-facebook/.

Ansolabehere, Stephen, John M. de Figueiredo, and James M. Snyder. "Why Is There So Little Money in U.S. Politics?" *Journal of Economic Perspectives* 17, no. 1 (Winter 2003): 105–30.

Arrow, Kenneth J., and Gerard Debreu. "Existence of an Equilibrium for a Competitive Economy." *Econometrica* 22, no. 3 (July 1954): 265–90.

Arthur, Anthony. *Radical Innocent: Upton Sinclair*. New York: Random House, 2006. Kindle.

Asquith, Paul, David W. Mullins Jr., and Eric D. Wolff. "Original Issue High Yield Bonds: Aging Analyses of Defaults, Exchanges and Calls." *Journal of Finance* 44, no. 4 (1989): 923–52.

Associated Press. "Timeline of United Airlines' Bankruptcy." *USA Today*, February 1, 2006. 2014年11月9日アクセス. http://usatoday30.usatoday.com/travel/flights/2006-02-01-united-timeline_x.htm.

Auerbach, Oscar et al. "Changes in the Bronchial Epithelium in Relation to Smoking and Cancer of the Lung: A Report of Progress." *New England Journal of Medicine* 256, no. 3 (January 17, 1957): 97–104.

Austen, Jane. *Pride and Prejudice*. New York: Modern Library, 1995. 邦訳オースティン『高慢と偏見』『自負と偏見』邦訳多数.

Ayres, Ian. "Fair Driving: Gender and Race Discrimination in Retail Car Negotiations." *Harvard Law Review* 104, no. 4 (February 1991): 817–72.

Ayres, Ian, and Peter Siegelman. "Race and Gender Discrimination in Bargaining for a New Car." *American Economic Review* 85, no. 3 (June 1995): 304–21.

Babies "R" Us. "Baby Registry: Personal Registry Advisor." 2015年3月20日アクセス. http://www.toysrus.com/shop/index.jsp?categoryId=11949069.

Baer, Justin, Chad Bray, and Jean Eaglesham. "'Fab' Trader Liable in Fraud: Jury Finds Ex-Goldman Employee Tourre Misled Investors in Mortgage Security." *Wall Street Journal*, August 2, 2013. 2015年3月15日アクセス. http://www.wsj.com/articles/SB10001424127887323681904578641843284450004.

Ball, Laurence, João Tovar Jalles, and Prakash Loungani. "Do Forecasters Believe in Okun's Law? An Assessment of Unemployment and Output Forecasts." *IMF Working Paper* 14/24 (February 2014).

Bardi, Jason. "Cigarette Pack Health Warning Labels in US Lag behind World: Internal Tobacco Company Documents Reveal Multinational Effort to Block Strong Warnings to Smokers." University of California at San Francisco, November 16, 2012. 2014年12月8日アクセス. http://www.ucsf.edu/news/2012/11/13151/cigarette-pack-health-warning-labels-us-lag-behind-world.

Barenstein, Matias F. "Credit Cards and Consumption: An Urge to Splurge?" In "Essays on Household Consumption." PhD diss., University of California, Berkeley, 2004.

Bar-Gill, Oren, and Elizabeth Warren. "Making Credit Safer." *University of Pennsylvania Law Review* 157, no. 1 (November 2008): 1–101.

Barr, Donald R., and E. Todd Sherrill. "Mean and Variance of Truncated Normal Distributions." *American Statistician* 53, no. 4 (November 1999): 357–61.

Bauer-Ramazani, Christine. BU113: Critical Thinking and Communication in Business, "Major U.S. Regulatory Agencies." 2015年3月15日アクセス. http://academics.smcvt.edu/cbauer-ramazani/BU113/fed_agencies.htm.

Bekelman, Justin E., Yan Li, and Cary P. Gross. "Scope and Impact of Financial Conflicts of Interest in Biomedical Research: A Systematic Review." *Journal of the American Medical Association* 289, no. 4 (January 22, 2003): 454–65.

Beral, Valerie, Emily Banks, Gillian Reeves, and Diana Bull, on behalf of the Million Women

Study Collaborators. "Breast Cancer and Hormone-Replacement Therapy in the Million Women Study." *Lancet* 362, no. 9382 (August 9, 2003): 419–27.

Bernhardt, Joshua. *The Interstate Commerce Commission: Its History, Activities and Organization*. Baltimore: Johns Hopkins University Press, 1923.

Bernheim, B. Douglas, and Antonio Rangel. "Addiction and Cue-Triggered Decision Processes." *American Economic Review* 94, no. 5 (December 2004): 1558–90.

Bernstein, Marver H. *Regulating Business by Independent Commission*. Princeton: Princeton University Press, 1955.

Berry, Tim. "On Average, How Much Do Stores Mark Up Products?" December 2, 2008. 2014年10月23日アクセス. http://www.entrepreneur.com/answer/221767.

Bertrand, Marianne, Matilde Bombardini, and Francesco Trebbi. "Is It Whom You Know or What You Know? An Empirical Assessment of the Lobbying Process." *American Economic Review* 104, no. 12 (December 2014): 3885–3920.

Bezemer, Dirk J. "'No One Saw This Coming': Understanding Financial Crisis through Accounting Models." *Munich Personal RePEc Archive Paper* 15892 (June 2009). http://mpra.ub.uni-muenchen.de/15892/1/MPRA_paper_15892.pdf.

Black, Duncan. "On the Rationale of Group Decision-making." *Journal of Political Economy* 56, no. 1 (February 1948): 23–34.

Blanes i Vidal, Jordi, Mirko Draca, and Christian Fons-Rosen. "Revolving Door Lobbyists." *American Economic Review* 102, no. 7 (December 2012): 3731–48.

Blinder, Alan S. *After the Music Stopped: The Financial Crisis, the Response, and the Work Ahead*. New York: Penguin Press, 2013.

Block, Jerald. "Issues for DSM-V: Internet Addiction." *American Journal of Psychiatry* 165, no. 3 (2008): 306–7.

Bloomberg News. "Cuomo Announces Reform Agreements with 3 Credit Rating Agencies." June 2, 2008. http://www.bloomberg.com/apps/news?pid=newsarchive&sid=a1N1TUVbL2bQ.

———. "United Airlines Financial Plan Gains Approval from Creditors." *New York Times*, December 31, 2005.

Board of Governors of the Federal Reserve. Current Release, Consumer Credit, table G-19, for August 2014, released on October 7, 2014. 2014年11月5日アクセス. http://www.federalreserve.gov/releases/g19/current/.

Boccara, Bruno. *Socio-Analytic Dialogue: Incorporating Psychosocial Dynamics into Public Policies*. Lanham, MD: Lexington Books, 2014.

Bokhari, Sheharyar, Walter Torous, and William Wheaton. "Why Did Household Mortgage Leverage Rise from the Mid-1980s until the Great Recession?" Massachusetts Institute of Technology, Center for Real Estate, January 2013. 最終アクセス2015年5月12日. http://citeseerx.ist.psu.edu/viewdoc/download?doi=10.1.1.269.5704&rep=rep1&type=pdf.

Bombardier, Claire et al. "Comparison of Upper Gastrointestinal Toxicity of Rofecoxib and Naproxen in Patients with Rheumatoid Arthritis." *New England Journal of Medicine* 343, no. 21 (November 23, 2000): 1520–28.

Bosworth, Steven, Tania Singer, and Dennis J. Snower. "Cooperation, Motivation and Social Balance." American Economic Association Meetingでの発表論文, Boston, January 3, 2015.

Bounds, Gwendolyn. "Meet the Sticklers: New Demands Test Consumer Reports." *Wall Street Journal*, May 5, 2010. 2015年3月14日アクセス. http://www.wsj.com/articles/SB10001424052

748703866704575224093017379202#mod=todays_us_personal_journal.

Boyd, Roddy. *Fatal Risk: A Cautionary Tale of AIG's Corporate Suicide*. Hoboken, NJ: Wiley, 2011.

Brandt, Allan M. *The Cigarette Century: The Rise, Fall, and Deadly Persistence of the Product That Defined America*. New York: Basic Books, 2007.

"BRIDES Reveals Trends of Engaged American Couples with American Wedding Study." July 10, 2014. 2014年12月1日アクセス. http://www.marketwired.com/press-release/brides-reveals-trends-of-engaged-american-couples-with-american-wedding-study-1928460.htm.

Brown, Steve. "Office Market Outlook: Dallas." *National Real Estate Investor News*, June 1982, p. 46.

———. "City Review: Dallas." *National Real Estate Investor News*, October 1983, p. 127.

———. "City Review: Dallas." *National Real Estate Investor News*, October 1984, pp. 183, 192.

———. "City Review: Dallas." *National Real Estate Investor News*, June 1985, pp. 98–100.

Bruck, Connie. *The Predators' Ball: The Inside Story of Drexel Burnham and the Rise of the Junk Bond Raiders*. New York: Penguin Books, 1989.

Bruner, Jerome. *Acts of Meaning: Four Lectures on Mind and Culture*. Cambridge, MA: Harvard University Press, 1990.

Bureau of Economic Analysis. "Mortgage Interest Paid, Owner- and Tenant-Occupied Residential Housing." 2014年10月29日アクセス. https://www.google.com/#q=BEA+mortgage+interest+payments+2010.

———. "National Income and Product Accounts." Table 2.3.5, "Personal Consumption Expenditures by Major Type of Product." 2014年11月15日アクセス. http://www.bea.gov/iTable/iTable.cfm?ReqID=9&step=1#reqid=9&step=3&isuri=1&904=2010&903=65&906=a&905=2011&910=x&911=0.

Burrough, Bryan. "RJR Nabisco: An Epilogue." *New York Times*, March 12, 1999. http://www.nytimes.com/1999/03/12/opinion/rjr-nabisco-an-epilogue.html.

Burrough, Bryan, and John Helyar. *Barbarians at the Gate: The Fall of RJR Nabisco*. New York: Random House, 2010. Kindle. 邦訳バロー&ヘルヤー『野蛮な来訪者：RJRナビスコの陥落』(鈴田敦之訳, 日本放送出版協会, 1990).

Butler, Jeffrey Vincent. "Status and Confidence." In "Essays on Identity and Economics." PhD diss., University of California, Berkeley, 2008.

Calomiris, Charles W. "The Subprime Crisis: What's Old, What's New, and What's Next." Federal Reserve Bank of St. Louis Economic Symposium, "Maintaining Stability in a Changing Financial System" 用の論文, Jackson Hole, WY, August 2008.

Campbell, John Y., and Robert J. Shiller. "Cointegration and Tests of Present Value Models." *Journal of Political Economy* 95, no. 5 (October 1987): 1062–88.

Carbone, Danielle. "The Impact of the Dodd-Frank Act's Credit-Rating Agency Reform on Public Companies." *Corporate and Securities Law Advisor* 24, no. 9 (September 2010): 1–7. http://www.shearman.com/~/media/Files/NewsInsights/Publications/2010/09/The-Impact-of-the-DoddFrank-Acts-Credit-Rating-A__/Files/View-full-article-The-Impact-of-the-DoddFrank-Ac__/FileAttachment/CM022211InsightsCarbone.pdf.

Cardozo, Benjamin N. "The Altruist in Politics." 就任演説, Columbia University, 1889. https://www.gutenberg.org/files/1341/1341-h/1341-h.htm.

Carpenter, Daniel, and David A. Moss eds. *Preventing Regulatory Capture: Special Interest*

Influence and How to Limit It. New York: Cambridge University Press/The Tobin Project, 2014.

Center for Responsive Politics. "Lobbying: Top Industries." 最終アクセス2015年4月30日. https://www.opensecrets.org/lobby/top.php?showYear=1998&indexType=i.

———. "Lobbying Database." 2014年12月1日アクセス. https://www.opensecrets.org/lobby/.

———. "Sen. Chuck Grassley." 2014年11月16日アクセス. http://www.opensecrets.org/politicians/summary.php?cycle=2004&type=I&cid=n00001758&newMem=N.

Center for Science in the Public Interest. "Alcohol Policies Project Fact Sheet: Federal Alcohol Tax Basics." 2014年12月13日アクセス. http://www.cspinet.org/booze/taxguide/Excisetaxbasics.pdf.

Centers for Disease Control and Prevention. "Cigarette Smoking in the United States: Current Cigarette Smoking among U.S. Adults 18 Years and Older." 2015年3月28日アクセス. http://www.cdc.gov/tobacco/campaign/tips/resources/data/cigarette-smoking-in-united-states.html.

———. *Health, United States, 2013: With Special Feature on Prescription Drugs.* 2014年12月1日アクセス. http://www.cdc.gov/nchs/data/hus/hus13.pdf.

———. "Smoking and Tobacco Use: Fast Facts." 2014年12月9日アクセス. http://www.cdc.gov/tobacco/data_statistics/fact_sheets/fast_facts/.

Centers for Disease Control and Prevention. "Smoking and Tobacco Use: Tobacco-Related Mortality." 2015年3月28日アクセス. http://www.cdc.gov/tobacco/data_statistics/fact_sheets/health_effects/tobacco_related_mortality/.

———. "Trends in Current Cigarette Smoking among High School Students and Adults, United States, 1965–2011." November 14, 2013. 2014年12月9日アクセス. http://www.cdc.gov/tobacco/data_statistics/tables/trends/cig_smoking/.

Chase, Stuart, and Frederick J. Schlink. *Your Money's Worth: A Study of the Waste of the Consumer's Dollar.* New York: Macmillan, 1927.

Chen, M. Keith, Venkat Lakshminarayanan, and Laurie R. Santos. "How Basic Are Behavioral Biases? Evidence from Capuchin Monkey Trading Behavior." *Journal of Political Economy* 114, no. 3 (June 2006): 517–37.

Chu, Jenny, Jonathan Faasse, and P. Raghavendra Rau. "Do Compensation Consultants Enable Higher CEO Pay? New Evidence from Recent Disclosure Rule Changes." September 23, 2014. 2015年5月27日アクセス. http://papers.ssrn.com/sol3/Papers.cfm?abstract_id=2500054.

Cialdini, Robert B. *Influence: The Psychology of Persuasion.* New York: Harper-Collins, 2007. 邦訳チャルディーニ『影響力の武器：なぜ，人は動かされるのか』（第3版，社会行動研究会訳，誠信書房，2014．第2版の訳は2007年刊）．

"Cinnabon." Wikipedia. 2014年10月22日アクセス. http://en.wikipedia.org/wiki/Cinnabon.

Cinnabon, Inc. "The Cinnabon Story." 2014年10月31日アクセス. http://www.cinnabon.com/about-us.aspx.

Clarke, Sally H. "Unmanageable Risks: MacPherson v. Buick and the Emergence of a Mass Consumer Market." *Law and History Review* 23, no. 1 (2005): 1–52.

Clifford, Catherine, and Chris Isidore. "The Fall of IndyMac." Cable News Network, July 13, 2008. 2014年12月1日アクセス. http://money.cnn.com/2008/07/12/news/companies/indymac_fdic/.

Coen Structured Advertising Expenditure Dataset. www.galbithink.org/cs-ad-dataset.xls.
Cohan, William D. *Money and Power: How Goldman Sachs Came to Rule the World.* New York: Doubleday, 2011.
Cole, Robert J. "Pantry Pride Revlon Bid Raised by $1.75 a Share." *New York Times*, October 19, 1985. 2015年3月17日アクセス. http://www.nytimes.com/1985/10/19/business/pantry-pride-revlon-bid-raised-by-1.75-a-share.html.
Collier, Paul. "The Cultural Foundations of Economic Failure: A Conceptual Toolkit." Mimeo. Oxford University, February 2015.
Congressional Budget Office. "Long Term Analysis of a Budget Proposal by Chairman Ryan." April 5, 2011. 2014年12月1日アクセス. http://www.cbo.gov/publication/22085.
Connaughton, Jeff. *The Payoff: Why Wall Street Always Wins.* Westport, CT: Prospecta Press, 2012. Kindle.
Consumer Federation of America. "Membership." 2015年3月14日アクセス. http://www.consumerfed.org/about-cfa/membership.
Cook, Philip J. *Paying the Tab: The Costs and Benefits of Alcohol Control.* Princeton: Princeton University Press, 2007.
Cornell University Law School, Legal Information Institute. "Citizens United v. Federal Election Commission (08–205)." 2015年1月16日アクセス. http://www.law.cornell.edu/supct/cert/08-205.
Council of Economic Advisors. *Economic Report of the President 2007.* 2014年12月1日アクセス. http://www.gpo.gov/fdsys/pkg/ERP-2007/pdf/ERP-2007.pdf.
———— . *Economic Report of the President* 2013. 2014年12月1日アクセス. http://www.whitehouse.gov/sites/default/files/docs/erp2013/full_2013_economic_report_of_the_president.pdf.
Cowan, Alison Leigh. "F.D.I.C. Backs Deal by Milken." *New York Times*, March 10, 1992.
Crossley, Michele L. "Introducing Narrative Psychology." In *Narrative, Memory and Life Transitions*, edited by Christine Horrocks, Kate Milnes, Brian Roberts, and Dave Robinson, pp. 1–13. Huddersfield: University of Huddersfield Press, 2002.
Cruikshank, Jeffrey K., and Arthur W. Schultz. *The Man Who Sold America.* Boston: Harvard Business Review Press, 2010.
"A Crying Evil." *Los Angeles Times*, February 24, 1899.
Crystal, Graef S. *In Search of Excess: The Overcompensation of American Executives.* New York: W. W. Norton, 1991.
Curfman, Gregory D., Stephen Morrissey, and Jeffrey M. Drazen. "Expression of Concern: Bombardier et al., 'Comparison of Upper Gastrointestinal Toxicity of Rofecoxib and Naproxen in Patients with Rheumatoid Arthritis,' N Engl J Med 2000;343:1520–8." *New England Journal of Medicine* 353, no. 26 (December 29, 2005): 2813–14.
———— . "Expression of Concern Reaffirmed." *New England Journal of Medicine* 354, no. 11 (March 16, 2006): 1190–93.
DealBook. "Goldman Settles with S.E.C. for $550 Million." *New York Times*, July 15, 2010.
De Figueiredo, John M., and Brian S. Silverman. "Academic Earmarks and the Returns to Lobbying." *Journal of Law and Economics* 49, no. 2 (2006): 597–625.
DeForge, Jeanette. "Ballot Question to Revoke Sales Tax on Alcohol Approved by Massachusetts Voters." *Republican*, November 3, 2010. 2014年12月13日アクセス. http://www.mass

live.com/news/index.ssf/ 2010/11/ballot_question_to_revoke_sale.html.

DellaVigna, Stefano, and Ulrike Malmendier. "Contract Design and Self-Control: Theory and Evidence." *Quarterly Journal of Economics* 119, no. 2 (May 2004): 353–402.

———. "Paying Not to Go to the Gym." *American Economic Review* 96, no. 3 (June 2006): 694–719.

De Long, J. Bradford, Andrei Shleifer, Lawrence H. Summers, and Robert J. Waldmann. "Noise Trader Risk in Financial Markets." *Journal of Political Economy* 98, no. 4 (August 1990): 703–38.

———. "The Size and Incidence of the Losses from Noise Trading." *Journal of Finance* 44, no. 3 (1989): 681–96.

Desmond, Matthew. "Eviction and the Reproduction of Urban Poverty." *American Journal of Sociology* 118, no. 1 (July 2012): 88–133.

Doll, Richard, and A. Bradford Hill. "Smoking and Carcinoma of the Lung: Preliminary Report." *British Medical Journal* 2, no. 4682 (September 30, 1950): 739–48.

Downs, Anthony. "An Economic Theory of Political Action in a Democracy." *Journal of Political Economy* 65, no. 2 (April 1957): 135–50.

"Drunk Driving Statistics." 2014年12月13日アクセス. http://www.alcoholalert.com/drunk-driving-statistics.html.

Dubner, Stephen J., and Steven D. Levitt. "Keith Chen's Monkey Research." *New York Times*, June 5, 2005.

Duca, John V., John Muellbauer, and Anthony Murphy. "House Prices and Credit Constraints: Making Sense of the US Experience." *Economic Journal* 121 (May 2011): 533–51.

Eichenwald, Kurt. *A Conspiracy of Fools: A True Story*. New York: Random House, 2005.

———. "Wages Even Wall St. Can't Stomach." *New York Times*, April 3, 1989.

Ellis, Charles. *The Partnership: The Making of Goldman Sachs*. New York: Penguin Press, 2008. 邦訳エリス『ゴールドマン・サックス：王国の光と影』(斉藤聖美訳，日本経済新聞出版社，2010)

Emergency Economic Stabilization Act of 2008, H.R. 1424. 110th US Congress. 2014年12月1日アクセス. https://www.govtrack.us/congress/bills/110/hr1424/text.

Farrell, Greg. *Crash of the Titans: Greed, Hubris, the Fall of Merrill Lynch, and the Near-Collapse of Bank of America*. New York: Crown Business, 2010.

Farrell, Jason. "Return on Lobbying Overstated by Report." August 23, 2011. 2014年11月18日アクセス. http://www.campaignfreedom.org/2011/08/23/return-on-lobbying-overstated-by-report/.

Feinberg, Richard A. "Credit Cards as Spending Facilitating Stimuli: A Conditioning Interpretation." *Journal of Consumer Research* 13, no. 3 (December 1986): 348–56.

Felsenfeld, Carl, and David L. Glass. *Banking Regulation in the United States*. 3rd ed. New York: Juris, 2011.

The Financial Crisis Inquiry Report: Final Report of the National Commission on the Causes of the Financial and Economic Crisis in the United States. Washington, DC: Government Printing Office, 2011. http://www.gpo.gov/fdsys/pkg/GPO-FCIC/pdf/GPO-FCIC.pdf.

FINRA Investor Education Foundation. *Financial Capability in the United States: Report of Findings from the 2012 National Financial Capability Study*. May 2013. 最終アクセス2015年5月14日. http://www.usfinancialcapability.org/downloads/NFCS_2012_Report_Natl_Findings.pdf.

FitzGerald, Garret A. "How Super Are the 'Super Aspirins'? New COX-2 Inhibitors May Elevate Cardiovascular Risk." University of Pennsylvania Health System Press Release, January 14, 1999.

Fowler, Mayhill. "Obama: No Surprise That Hard-Pressed Pennsylvanians Turn Bitter." *Huffington Post*, November 17, 2008. 最終アクセス2015年4月30日. http://www.huffingtonpost.com/mayhill-fowler/obama-no-surprise-that-ha_b_96188.html.

Fox, Stephen R. *The Mirror Makers: A History of American Advertising and Its Creators*. Urbana: University of Illinois Press, 1984.

Frank, Robert H., and Ben Bernanke. *Principles of Macroeconomics*. New York: McGraw Hill, 2003.

Freifeld, Karen. "Fraud Claims Versus Goldman over Abacus CDO Are Dismissed." Reuters, May 14, 2013. 2015年3月15日アクセス. http://www.reuters.com/article/2013/05/14/us-goldman-abacus-idUSBRE94D10120130514.

Freudenheim, Milt. "Market Place: A Windfall from Shifts to Medicare." *New York Times*, July 18, 2006. 2014年11月4日アクセス. http://www.nytimes.com/2006/07/18/business/18place.html?_r=1&pagewanted=print.

Friedman, Milton, and Rose D. Friedman. *Free to Choose: A Personal Statement*. New York: Harcourt Brace Jovanovich, 1980. 邦訳ミルトン&ローズ・フリードマン『選択の自由：自立社会への挑戦』(西山千明訳, 日本経済新聞社, 1980).

Fugh-Berman, Adriane. "Prescription Tracking and Public Health." *Journal of General Internal Medicine* 23, no. 8 (August 2008): 1277–80. Published online May 13, 2008. 2015年5月24日アクセス. http://www.ncbi.nlm.nih.gov/pmc/articles/PMC2517975/.

"The Future of Money Market Funds." September 24, 2012. http://www.winthropcm.com/TheFutureofMoneyMarketFunds.pdf.

Gabaix, Xavier, and David Laibson. "Shrouded Attributes, Consumer Myopia, and Information Suppression in Competitive Markets." *Quarterly Journal of Economics* 121, no. 2 (May 2006): 505–40.

Galbraith, John Kenneth. *The Affluent Society*. Boston: Houghton Mifflin, 1958. 邦訳ガルブレイス『ゆたかな社会』(決定版, 鈴木哲太郎訳, 岩波現代文庫, 2006).

———. *The Great Crash*. 50th anniversary ed. New York: Houghton Mifflin, 1988. Kindle. 邦訳ガルブレイス『大暴落1929』(村井章子訳, 日経BP社, 2008).

Gerardi, Kristopher, Andreas Lehnert, Shane M. Sherlund, and Paul Willen. "Making Sense of the Subprime Crisis." *Brookings Papers on Economic Activity* (Fall 2008): 69–139.

Gerson, Elliot. "To Make America Great Again, We Need to Leave the Country." *Atlantic Monthly*, July 10, 2012. 2015年5月22日アクセス. http://www.theatlantic.com/national/archive/2012/07/to-make-america-great-again-we-need-to-leave-the-country/259653/.

Gilbert, R. Alton. "Requiem for Regulation Q: What It Did and Why It Passed Away." *Federal Reserve Bank of St. Louis Review* (February 1986): 22–37.

Glickman, Lawrence B. *Buying Power: A History of Consumer Activism in America*. Chicago: University of Chicago Press, 2009.

Goldacre, Ben. *Bad Pharma: How Drug Companies Mislead Doctors and Harm Patients*. New York: Faber and Faber/Farrar, Straus and Giroux, 2012.

Goldberger, Paul. "The Shadow Building: The House That Goldman Built." *New Yorker*, May 17, 2010. 2014年10月22日アクセス. http://www.newyorker.com/magazine/2010/05/17/shadow-

building.
Goldman Sachs. *Annual Report* 2005. 2014年12月6日アクセス. http://www.goldmansachs.com/investor-relations/financials/archived/annual-reports/2005-annual-report.html.
———. "Who We Are," "What We Do," and "Our Thinking." すべて2014年12月1日アクセス. http://www.goldmansachs.com/index.html.
Graham, David J. Testimony for the Senate Finance Committee, November 18, 2004. http://www.finance.senate.gov/imo/media/doc/111804dgtest.pdf.
Graham, David J., D. Campen, R. Hui, M. Spence, and C. Cheetham. "Risk of Acute Myocardial Infarction and Sudden Cardiac Death in Patients Treated with Cyclo-oxygenase 2 Selective and Non-selective Non-steroidal Anti-inflammatory Drugs: Nested Case-Control Study." *Lancet* 365, no. 9458 (February 5–11, 2005): 475–81.
Grant, Bob. "Elsevier Published 6 Fake Journals." *The Scientist*, May 7, 2009. 2014年11月24日アクセス. http://classic.the-scientist.com/blog/display/55679/.
Grant, Bridget F. et al. "The 12-Month Prevalence and Trends in DSM-IV Alcohol Abuse and Dependence: United States, 1991–1992 and 2001–2002." *Drug and Alcohol Dependence* 74, no. 3 (2004): 223–34.
Griffin, Keith. "Used Car Sales Figures from 2000 to 2014." 2014年12月1日アクセス. http://usedcars.about.com/od/research/a/Used-Car-Sales-Figures-From-2000-To-2014.htm.
Grossman, Gene M., and Elhanan Helpman. *Special Interest Politics*. Cambridge, MA: MIT Press, 2001.
Grossman, Sanford J., and Oliver D. Hart. "Takeover Bids, the Free-Rider Problem, and the Theory of the Corporation." *Bell Journal of Economics* 11, no. 1 (1980): 42–64.
The Guardians, or Society for the Protection of Trade against Swindlers and Sharpers. London, 1776. https://library.villanova.edu/Find/Record/1027765.
Hahn, Robert W., Robert E. Litan, and Jesse Gurman. "Bringing More Competition to Real Estate Brokerage." *Real Estate Law Journal* 34 (Summer 2006): 86–118.
Hall, Robert E. "The Inkjet Aftermarket: An Economic Analysis." Nu-kote Internationalを代表して作成. Stanford University, August 8, 1997.
Han, Song, Benjamin Keys, and Geng Li. "Credit Supply to Bankruptcy Filers: Evidence from Credit Card Mailings." U.S. Federal Reserve Board, Finance and Economics Discussion Paper Series Paper No. 2011–29, 2011.
Hanson, Jon D., and Douglas A. Kysar. "Taking Behavioralism Seriously: Some Evidence of Market Manipulation." *Harvard Law Review* 112, no. 7 (May 1999): 1420–1572.
———. "Taking Behavioralism Seriously: The Problem of Market Manipulation." *New York University Law Review* 74, no. 3 (June 1999): 630–749.
Harper, Christine. "Goldman's Tourre E-Mail Describes 'Frankenstein' Derivatives." Bloomberg Business, April 25, 2010. 2015年3月15日アクセス. http://www.bloomberg.com/news/articles/2010-04-24/-frankenstein-derivatives-described-in-e-mail-by-goldman-s-fabrice-tourre.
Harper Sean. http://truecostofcredit.com/400926. ウェブサイトはすでに閉鎖.
"Harry Reid." Wikipedia. 2014年12月1日アクセス. http://en.wikipedia.org/wiki/Harry_Reid.
Healey, James R. "Government Sells Last of Its GM Shares." *USA Today*, December 10, 2013.
Healy, David. *Pharmageddon*. Berkeley University of California Press, 2012.
Hennessey, Ray. "The 15 Ronald Reagan Quotes Every Business Leader Must Know." 2015年1月16日アクセス. http://www.entrepreneur.com/article/234547.

Hickman, W. Braddock. *Corporate Bond Quality and Investor Experience*. Princeton: National Bureau of Economic Research and Princeton University Press, 1958.

Hindo, Brian, and Moira Herbst. "Personal Best Timeline, 1986: 'Greed Is Good.'" *BusinessWeek*. http://www.bloomberg.com/ss/06/08/personalbest_timeline/source/7.htm.

Hirschman, Elizabeth C. "Differences in Consumer Purchase Behavior by Credit Card Payment System." *Journal of Consumer Research* 6, no. 1 (June 1979): 58–66.

"History in Review: What Really Happened to the Shah of Iran." 2014年12月1日アクセス. http://www.iransara.info/Iran%20what%20happened%20to%20Shah.htm.

Hochschild, Arlie Russell. *The Second Shift: Working Parents and the Revolution at Home*. New York: Viking, 1989.

Hoeflich, M. H. "Laidlaw v. Organ, Gulian C. Verplanck, and the Shaping of Early Nineteenth Century Contract Law: A Tale of a Case and a Commentary." *University of Illinois Law Review* (Winter 1991): 55–66.

Hofstadter, Richard. *The Age of Reform: From Bryan to FDR*. New York: Random House, 1955.

Hopkins, Claude. *My Life in Advertising and Scientific Advertising: Two Works by Claude C. Hopkins*. New York: McGraw Hill, 1997.

Horowitz, Joseph. *Dvořák in America: In Search of the New World*. Chicago: Cricket Books, 2003.

Huffman, David, and Matias Barenstein. "A Monthly Struggle for Self-Control? Hyperbolic Discounting, Mental Accounting, and the Fall in Consumption between Paydays." *Institute for the Study of Labor (IZA) Discussion Paper* 1430 (December 2005).

Interactive Advertising Bureau. *Internet Advertising Revenue Report: 2013 Full-Year Results*. Conducted by PricewaterhouseCoopers (PwC). 2015年3月7日アクセス. http://www.iab.net/media/file/IAB_Internet_Advertising_Revenue_Report_FY_2013.pdf.

International Health, Racquet, and Sportsclub Association. "Industry Research." 2014年10月22日アクセス. http://www.ihrsa.org/industry-research/.

International Monetary Fund. *World Economic Outlook*, April 2012. 2014年12月1日アクセス. http://www.imf.org/external/pubs/ft/weo/2012/01/.

Investment Company Institute. "2014 Investment Company Fact Book: Data Tables." 2015年1月1日アクセス. http://www.icifactbook.org/fb_data.html.

Investopedia. "Definition of Capital." 2015年5月25日アクセス. http://www.investopedia.com/terms/c/capital.asp.

Iowa Legislature. "Legislators." 2014年12月1日アクセス. https://www.legis.iowa.gov/legislators/legislator/legislatorAllYears?personID=116.

Issenberg, Sasha. *The Victory Lab: The Secret Science of Winning Campaigns*. 1st paperback ed. New York: Crown/Random House, 2012.

Jensen, Michael C. "Takeovers: Their Causes and Consequences." *Journal of Economic Perspectives* 2, no. 1 (Winter 1988): 21–48.

Johnson, Simon, Rafael La Porta, Florencio López de Silanes, and Andrei Shleifer. "Tunneling." *American Economic Review* 90, no. 2 (May 2000): 22–27.

Joint Committee on Taxation. "Estimated Budget Effects of the Conference Agreement for H.R. 1836." May 26, 2001. 2014年12月1日アクセス. https://www.jct.gov/publications.html?func=startdown&id=2001.

———. "Estimated Budget Effects of the Conference Agreement for H.R. 2, the 'Jobs and Growth Tax Relief Reconciliation Act of 2003.'" May 22, 2003. 2014年12月1日アクセス. https://

www.jct.gov/publications.html?func=startdown&id=1746.

Kaiser, Robert G. *So Damn Much Money: The Triumph of Lobbying and the Corrosion of American Government.* New York: Vintage Books/Random House, 2010.

Kansas Statutes Annotated (2009), chap. 34, "Grain and Forage," article 2, "Inspecting, Sampling, Storing, Weighing and Grading Grain; Terminal and Local Warehouses, 34-228: Warehouseman's License; Application; Financial Statement; Waiver; Qualifications; License Fee; Examination of Warehouse." 2015年5月1日アクセス. http://law.justia.com/codes/kansas/2011/Chapter34/Article2/34-228.html.

Kaplan, Greg, Giovanni Violante, and Justin Weidner. "The Wealthy Hand-to-Mouth." *Brookings Papers on Economic Activity* (Spring 2014): 77–138.

Kelley, Florence. *Notes of Sixty Years: The Autobiography of Florence Kelley.* Edited by Kathryn Kish Sklar. Chicago: Illinois Labor History Society, 1986.

Kelly, Kate. *Street Fighters: The Last 72 Hours of Bear Stearns, the Toughest Firm on Wall Street.* New York: Penguin, 2009.

Kessler, Glen. "Revisiting the Cost of the Bush Tax Cuts." *Washington Post*, May 10, 2011. http://www.washingtonpost.com/blogs/fact-checker/post/revisiting-the-cost-of-the-bush-tax-cuts/2011/05/09/AFxTFtbG_blog.html.

Keynes, John Maynard. "Economic Possibilities for Our Grandchildren." In *Essays in Persuasion*, pp. 358–73. London: Macmillan, 1931. 邦訳ケインズ「孫たちの経済的可能性」(山形浩生訳, http://genpaku.org/keynes/misc/keynesfuture.pdf) 他多数.

————. *The General Theory of Employment, Interest and Money.* New York: Harcourt Brace Jovanovich, 1964. 邦訳ケインズ『雇用, 利子, お金の一般理論』(山形浩生訳, 講談社学術文庫, 2012) 他.

Knowledge@Wharton. "Goldman Sachs and Abacus 2007-AC1: A Look beyond the Numbers." April 28, 2010. 2015年3月15日アクセス. http://knowledge.wharton.upenn.edu/article/goldman-sachs-and-abacus-2007-ac1-a-look-beyond-the-numbers/.

Kornbluth, Jesse. *Highly Confident: The Crime and Punishment of Michael Milken.* New York: William Morrow, 1992.

Kotler, Philip, and Gary Armstrong. *Principles of Marketing.* 14th ed. Upper Saddle River, NJ: Prentice Hall, 2010. 邦訳コトラー&アームストロング『コトラー, アームストロング, 恩藏のマーケティング原理』(恩藏直人訳, 丸善出版, 2014).

Kotz, David. "Investigation of Failure of the SEC to Uncover Bernard Madoff's Ponzi Scheme." Report of Investigation Case No. OIG-509. US Securities and Exchange Commission, Office of Inspector General. 2011. 2015年5月29日アクセス. https://www.sec.gov/news/studies/2009/oig-509.pdf.

Krasnova, Hanna, Helena Wenninger, Thomas Widjaja, and Peter Buxmann. "Envy on Facebook: A Hidden Threat to Users' Life Satisfaction?" Wirtschaftsinformatik Proceedings 2013. Paper 92. http://aisel.aisnet.org/wi2013/92.

Krugman, Paul. "What's in the Ryan Plan?" *New York Times*, August 16, 2012.

Krugman, Paul, and Robin Wells. *Microeconomics.* 2nd ed. New York: Worth Publishers, 2009. 邦訳クルーグマン&ウェルス『クルーグマン ミクロ経済学』(大山道広他訳, 東洋経済新報社, 2007, ただし初版訳).

Lakshminarayanan, Venkat, M. Keith Chen, and Laurie R. Santos. "Endowment Effect in Capuchin Monkeys." *Philosophical Transactions of the Royal Society B: Biological Sciences* 363,

no. 1511 (December 2008): 3837–44.

Lattman, Peter. "To Perelman's Failed Revlon Deal, Add Rebuke from S.E.C." *New York Times Dealbook*, June 13, 2013. 2014年12月1日アクセス. http://dealbook.nytimes.com/2013/06/13/s-e-c-charges-and-fines-revlon-for-misleading-shareholders/?_php=true&_type=blogs&_r=0.

LawInfo. "Legal Resource Library: What Is the U.C.C.?" 2015年3月15日アクセス. http://resources.lawinfo.com/business-law/uniform-commercial-code/does-article-2-treat-merchants-the-same-as-no.html.

Legal Institute. "Citizens United v. Federal Election Comm'n (No. 08-205)." 2015年6月10日アクセス. https://www.law.cornell.edu/supct/html/08-205.ZX.html.

Lemann, Nicholas. *The Big Test: The Secret History of the American Meritocracy*. 1st rev. paperback ed. New York: Farrar, Straus and Giroux, 2000.

Lemelson Center. "Edison Invents!" 著者の手持ちファイル．もともと以下に存在：http://invention.smithsonian.org/centerpieces/edison/000_story_02.asp.

Lessig, Lawrence. *Republic Lost: How Money Corrupts Congress—And a Plan to Stop It*. New York: Hachette Book Group, 2011.

Leuchtenburg, William E. *Franklin D. Roosevelt and the New Deal*. New York: Harper and Row, 1963.

Lewis, Michael. *The Big Short: Inside the Doomsday Machine*. New York: W. W. Norton, 2010. 邦訳ルイス『世紀の空売り』(東江一紀訳，文春文庫，2013).

———. *Boomerang: Travels in the New Third World*. New York: W. W. Norton, 2011. 邦訳ルイス『ブーメラン：欧州から恐慌が返ってくる』(東江一紀訳，文春文庫，2014).

Lexchin, Joel, Lisa A. Bero, Benjamin Djulbegovic, and Otavio Clark. "Pharmaceutical Industry Sponsorship and Research Outcome and Quality: Systematic Review." *British Medical Journal* 326, no. 7400 (May 31, 2003): 1167–70.

Lieber, Ron, and Andrew Martin. "Overspending on Debit Cards Is a Boon for Banks." *New York Times*, September 8, 2009. 2015年5月2日アクセス. http://www.nytimes.com/2009/09/09/your-money/credit-and-debit-cards/09debit.html?pagewanted=all&_r=0.

Linkins, Jason. "Wall Street Cash Rules Everything around the House Financial Services Committee, Apparently." *Huffington Post*, July 22, 2013. 2015年5月22日アクセス. http://www.huffingtonpost.com/2013/07/22/wall-street-lobbyists_n_3635759.html.

"Little, Clarence Cook, Sc.D. (CTR Scientific Director, 1954–1971)." 2014年11月28日アクセス. http://tobaccodocuments.org/profiles/little_clarence_cook.html.

Locke, John. *An Essay Concerning Human Understanding*. 30th edition. London: William Tegg, 1849.

Lupia, Arthur. "Busy Voters, Agenda Control, and the Power of Information." *American Political Science Review* 86, no. 2 (June 1992): 390–403.

Lusardi, Annamaria, Daniel Schneider, and Peter Tufano. "Financially Fragile Households: Evidence and Implications." *Brookings Papers on Economic Activity* (Spring 2011): 83–150.

Maddison, Angus. "Historical Statistics of the World Economy: Per Capita GDP." 2014年11月26日アクセス. http://www.google.com/url?sa=t&rct=j&q=&esrc=s&source=web&cd=6&ved=0CEIQFjAF&url=http%3A%2F%2Fwww.ggdc.net%2Fmaddison%2FHistorical_Statistics%2Fhorizontal-file_02-2010.xls&ei=4t11VJfsG4uZNoG9gGA&usg=AFQjCNFFKKZ1UysTOutlY4NsZF9qwdu2Hg&bvm=bv.80642063,d.eXY.

———. "US Real Per Capita GDP from 1870–2001." September 24, 2012. 2014年12月1日アク

セス. http://socialdemocracy21stcentury.blogspot.com/2012/09/us-real-per-capita-gdp-from-18702001.html.
"Making Purchases with Credit Cards—The Best Credit Cards to Use." August 26, 2014. 2014年11月14日アクセス. http://www.creditinfocenter.com/cards/crcd_buy.shtml#Question6.
Malamud, Bernard. "Nevada Gaming Tax: Estimating Resident Burden and Incidence." University of Nevada, Las Vegas, April 2006. 最終アクセス2015年5月5日. https://faculty.unlv.edu/bmalamud/estimating.gaming.burden.incidence.doc.
Mankiw, N. Gregory. *Principles of Economics*. New York: Harcourt, Brace, 1998. 邦訳マンキュー『マンキュー 入門経済学』(第2版, 足立英之他訳, 東洋経済新報社, 2014).
Markopolos, Harry. *No One Would Listen: A True Financial Thriller*. Hoboken, NJ: Wiley, 2010. Kindle.
Mateyka, Peter, and Matthew Marlay. "Residential Duration by Race and Ethnicity: 2009." American Sociological Association年次総会での発表論文, Las Vegas, 2011.
Maynard, Micheline. "United Air Wins Right to Default on Its Employee Pension Plans." *New York Times*, May 11, 2005.
McCubbins, Mathew D., and Arthur Lupia. *The Democratic Dilemma: Can Citizens Learn What They Really Need to Know?* New York: Cambridge University Press, 1998.
McDonald, Lawrence G., with Patrick Robinson. *A Colossal Failure of Common Sense: The Inside Story of the Collapse of Lehman Brothers*. New York: Crown Business, 2009.
McFadden, Robert D. "Charles Keating, 90, Key Figure in '80s Savings and Loan Crisis, Dies." *New York Times*, April 2, 2014. 2015年5月27日 アクセス. http://www.nytimes.com/2014/04/02/business/charles-keating-key-figure-in-the-1980s-savings-and-loan-crisis-dies-at-90.html?_r=0.
McLean, Bethany, and Peter Elkind. "The Guiltiest Guys in the Room." *Fortune*, July 5, 2006. 最終アクセス2015年5月12日. http://money.cnn.com/2006/05/29/news/enron_guiltyest/.
———. *The Smartest Guys in the Room: The Amazing Rise and Fall of Enron*. New York: Portfolio/Penguin Books, 2003.
Mead, Rebecca. *One Perfect Day: The Selling of the American Wedding*. New York: Penguin Books, 2007. Kindle.
Mérimée, Prosper. *Carmen and Other Stories*. Oxford: Oxford University Press, 1989. 邦訳メリメ『カルメン』多数.
Milgram, Stanley. *Obedience to Authority: An Experimental View*. New York: Harper & Row, 1974. 邦訳ミルグラム『服従の心理』(山形浩生訳, 河出文庫, 2012).
Miller, Jessica. "Ads Prove Grassley's Greener on His Side of the Ballot." *Waterloo–Cedar Falls Courier*, October 25, 2004. 2014年11月16日 アクセス. http://wcfcourier.com/news/metro/article_fdd73608-4f6d-54be-aa34-28f3417273e9.html.
Miller, Stephen. "Income Subject to FICA Payroll Tax Increases in 2015." Society for Human Resource Management, October 23, 2014. 2015年1月16日アクセス. http://www.shrm.org/hrdisciplines/compensation/articles/pages/fica-social-security-tax-2015.aspx.
Mitford, Jessica. *The American Way of Death Revisited*. New York: Knopf, 1998. Kindle.
MoJo News Team. "Full Transcript of the Mitt Romney Secret Video." *Mother Jones*, September 19, 2012. 2014年12月1日アクセス. http://www.motherjones.com/politics/2012/09/full-transcript-mitt-romney-secret-video.
Mongelli, Lorena. "The SEC Watchdog Who Missed Madoff." *New York Post*, January 7, 2009.

Moody's. "Moody's History: A Century of Market Leadership." 2014年11月9日アクセス. https://www.moodys.com/Pages/atc001.aspx.

Morello, John A. *Selling the President, 1920: Albert D. Lasker, Advertising and the Election of Warren G. Harding.* Westport, CT: Praeger, 2001. Kindle.

Morgenson, Gretchen, and Joshua A. Rosner. *Reckless Endangerment: How Outsized Ambition, Greed, and Corruption Led to Economic Armageddon.* New York: Times Books/Henry Holt, 2011.

Morris, Sue. "Small Runs for Senate." *Le Mars Daily Sentinel*, March 24, 2004.

Moss, Michael. *Sugar, Salt and Fat.* New York: Random House, 2013. Kindle.

Mothers against Drunk Driving. "History and Mission Statement." 2015年3月28日アクセス. http://www.madd.org.

———. "Voices of Victims." 2014年12月13日アクセス. http://www.madd.org/drunk-driving/voices-of-victims/.

Mouawad, Jad, and Christopher Drew. "Airline Industry at Its Safest since the Dawn of the Jet Age." *New York Times*, February 11, 2013. http://www.nytimes.com/2013/02/12/business/2012-was-the-safest-year-for-airlines-globally-since-1945.html?pagewanted=all&_r=0.

Mozaffarian, Dariush, Tao Hao, Eric B. Rimm, Walter C. Willett, and Frank B. Hu. "Changes in Diet and Lifestyle and Long-Term Weight Gain in Women and Men." *New England Journal of Medicine* 364, no. 25 (June 23, 2011): 2392–404. 2014年10月30日アクセス. http://www.nejm.org/doi/full/10.1056/NEJMoa1014296?query=TOC#t=articleTop.

Mukherjee, Siddhartha. *The Emperor of All Maladies: A Biography of Cancer.* New York: Simon and Schuster, 2011. 邦訳ムカージー『病の皇帝「がん」に挑む：人類4000年の苦闘』(田中文訳, 早川書房, 2013).

Mulligan, Thomas S. "Spiegel Found Not Guilty of Looting S & L." *Los Angeles Times*, December 13, 1994. 2015年5月1日アクセス. http://articles.latimes.com/1994-12-13/news/mn-8437_1_thomas-spiegel.

Nader, Ralph. *Unsafe at Any Speed: The Designed-In Dangers of the American Automobile.* New York: Grossman, 1965.

Nash, Nathaniel C. "Savings Institution Milked by Its Chief, Regulators Say." *New York Times*, November 1, 1989.

National Association of Realtors. "Code of Ethics." 2015年3月15日アクセス. http://www.realtor.org/governance/governing.

National Bureau of Economic Research. "U.S. Business Cycle Expansions and Contractions." 2015年1月13日アクセス. http://www.nber.org/cycles.html.

National Consumers League. "Our Issues: Outrage! End Child Labor in American Tobacco Fields." November 14, 2014. 2015年3月15日アクセス. http://www.nclnet.org/outrage_end_child_labor_in_american_tobacco_fields.

National Institutes of Health, National Institute on Alcohol Abuse and Alcoholism. *Alcohol Use and Alcohol Use Disorders in the United States: Main Findings from the 2001–2002 National Epidemiologic Survey on Alcohol and Related Conditions (NESARC).* January 2006. 2014年11月12日アクセス. http://pubs.niaaa.nih.gov/publications/NESARC_DRM/NESARCDRM.pdf.

———. *Surveillance Report #95: Apparent Per Capita Ethanol Consumption, United States, 1850–2010.* August 2012. http://pubs.niaaa.nih.gov/publications/Surveillance95/CONS10.htm.

Nesi, Tom. *Poison Pills: The Untold Story of the Vioxx Scandal.* New York: Thomas Dunne Books, 2008.

Newhouse, Dave. *Old Bears: The Class of 1956 Reaches Its Fiftieth Reunion, Reflecting on the Happy Days and the Unhappy Days.* Berkeley: North Atlantic Books, 2007.

Newspaper Association of America. "The American Newspaper Media Industry Revenue Profile 2012." April 8, 2013. 2015年3月7日アクセス. http://www.naa.org/trends-and-numbers/newspaper-revenue/newspaper-media-industry-revenue-profile-2012.aspx.

"A Nickel in the Slot." *Washington Post,* March 25, 1894.

"The 9 Steps to Financial Freedom." 2014年11月4日 アクセス. http://www.suzeorman.com/books-kits/books/the-9-steps-to-financial-freedom/.

Nixon, Richard M. "Remarks on Signing of the National Cancer Act of 1971." December 23, 1971. The American Presidency Project. 2015年1月17日アクセス. http://www.presidency.ucsb.edu/ws/?pid=3275.

Nutt, David J., Leslie A. King, and Lawrence D. Phillips, on behalf of the Independent Scientific Committee on Drugs. "Drug Harms in the UK: A Multicriteria Decision Analysis." *Lancet* 376, no. 9752 (November 6–12, 2010): 1558–65.

Ogilvy, David. *Confessions of an Advertising Man.* New York: Atheneum, 1988. 邦訳オグルヴィ『ある広告人の告白』(山内あゆ子訳, 海と月社, 2006).

———. *Ogilvy on Advertising.* New York: Random House/Vintage Books, 1985. 邦訳オグルヴィ『「売る」広告』(山内あゆ子訳, 海と月社, 2010).

Oldie Lyrics. "Patti Page: How Much Is That Doggy in the Window?" 2014年11月5日アクセス. http://www.oldielyrics.com/lyrics/patti_page/how_much_is_that_doggy_in_the_window.html.

Oreskes, Naomi, and Erik M. Conway. *Merchants of Doubt: How a Handful of Scientists Obscured the Truth on Issues from Tobacco Smoke to Global Warming.* New York: Bloomsbury, 2010.

Orman, Suze. *The 9 Steps to Financial Freedom: Practical and Spiritual Steps So You Can Stop Worrying.* 2nd paperback ed. New York: Crown/Random House, 2006.

O'Shea, James E. *The Daisy Chain: How Borrowed Billions Sank a Texas S&L.* New York: Pocket Books, 1991.

Owen, David. "The Pay Problem." *New Yorker,* October 12, 2009. 2015年3月12日 アクセス. http://www.newyorker.com/magazine/2009/10/12/the-pay-problem.

Oyez. "Citizens United v. Federal Election Commission." 2005年3月18日アクセス. http://www.oyez.org/cases/2000 -2009/2008/2008_08_205.

Packard, Vance. *The Hidden Persuaders: What Makes Us Buy, Believe—and Even Vote—the Way We Do.* Brooklyn: Ig Publishing, 2007. Original edition, New York: McKay, 1957. 邦訳パッカード『かくれた説得者』(パッカード著作集1, 林周二訳, ダイヤモンド社, 1958).

Paltrow, Scot J. "Executive Life Seizure: The Costly Comeuppance of Fred Carr." *Los Angeles Times,* April 12, 1991. 2015年5月1日アクセス. http://articles.latimes.com/1991-04-12/business/fi-342_1_executive-life.

Pareto, Vilfredo. *Manual of Political Economy: A Critical and Variorum Edition.* Edited by Aldo Montesano, Alberto Zanni, Luigino Bruni, John S. Chipman, and Michael McClure. Oxford: Oxford University Press, 2014. 邦訳パレート『一般社会学提要』(姫岡勤訳, 名古屋大学出版会, 1996).

"The Path to Prosperity." Wikipedia. 2014年12月15日アクセス. http://en.wikipedia.org/wiki/The

_Path_to_Prosperity.

Patterson, James T. *Restless Giant: The United States from Watergate to Bush v. Gore*. New York: Oxford University Press, 2005.

Patterson, Thom. "United Airlines Ends Coach Preboarding for Children." CNN, May 23, 2012. 2015年4月30日アクセス. http://www.cnn.com/2012/05/23/travel/united-children-pre boarding/.

Paulson, Henry M. *On the Brink: Inside the Race to Stop the Collapse of the Global Financial System*. New York: Business Plus, 2010. 邦訳ポールソン『ポールソン回顧録』(有賀裕子訳, 日本経済新聞出版社, 2010).

Pear, Robert. "Bill to Let Medicare Negotiate Drug Prices Is Blocked." *New York Times*, April 18, 2007. 最終アクセス2015年4月30日. http://www.nytimes.com/2007/04/18/washington/18cnd-medicare.html?_r=0.

"The Personal Reminiscences of Albert Lasker." *American Heritage* 6, no. 1 (December 1954). 2015年5月21日アクセス. http://www.americanheritage.com/content/personal-reminiscences-albert-lasker.

Piketty, Thomas. *Capital in the Twenty-First Century*. Cambridge, MA: Harvard University Press, 2014. 邦訳ピケティ『21世紀の資本』(山形浩生他訳, みすず書房, 2014).

Pizzo, Stephen, Mary Fricker, and Paul Muolo. *Inside Job: The Looting of America's Savings and Loans*. New York: Harper Perennial, 1991.

"Poor Beer vs. Pure Beer." *Current Advertising* 12, no. 2 (August 1902): 31での再現広告. 2015年6月13日 アクセス. https://books.google.com/books?id=Xo9RAAAAYAAJ&pg=RA1-PA31&lpg=RA1-PA31&dq=schlitz+beer+both+cost+you+alike,+yet+one+costs+the+maker+twice+as+much+as+the+other+one+is+good+and+good+for+you&source=bl&ots=5jCKe1yFqB&sig=-X5uwF5VqK6BicU41zneHyNRMmU&hl=en&sa=X&ei=1lp2VbPQEc6VyATjjoOYCA&ved=0CB4Q6AEwAA#v=onepage&q=schlitz%20beer%20both%20cost%20you%20alike%2C%20yet%20one%20costs%20the%20maker%20twice%20as%20much%20as%20the%20other%20one%20is%20good%20and%20good%20for%20you&f=false.

Posner, Richard. "Theories of Economic Regulation." *Bell Journal of Economics and Management Science* 5, no. 2 (1974): 335–58.

"Predictions of the Year 2000 from *The Ladies Home Journal* of December 1900." 2014年12月1日アクセス. http://yorktownhistory.org/wp-content/archives/homepages/1900_predictions.htm.

Prelec, Drazen, and Duncan Simester. "Always Leave Home without It: A Further Investigation." *Marketing Letters* 12, no. 1 (2001): 5–12.

"The Propaganda for Reform." *Journal of the American Medical Association* 61, no. 18 (November 1, 1913): 1648.

"Public Health Cigarette Smoking Act." Wikipedia. 2015年3月28日アクセス. http://en.wikipedia.org/wiki/Public_Health_Cigarette_Smoking_Act.

Rajan, Raghuram. *Fault Lines: How Hidden Fractures Still Threaten the World Economy*. Princeton: Princeton University Press, 2010. 邦訳ラジャン『フォールト・ラインズ:「大断層」が金融危機を再び招く』(伏見威蕃他訳, 新潮社, 2011).

Rakoff, Jed S. "The Financial Crisis: Why Have No High-Level Executives Been Prosecuted?" *New York Review of Books*, January 9, 2014.

Ramey, Garey, and Valerie A. Ramey. "The Rug Rat Race." *Brookings Papers on Economic Activity* (Spring 2010): 129–99.

Raymond, Nate, and Jonathan Stempel. "Big Fine Imposed on Ex-Goldman Trader Tourre in

SEC Case." Reuters, March 12, 2014. 2015年3月15日アクセス. http://www.reuters.com/article/2014/03/12/us-goldmansachs-sec-tourre-idUSBREA2B11220140312.

Reinhardt, Carmen M., and Kenneth Rogoff. *This Time Is Different: Eight Centuries of Financial Folly*. Princeton: Princeton University Press, 2009. 邦訳ラインハート&ロゴフ『国家は破綻する：金融危機の800年』(村井章子訳, 日経BP社, 2011).

Reyes, Sonia. "Ocean Spray Rides Diet Wave." *Adweek*, February 6, 2006. 2014年11月18日アクセス. http://www.adweek.com/news/advertising/ocean-spray-rides-diet-wave-83901.

Richert, Lindley B. "One Man's Junk Is Another's Bonanza in the Bond Market." *Wall Street Journal*, March 27, 1975.

Ring, Dan. "Massachusetts Senate Approves State Sales Tax Increase to 6.25 Percent as Part of $1 Billion Tax Hike." *Republican*, May 20, 2009. 2014年12月13日アクセス. http://www.masslive.com/news/index.ssf/2009/05/massachusetts_senate_approves.html.

"Ripoff." Wikipedia. 2014年11月13日アクセス. http://en.wikipedia.org/wiki/Ripoff.

Roberts, Steven V. "House Votes Funds Permitting Study on MX to Continue." *New York Times*, December 9, 1982.

Roman, Kenneth. *The King of Madison Avenue: David Ogilvy and the Making of Modern Advertising*. New York: Macmillan, 2009.

Rosenbaum, David E. "The Supreme Court: News Analysis; Presidents May Disagree, but Justices Are Generally Loyal to Them." *New York Times*, April 7, 1994.

Ru, Hong, and Antoinette Schoar. "Do Credit Card Companies Screen for Behavioral Biases?" Working paper, National Bureau of Economic Research, 2015.

Samuelson, Paul A. "Consumption Theory in Terms of Revealed Preference." *Economica*, n.s., 15, no. 60 (November 1948): 243–53.

———. *Foundations of Economic Analysis*. Cambridge, MA: Harvard University Press, 1947.

Schank, Roger C., and Robert P. Abelson. *Scripts, Plans, Goals, and Understanding: An Inquiry into Human Knowledge Structures*. Hillsdale, NJ: L. Erlbaum Associates, 1977.

Schüll, Natasha Dow. *Addiction by Design: Machine Gambling in Las Vegas*. Princeton: Princeton University Press, 2012.

SCImago Journal and Country Rank. "Journal Rankings." 2014年11月26日アクセス. http://www.scimagojr.com/journalrank.php?country=US.

Seelye, Katharine Q., and Jeff Zeleny. "On the Defensive, Obama Calls His Words Ill-Chosen." *New York Times*, April 13, 2008.

Shapiro, Carl. "Consumer Information, Product Quality, and Seller Reputation." *Bell Journal of Economics* 13, no. 1 (1982): 20–35.

Shiller, Robert J. "Do Stock Prices Move Too Much to Be Justified by Subsequent Changes in Dividends?" *American Economic Review* 71, no. 3 (June 1981): 421–36.

———. *Irrational Exuberance*. Princeton: Princeton University Press, 2000; 2nd ed., 2005; 3rd ed., 2015. 邦訳シラー『投機バブル：根拠なき熱狂』(植草一秀監訳, ダイヤモンド社, 2001, ただし初版訳).

———. "Life-Cycle Personal Accounts Proposal for Social Security: An Evaluation of President Bush's Proposal." *Journal of Policy Modeling* 28, no. 4 (2006): 427–44.

———. *Subprime Solution: How Today's Global Financial Crisis Happened and What to Do about It*. Princeton: Princeton University Press, 2008. 邦訳シラー『バブルの正しい防ぎかた：金融民主主義のすすめ』(黒坂佳央監訳, 日本評論社, 2014).

Shleifer, Andrei, and Lawrence H. Summers. "Breach of Trust in Hostile Takeovers." In *Corporate Takeovers: Causes and Consequences*, edited by Alan J. Auerbach, pp. 33–68. Chicago: University of Chicago Press, 1988.

Shleifer, Andrei, and Robert W. Vishny. "The Takeover Wave of the 1980s." *Science* 249, no. 4970 (1990): 745–49.

Sidel, Robin. "Credit Card Issuers Are Charging Higher." *Wall Street Journal*, October 12, 2014.

Siegel, Jeremy J., and Richard H. Thaler. "Anomalies: The Equity Premium Puzzle." *Journal of Economic Perspectives* 11, no. 1 (Winter 1997): 191–200.

Sinclair, Upton. *The Jungle*. Mineola, NY: Dover Thrift Editions, 2001. 原著刊行1906年. 邦訳シンクレア『ジャングル』(大井浩二訳, 松柏書房, 2009).

———. Letter to the *New York Times*, May 6, 1906.

Singh, Gurkirpal. "Recent Considerations in Nonsteroidal Anti-Inflammatory Drug Gastropathy." *American Journal of Medicine* 105, no. 1, supp. 2 (July 27, 1998): 31S–38S.

Skeel, David A., Jr. "Shaming in Corporate Law." *University of Pennsylvania Law Review* 149, no. 6 (June 2001): 1811–68.

Smith, Adam. *The Wealth of Nations*. New York: P. F. Collier, 1909. 原著刊行1776年. 邦訳スミス『国富論』多数.

Smith, Gary. *Standard Deviations: Flawed Assumptions, Tortured Data, and Other Ways to Lie with Statistics*. New York: Duckworth Overlook, 2014.

Snell, George D. "Clarence D. Little, 1888–1971: A Biographical Memoir by George D. Snell." Washington, DC: National Academy of Sciences, 1971.

Social Security Perspectives. "President #6: Richard M. Nixon (1969–1974)." May 8, 2011. http://socialsecurityperspectives.blogspot.com/2011/05/president-6-richard-m-nixon-1969-1974.html.

Solow, Robert M. "Technical Change and the Aggregate Production Function." *Review of Economics and Statistics* 39, no. 3 (August 1957): 312–20.

Sorkin, Andrew Ross. *Too Big to Fail: The Inside Story of How Wall Street and Washington Fought to Save the Financial System*. New York: Viking, 2009. 邦訳ソーキン『リーマン・ショック・コンフィデンシャル』(加賀山卓朗訳, ハヤカワ文庫, 2014).

Stahre, Mandy, Jim Roeber, Dafna Kanny, Robert D. Brewer, and Xingyou Zhang. "Contribution of Excessive Alcohol Consumption to Deaths and Years of Potential Life Lost in the United States." *Preventing Chronic Disease* 11 (2014). 2014年3月28日アクセス. http://www.cdc.gov/pcd/issues/2014/13_0293.htm.

"Statistics of the Presidential and Congressional Election of November 2, 2004." June 7, 2005. 2014年11月16日アクセス. http://clerk.house.gov/member_info/electionInfo/2004election.pdf.

Stein, Benjamin. *A License to Steal: The Untold Story of Michael Milken and the Conspiracy to Bilk the Nation*. New York: Simon and Schuster, 1992.

Stern, Mark Joseph. "The FDA's New Cigarette Labels Go Up in Smoke." *Wall Street Journal*, September 9, 2012. 2015年3月28日アクセス. http://www.wsj.com/articles/SB10000872396390443819404577633580009556096.

Stewart, James B. *Den of Thieves*. New York: Simon and Schuster, 1992.

———. "How They Failed to Catch Madoff," *Fortune*, May 10, 2011. 2015年5月2日アクセス. http://fortune.com/2011 /05/10/how-they-failed-to-catch-madoff/.

Stigler, George J. "The Theory of Economic Regulation." *Bell Journal of Economics and Manage-*

ment Science 2, no. 1 (1971): 3–21.

Stock, James H., and Mark W. Watson. "Forecasting Output and Inflation: The Role of Asset Prices." *Journal of Economic Literature* 41 (2003): 788–829.

Stulz, René M. "Credit Default Swaps and the Credit Crisis." *Journal of Economic Perspectives* 24, no. 1 (Winter 2010): 73–92.

Sufrin, Carolyn B., and Joseph S. Ross. "Pharmaceutical Industry Marketing: Understanding Its Impact on Women's Health." *Obstetrical and Gynecological Survey* 63, no. 9 (2008): 585–96.

Tabarrok, Alex. "The Real Estate Commission Puzzle." April 12, 2013. 2014年12月1日アクセス. http://marginalrevolution.com/marginalrevolution/2013/04/the-real-estate-commission-puzzle.html.

Tett, Gillian. *Fool's Gold: How the Bold Dream of a Small Tribe at J. P. Morgan Was Corrupted by Wall Street Greed.* New York: Free Press, 2009. 邦訳テット『愚者の黄金』(土方奈美訳, 日本経済新聞出版社, 2009).

Thomas, Michael M. "Rated by Idiots." *Forbes*, September 16, 2008.

Thorberg, Fred Arne, and Michael Lyvers. "Attachment, Fear of Intimacy and Differentiation of Self among Clients in Substance Disorder Treatment Facilities." *Addictive Behaviors* 31, no. 4 (April 2006): 732–37.

Thoreau, Henry David. *Walden: Or, Life in the Woods.* New York: Houghton Mifflin, 1910. https://books.google.com/books/about/Walden.html?id=HVIXAAAAYAAJ. 邦訳ソロー『ウォールデン 森の生活』多数.

Time Magazine. "Clarence Cook Little": Cover Story, April 22, 1937.

"Tobacco Advertising." Wikipedia. 2014年12月8日アクセス. http://en.wikipedia.org/wiki/Tobacco_advertising.

Tobacco Labelling Resource Center. "Australia: Health Warnings, 2012 to Present." 2015年3月28日アクセス. http://www.tobaccolabels.ca/countries/australia/.

Tobias, Ronald B. *Twenty Master Plots: And How to Build Them.* 2nd paperback ed. Blue Ash, OH: F + W Media, 1993.

"Today Is Moving Day for Goldman Sachs." *New York Times*, April 1, 1957.

Toobin, Jeffrey. "Annals of Law: Money Unlimited: How Chief Justice John Roberts Orchestrated the Citizens United Decision." *New Yorker*, May 21, 2012.

Topol, Eric J. "Failing the Public Health—Rofecoxib, Merck, and the FDA." *New England Journal of Medicine* 351, no. 17 (October 21, 2004): 1707–9.

"Top Ten U.S. Banking Laws of the 20th Century." 2014年12月1日アクセス. http://www.oswego.edu/~dighe/topten.htm.

Touryalai, Halah. "10 Wall Street Expenses That Make the SEC's Budget Look Pathetic." *Forbes*, February 17, 2011. 2015年1月16日アクセス. http://www.forbes.com/fdc/welcome_mjx.shtml.

Tozzi, John. "Merchants Seek Lower Credit Card Interchange Fees." *Businessweek Archives*, October 6, 2009. 2015年5月2日アクセス. http://www.bloomberg.com/bw/stories/2009-10-06/merchants-seek-lower-credit-card-interchange-fees.

Troise, Frank P. "The Capacity for Experiencing Intimacy in Wives of Alcoholics or Codependents." *Alcohol Treatment Quarterly* 9, no. 3 (October 2008): 39–55.

Underhill, Paco. *Why We Buy: The Science of Shopping.* New York: Simon and Schuster, 1999. 邦訳アンダーヒル『なぜこの店で買ってしまうのか：ショッピングの科学』(鈴木主税訳, 早川書房, 2001).

Underwriters Laboratories. “Our History” and “What We Do.” 2015年3月3日アクセス. http://ul.com/aboutul/history/ and http://ul.com/aboutul/what-we-do/.

United Airlines. “Arriving at a Single Boarding Process.” April 22, 2013. 2014年11月26日アクセス. https://hub.united.com/en-us/news/company-operations/pages/arriving-at-a-single-boarding-process.aspx.

Urban Institute and the Brookings Institution, Tax Policy Center. “State Alcohol Excise Tax Rates 2014.” 2014年12月13日アクセス. http://www.taxpolicycenter.org/taxfacts/display afact.cfm?Docid=349.

US Bureau of Financial Protection. “Loan Originator Compensation Requirements under the Truth in Lending Act” (Regulation Z), 12 CFR Part 1026, Docket No. CFPB—2012-0037, RIN 3170-AA132. 2014年11月11日アクセス. http://files.consumerfinance.gov/f/201301_cfpb_final-rule_loan-originator-compensation.pdf.

US Census Bureau. “America's Families and Living Arrangements: 2013.” 2014年12月1日アクセス. https://www.census.gov/hhes/families/data/cps2013.html.

———. “Census Bureau Reports National Mover Rate Increases after a Record Low in 2011.” December 10, 2012. 2014年12月1日アクセス. https://www.census.gov/newsroom/releases/archives/mobility_of_the_population/cb12-240.html.

US Census Bureau. “Historical Census of Housing Tables.” October 31, 2011. 2014年12月1日アクセス. https://www.census.gov/hhes/www/housing/census/historic/units.html.

———. “Historical Poverty Tables—People.” Table 3, “Poverty Status, by Age, Race, and Hispanic Origin: 1959 to 2013.” 2014年12月1日アクセス. https://www.census.gov/hhes/www/poverty/data/historical/people.html.

———. “Housing Vacancies and Homeownership, 2005.” 2014年12月1日アクセス. http://www.census.gov/housing/hvs/data/ann05ind.html.

———. *Statistical Abstracts of the United States* 2012. 2014年12月1日アクセス. https://www.census.gov/prod/www/statistical_abstract.html.

———. “World Population by Age and Sex.” 2014年12月1日アクセス. http://www.census.gov/cgi-bin/broker.

US Congress, Representative Henry A. Waxman. Memorandum to Democratic Members of the Government Reform Committee Re: The Marketing of Vioxx to Physicians, May 5, 2005, with accompanying documents. http://oversight-archive.waxman.house.gov/documents/20050505114932-41272.pdf.

US Department of Agriculture, Farm Service Administration. “Commodity Operations: United States Warehouse Act.” 2015年3月14日アクセス. http://www.fsa.usda.gov/FSA/webapp?area=home&subject=coop&topic=was-ua.

US Department of Agriculture, Grain Inspection, Packing, and Stockyard Administration. “Explanatory Notes,” table 5, “Inspection and Weighing Program Overview.” 2015年5月1日アクセス. http://www.obpa.usda.gov/exnotes/FY2014/20gipsa2014notes.pdf.

———. “Subpart M—United States Standards for Wheat.” 2015年5月1日 アクセス. http://www.gipsa.usda.gov/fgis/standards/810wheat.pdf.

US Department of Transportation, National Highway Traffic Safety Administration. “Traffic Safety Facts, 2011: Alcohol Impaired Driving.” December 2012. 2015年5月25日 アクセス. http://www-nrd.nhtsa.dot.gov/Pubs/811700.pdf.

US Department of the Treasury, Alcohol and Tobacco Tax and Trade Bureau, “Tax and Fee

Rates." 2015年4月30日アクセス. www.ttb.govtax_audit/atftaxes.shtml.

US Department of the Treasury. "Investment in AIG." 2015年3月11日 アクセス. http://www.treasury.gov/initiatives/financial-stability/TARP-Programs/aig/Pages/status.aspx.

US Food and Drug Administration. "About FDA: Commissioner's Page. Harvey Washington Wiley, MD." http://www.fda.gov/AboutFDA/CommissionersPage/ucm113692.htm.

———. "Tobacco Products: Final Rule 'Required Warnings for Cigarette Packages and Advertisements.'" 2015年3月28日アクセス. http://www.fda.gov/TobaccoProducts/Labeling/Labeling/CigaretteWarningLabels/ucm259953.htm.

US Food and Drug Administration, Center for Drug Evaluation and Research (CDER). *Guidance for Industry Providing Clinical Evidence of Effectiveness for Human Drugs and Biological Products.* May 1998. 2014年12月1日アクセス. http://www.fda.gov/downloads/Drugs/.../Guidances/ucm078749.pdf.

US Internal Revenue Service. "Tax Gap for Tax Year 2006: Overview." January 6, 2012. 2014年11月18日アクセス. http://www.irs.gov/pub/irs-soi/06rastg12overvw.pdf.

US Legal Inc. "U.S. Commercial Code." 2015年3月15日アクセス. http://uniformcommercialcode.uslegal.com/.

US News and World Report. "U.S. News College Rankings." http://colleges.usnews.rankingsandreviews.com/best-colleges.

US Securities and Exchange Commission. *FY 2014 Congressional Budget Justification.* http://www.sec.gov/about/reports/secfy14congbudgjust.pdf.

———."Goldman Sachs to Pay Record $550 Million to Settle SEC Charges Related to Subprime Mortgage CDO." July 15, 2010. 2015年3月15日アクセス. http://www.sec.gov/news/press/ 2010/2010-123.htm.

US Senate, Committee on Homeland Security and Government Affairs, Permanent Subcommittee on Investigations. *Wall Street and the Financial Crisis: Anatomy of a Financial Collapse.* Majority and Minority Staff Report. April 13, 2011. http://www.hsgac.senate.gov//imo/media/doc/Financial_Crisis/FinancialCrisisReport.pdf?attempt=2.

US Surgeon General. *The Health Consequences of Smoking—50 Years of Progress.* 2014. 2015年3月6日 アクセス. http://www.surgeongeneral.gov/library/reports/50-years-of-progress/full-report.pdf.

———. *Smoking and Health: Report of the Advisory Committee to the Surgeon General of the Public Health Service.* 1964. 2014年11月28日 アクセス. http://www.surgeongeneral.gov/library/reports/.

———. *Smoking and Health: A Report of the Surgeon General.* 1979. 2014年11月28日アクセス. http://www.surgeongeneral.gov/library/reports/.

Vaillant, George E. *Triumphs of Experience: The Men of the Harvard Grant Study.* Cambridge, MA: Harvard University Press, 2012.

van Amsterdam, Jan, A. Opperhuizen, M. Koeter, and Willem van den Brink. "Ranking the Harm of Alcohol, Tobacco and Illicit Drugs for the Individual and the Population." *European Addiction Research* 16 (2010): 202–7. DOI:10.1159/000317249.

Vanguard. "See the Difference Low-Cost Mutual Funds Can Make." 2015年1月7日 アクセス. https://investor.vanguard.com/mutual-funds/low-cost.

Veblen, Thorstein. *The Theory of the Leisure Class: An Economic Study of the Evolution of Institutions.* New York: Macmillan, 1899. 邦訳ヴェブレン『有閑階級の理論』(新版, 村井章子訳,

ちくま学芸文庫，2016）他.
Velotta, Richard N. "Gaming Commission Rejects Slot Machines at Cash Registers." *Las Vegas Sun*, March 18, 2010. 最終アクセス2015年5月12日. http://lasvegassun.com/news/2010/mar/18/gaming-commission-rejects-slot-machines-cash-regis/?utm_source=twitterfeed&utm_medium=twitter.
Virtanen, Michael. "NY Attorney General Looks at Ratings Agencies." Associated Press, February 8, 2013. 2014年3月21日アクセス. http://bigstory.ap.org/article/ny-attorney-general-looks-ratings-agencies-0.
Visser, Susanna N., Melissa L. Danielson, Rebecca H. Bitsko, Joseph R. Holbrook, Michael D. Kogan, Reem M. Ghandour, Ruth Perou, and Stephen J. Blumberg. "Trends in the Parent-Report of Health Care Provider–Diagnosed and Medicated Attention-Deficit/Hyperactivity Disorder: United States, 2003–2011." *Journal of the American Academy of Child and Adolescent Psychiatry* 53, no. 1 (January 2014): 34–46.
Warren, Carolyn. *Mortgage Rip-offs and Money Savers: An Industry Insider Explains How to Save Thousands on Your Mortgage and Re-Finance*. Hoboken, NJ: Wiley, 2007.
Warren, Elizabeth, and Amelia Warren Tyagi. *All Your Worth: The Ultimate Lifetime Money Plan*. New York: Simon and Schuster, 2005.
Watkins, John Elfreth, Jr. "What May Happen in the Next Hundred Years." *Ladies Home Journal*, December 1900. https://secure.flickr.com/photos/jonbrown17/2571144135/sizes/o/in/photostream/.
Watkins, Julian Lewis. *The 100 Greatest Advertisements, 1852–1958: Who Wrote Them and What They Did*. Chelmsford, MA: Courier, 2012.
Wessel, David. *In Fed We Trust: Ben Bernanke's War on the Great Panic*. New York: Crown Business, 2009. 邦訳ウェッセル『バーナンキは正しかったか？：FRBの真相』（藤井清美訳，朝日新聞出版，2010）.
White, Michelle J. "Bankruptcy Reform and Credit Cards." *Journal of Economic Perspectives* 21, no. 4 (Fall 2007): 175–200.
Wiley, Harvey W. *An Autobiography*. Indianapolis: Bobbs-Merrill, 1930.
Woodward, Susan E. *A Study of Closing Costs for FHA Mortgages*. Prepared for US Department of Housing and Urban Development, Office of Policy Development and Research, May 2008. http://www.urban.org/UploadedPDF/411682_fha_mortgages.pdf.
Woodward, Susan E., and Robert E. Hall. "Consumer Confusion in the Mortgage Market: Evidence of Less Than a Perfectly Transparent and Competitive Market." *American Economic Review* 100, no. 2 (May 2010): 511–15.
World Bank. "GDP Per Capita (Current US$)." 2014年11月26日アクセス. http://data.worldbank.org/indicator/NY.GDP.PCAP.CD.
———. "Life Expectancy at Birth, Female (Years)." 2015年3月29日アクセス. http://data.worldbank.org/indicator/SP.DYN.LE00.FE.IN/countries.
———. "Life Expectancy at Birth, Male (Years)." 2015年3月29日アクセス. http://data.worldbank.org/indicator/SP.DYN.LE00.MA.IN/countries.
Wu, Ke Bin. "Sources of Income for Older Americans, 2012." Washington, DC: AARP Public Policy Institute, December 2013.
Wyatt, Edward. "Judge Blocks Citigroup Settlement With S.E.C." *New York Times*, November 28, 2011. 2015年6月10日アクセス. http://www.nytimes.com/2011/11/29/business/judge-re

jects-sec-accord-with-citi.html?pagewanted=all.

Wynder, Ernst L., and Evarts A. Graham. "Tobacco Smoking as a Possible Etiologic Factor in Bronchogenic Carcinoma Study of Six Hundred and Eighty-Four Proved Cases." *Journal of the American Medical Association* 143, no. 4 (May 27, 1950): 329–36.

Wynder, Ernst L., Evarts A. Graham, and Adele B. Croninger. "Experimental Production of Carcinoma with Cigarette Tar." *Cancer Research* 13, no. 12 (1953): 855–64.

Young, James Harvey. *The Toadstool Millionaires: A Social History of Patent Medicines in America before Federal Regulation*. Princeton: Princeton University Press, 1961.

Zacks Equity Research. "Strong U.S. Auto Sales for 2013." January 6, 2014. 2014年12月1日アクセス. http://www.zacks.com/stock/news/118754strong-us-auto-sales-for-2013.

注

まえがき：経済はごまかしに満ちている

1) "A Nickel in the Slot," *Washington Post*, March 25, 1894, p. 20.
2) "A Crying Evil," *Los Angeles Times*, February 24, 1899, p. 8.
3) Bernard Malamud, "Nevada Gaming Tax: Estimating Resident Burden and Incidence" (University of Nevada, Las Vegas, April 2006), p. 1, 最終アクセス2015年5月5日, https://faculty.unlv.edu/bmalamud/estimating.gaming.burden.incidence.doc.
4) Richard N. Velotta, "Gaming Commission Rejects Slot Machines at Cash Registers," *Las Vegas Sun*, March 18, 2010, 最終アクセス2015年5月12日, http://lasvegassun.com/news/2010/mar/18/gaming-commission-rejects-slot-machines-cash-regis/?utm_source=twitterfeed&utm_medium=twitter. ハリー・レイド上院議員はネバダ州ギャンブル委員会議長として，マフィアの影響に立ち向かったことで有名だ．映画『カジノ』は，レイドのフランク・ローゼンタールに対する態度に基づいていると言われる（"Harry Reid," Wikipedia, 2014年12月1日アクセス，http://en.wikipedia.org/wiki/Harry_Reidを参照）．
5) Natasha Dow Schüll, *Addiction by Design: Machine Gambling in Las Vegas* (Princeton: Princeton University Press, 2012).
6) Ibid., pp. 24–25.
7) ここにはガソリンスタンド，コンビニ，スーパーマーケットも含まれる．彼女はこうしたところでもときどきギャンブルをする．そしてもっとも顕著なのがパラスステーション・カジノだ．
8) Schüll, *Addiction by Design*, p. 2. モリーはシュルにこう語る．「あたしは勝とうとしてギャンブルするんじゃないんです．ギャンブルし続けたい——他のすべてがどうでもよくなる機械のゾーンにとどまりたいんです」．2014年2月13日に電話での会話に応じてくれて，モリーと，彼女の行動についてもっと詳しく教えてくれたナターシャ・シュルに感謝する．
9) Ibid., p. 33. シュルは心臓蘇生のある監視カメラ映像について述べている．「男が文字どおり足元に横たわって，椅子の脚に触れているのに，他のギャンブラーたちはギャンブルを続けた」．
10) John Elfreth Watkins Jr., "What May Happen in the Next Hundred Years," *Ladies Home Journal*, December 1900, p. 8, https://secure.flickr.com/photos/jonbrown17/2571144135/sizes/o/in/photostream/. これが12月号だったという裏づけとしては "Predictions of the Year 2000 from *The Ladies Home Journal* of December 1900," 2014年12月1日アクセス，http://yorktownhistory.org/wp-content/archives/homepages/1900_predictions.htmを参照．
11) *Oxford English Dictionary*, s.v. "phish," 2014年10月29日アクセス，http://www.oed.com/view/Entry/264319?redirectedFrom=phish#eid.
12) 現代の認知心理学分野におけるパイオニアのダニエル・カーネマンとエイモス・トヴァースキーが錯視を考えたのは偶然ではない．カーネマンがアカロフに語ってくれたところによれば，行動経済学の分野の根底にある思考の歪みは「錯視」のようなものと見られるそうだ（私的な会話，25年ほど前）．
13) Kurt Eichenwald, *A Conspiracy of Fools: A True Story* (New York: Random House, 2005), およびBethany McLean and Peter Elkind, *The Smartest Guys in the Room: The Amazing Rise and Fall of Enron* (New York: Portfolio/Penguin Books, 2003).
14) Bethany McLean and Peter Elkind, "The Guiltiest Guys in the Room," *Fortune*, July 5, 2006, 最終アクセス2015年5月12日, http://money.cnn.com/2006/05/29/news/enron_guiltyest/.

15) Henry David Thoreau, *Walden: Or, Life in the Woods* (New York: Houghton Mifflin, 1910), p. 8, https://books.google.com/books/about/Walden.html?id=HVIXAAAAYAAJ. 邦訳ソロー『ウォールデン 森の生活』多数.

16) レベッカ・ミードによると，コンデナスト社は毎年アメリカ結婚式調査を行っていて，アメリカの結婚式の平均費用を出している．2006年にはそれが2万7852ドルで，1人当たりGDPの60パーセントだ．Mead, *One Perfect Day: The Selling of the American Wedding* (New York: Penguin Books, 2007), Kindle locations 384–92 out of 4013. リーマンショック以来，この比率はアメリカの1人当たりGDPに比べて下がった．直近の推計は2014年についてのもので，「2万8000ドル以上」となっており，これは1人当たりGDPのおよそ51パーセントだ．"BRIDES Reveals Trends of Engaged American Couples with American Wedding Study," July 10, 2014, 2014年12月1日アクセス，http://www.marketwired.com/press-release/brides-reveals-trends-of-engaged-american-couples-with-american-wedding-study-1928460.htm.

17) Jessica Mitford, *The American Way of Death Revisited* (New York: Knopf, 1998), Kindle locations 790–92 out of 5319.

18) 「最初の診察から出産まで，PRAは赤ちゃんに必要なものすべてについて，あなたに個人的なガイドを提供させていただきます」. Babies "R" Us, "Baby Registry: Personal Registry Advisor," 2015年3月20日アクセス，http://www.toysrus.com/shop/index.jsp?categoryId=119 49069.

19) 人々が請求書の支払いを心配するという見方は，アメリカ心理学会の委託で行われている年次「アメリカのストレス」調査からもわかる．アメリカの暮らしでのストレスで最大とされているのは，お金をめぐるストレスだ．最新調査の報告にはこうある (p. 2)：「お金や財務に関するストレスはアメリカ人たちの生活に大きな影響を持つようだ」．成人の4分の3近く（72パーセント）は少なくともときどきはお金をめぐってストレスを感じると報告しており，4分の1近くはお金をめぐってとても大きなストレスを感じると述べている（22パーセントが，過去1カ月でのお金をめぐるストレスを，10点満点で8，9，10点の強さだとしている）．「一部の例では，人々は財務的な懸念のために，医療上の必要性さえも先送りにしている」．さらに，仕事をめぐるストレスは，一部はお金についてのもので表現がちがうだけだが，これがアンケートでは僅差で2位となっている．American Psychological Association, *Stress in America: Paying with Our Health*, February 4, 2015, 最終アクセス2015年3月29日，http://www.apa.org/news/press/releases/stress/2014/stress-report.pdf.

20) 「ぼったくり」という用語は，人々が受けているサービスに対して高い価格を払っているという意味で使っている．一部のまれな例を除けば，非合法の取引のことを指しているのではない．ウィキペディアの「ぼったくり (Ripoff)」の項目は，これをその用例の1つとして挙げている．「よくない金銭取引．通常は，ある人が何かについてお金をとられすぎている場合を指す」．2014年11月3日アクセス，http://en.wikipedia.org/wiki/Ripoff.

21) シェハリヤール・ボハーリ，ウォルター・トロス，ウィリアム・ウィートンによれば，1990年代末から2000年代初頭にかけての住宅ブーム以前のアメリカにおけるローン利用額比率は，80パーセントを下回るケースというのはファニーメイが購入した住宅ローンによる住宅購入の場合，たった40パーセントだった．取引費用を販売価格の10パーセントほどとすると（不動産手数料6パーセント，契約費用4パーセント），これは住宅売買契約の60パーセントについて，こうした費用が買い手の頭金のうち半分以上を占めたということだ．Bokhari et al., "Why Did Household Mortgage Leverage Rise from the Mid-1980s until the Great Recession?" Massachusetts Institute of Technology, Center for Real Estate, January 2013, 最終アクセス2015年5月12日，http://citeseerx.ist.psu.edu/viewdoc/download?doi=10.1.1.269.5704&rep=rep1&type=pdf.

22) Carmen M. Reinhardt and Kenneth Rogoff, *This Time Is Different: Eight Centuries of Financial Folly* (Princeton: Princeton University Press, 2009). 邦訳ラインハート&ロゴフ『国家

は破綻する：金融危機の800年』(村井章子訳, 日経BP社, 2011).

23) John Kenneth Galbraith, *The Great Crash*, 50th anniversary ed. (New York: Houghton Mifflin, 1988), Kindle locations 1943–45 out of 4151. 邦訳ガルブレイス『大暴落1929』(村井章子訳, 日経BP社, 2008).

24) James Harvey Young, *The Toadstool Millionaires: A Social History of Patent Medicines in America before Federal Regulation* (Princeton: Princeton University Press, 1961), p. 248.

25) 上院金融委員会でのDavid J. GrahamのNovember 18, 2004証言を参照, http://www.finance.senate.gov/imo/media/doc/111804dgtest.pdf. 証言の時点で, グレアムは食品医薬品局の安全部門における科学と薬学副長官だった. 私たちは, ヴィオックスで生じたという追加の心臓発作や突発性心筋梗塞の事例8万8000から13万9000件を使い, そのうち30–40パーセントが死亡したという数字をもとにしている (p. 1). デヴィッド・グレアムには第6章「食品, 医薬品での釣り」でまたお目にかかる.

26) John Abramson, *Overdosed America: The Broken Promise of American Medicine*, 3rd ed. (New York: Harper Perennial, 2008), p. 70. この推計はイギリスのMillion Women Health Studyの結果を人口に基づいて比例させている. 2003年8月の*The Lancet*論文によると, この調査はこう結論づけている.「過去10年にわたり, 年齢50–64歳の女性によるHRT [ホルモン補充療法] は, 推定で乳がんを2万件増やしている. そのうち1万5000件は, エストロゲン=プロゲスタゲンと関連している. 残りの死亡は信頼できる形では推計できない」. Valerie Beral, EmilyBanks, Gillian Reeves, and Diana Bull, Million Women Study Collaborators代表, "Breast Cancer and Hormone-Replacement Therapy in the Million Women Study," *Lancet* 362, no. 9382 (August 9, 2003): 419–27. ホルモン補充療法はイギリスよりアメリカのほうが普及していたので, この推計は控えめなものとなっている.

27) Centers for Disease Control and Prevention, *Health, United States, 2013: With Special Feature on Prescription Drugs*, p. 213, table 64, 2014年12月1日アクセス, http://www.cdc.gov/nchs/data/hus/hus13.pdf. 数字は2011–12年の20歳以上成人についてのもの. 1988年から1994年にかけて肥満とされた22パーセントから, この数字が5割増えていることは指摘したい.

28) Dariush Mozaffarian et al., "Changes in Diet and Lifestyle and Long-Term Weight Gain in Women and Men," *New England Journal of Medicine* 364, no. 25 (June 23, 2011): 2395–96, 2014年10月30日アクセス, http://www.nejm.org/doi/full/10.1056/NEJMoa1014296?query=TOC#t=articleTop.

29) Michael Moss, *Sugar, Salt and Fat* (New York: Random House, 2013), Kindle locations 287–89 out of 7341.

30) 2014年には成人の喫煙率は1965年の43パーセントから18パーセントに下がった. "Message from Howard Koh, Assistant Secretary of Health," in US Surgeon General, *The Health Consequences of Smoking—50 Years of Progress* (2014), 2015年3月6日アクセス, http://www.surgeongeneral.gov/library/reports/50-years-of-progress/full-report.pdf.

31) この路線で最も有名な広告キャンペーンは,「お菓子よりラッキーに手を伸ばそう」というものだ. ラッキーの健康と美容増進作用を説明する長いコピーはこう終わっている.「食事ではそれなりの砂糖比率が推奨されますが, あまりに肥満性のお菓子は有害であり, いまのアメリカ人はお菓子を食べ過ぎていると当局は圧倒的に指摘しています. だから, 慎みのためにもこう申します.『お菓子よりラッキーに手を伸ばそう』」. ラッキーストライクたばこの1929年広告. Julian Lewis Watkins, *The 100 Greatest Advertisements, 1852–1958: Who Wrote Them and What They Did* (Chelmsford, MA: Courier, 2012), p. 66. https://beebo.org/smackerels/lucky-strike.htmlに複製. 最終アクセス2015年3月29日.

32) David J. Nutt, Leslie A. King, and Lawrence D. Phillips, Independent Scientific Committee on Drugsの委託調査, "Drug Harms in the UK: A Multicriteria Decision Analysis," *Lancet* 376, no. 9752 (November 6–12, 2010): 1558–65; Jan van Amsterdam, A. Opperhuizen, M. Koeter, and Willem van den Brink, "Ranking the Harm of Alcohol, Tobacco and Illicit Drugs for the Individual and the Population," *European Addiction Research* 16 (2010): 202–7, DOI:10.1159/000317249.

33) Nutt, King, and Phillips, "Drug Harms in the UK," p. 1561, fig. 2.

序章　みんな操作されてしまう：釣りの経済学

1) イブをめぐる物語——およびこの章と本書における根本的な視点——について言えば，イブとヘビのやりとりを，ヘビが意図的に機会を活用したことによる均衡として考えると有用だ．さらに，ヘビは事前に予習してイブを待ち構えている——自分がどういう売り込み方をするか，自分でリハーサルをすませてあると考えよう．エデンの園の多くの動物たちの中で，「たまたま」リンゴの木にいたのは，ウサギやキリンなどもっと無邪気な動物ではなく，邪悪なヘビだった．釣り師はちゃんと考えてそこにいたのだ．この章の中心的な主題に従うと，これは偶然ではない．この遭遇は，釣り均衡ではまさに予想されるものだ．文字どおりに読めば，天地創造そのものが「聖書の最初の物語」という解釈もできることは指摘しよう．グーグル検索によると，リンゴを食べるのが「最初の物語」だという私たちの見方は決して例外的ではない．

2) アカロフとの25年から30年前の会話で，カーネマンは経済学と心理学のこのちがいを強調した．

3) Paul Krugman and Robin Wells, *Microeconomics*, 2nd ed. (New York: Worth Publishers, 2009), pp. 12–13, 邦訳クルーグマン＆ウェルス『クルーグマン ミクロ経済学』(大山道広他訳，東洋経済新報社，2007) p. 15は，均衡の性質を説明するのにこの例を使っている．Robert H. Frank and Ben Bernanke, *Principles of Macroeconomics* (New York: McGraw Hill, 2003) でこのイメージを参照している．

4) Cinnabon, Inc., "The Cinnabon Story," 2014年10月31日アクセス，http://www.cinnabon.com/about-us.aspxを参照．

5) Ibid.

6) "Cinnabon," Wikipedia, 2014年10月22日アクセス，http://en.wikipedia.org/wiki/Cinnabon.

7) Stefano DellaVignaからGeorge Akerlofへの電子メール，2014年10月25日．

8) International Health, Racquet, and Sportsclub Association, "Industry Research," 2014年10月22日アクセス，http://www.ihrsa.org/industry-research/.

9) Stefano DellaVigna and Ulrike Malmendier, "Paying Not to Go to the Gym," *American Economic Review* 96, no. 3 (June 2006): 694–719. DellaVigna and Malmendier, "Contract Design and Self-Control: Theory and Evidence," *Quarterly Journal of Economics* 119, no. 2 (May 2004): 353–402も参照．

10) DellaVigna and Malmendier, "Paying Not to Go to the Gym," p. 696.

11) DellaVigna and Malmendier, "Contract Design and Self-Control," p. 375, table 1, p. 391.

12) DellaVigna and Malmendier論文の*American Economic Review*における題名．

13) M. Keith Chen, Venkat Lakshminarayanan, and Laurie R. Santos, "How Basic Are Behavioral Biases? Evidence from Capuchin Monkey Trading Behavior," *Journal of Political Economy* 114, no. 3 (June 2006): 517–37.

14) Stephen J. Dubner and Steven D. Levitt, "Keith Chen's Monkey Research," *New York Times*, June 5, 2005.

15) Venkat Lakshminarayanan, M. Keith Chen, and Laurie R. Santos, "Endowment Effect in

Capuchin Monkeys," *Philosophical Transactions of the Royal Society B: Biological Sciences* 363, no. 1511 (December 2008): 3837–44.

16) Adam Smith, *The Wealth of Nations* (New York: P. F. Collier, 1909; 原著刊行1776年), p. 19. 邦訳スミス『国富論』多数. 強調は引用者.

17) パレートのもともとの著作の一例としてはVilfredo Pareto, *Manual of Political Economy: A Critical and Variorum Edition*, ed. Aldo Montesano et al. (Oxford: Oxford University Press, 2014) を参照. この版は1906年にイタリアで刊行された*Manuale di Economia*と, フランスで刊行された後の版に基づいている.

18) 1954年に, ケネス・アローとジェラール・ドブリューは, かなり一般的な条件下でそうした均衡が存在することを証明した共同論文を刊行した. やがて2人ともノーベル経済学賞を受賞する. アローは1972年, ドブリューは1982年で, どちらもこの貢献が特筆されている. 前提がいかに一般的であれ, 一般均衡の存在は私たちにはさほど興味深いものとは思えない (特にそれが, 私たちから見れば自明の数学的理由のために生じているからだ). でもそこから本物の経済的な見返りまではほんの一歩だった. つまり, そうした均衡が同じ一般条件の下で「パレート最適」だという発見だ. 私たちからすれば, これは驚くべき結果に思える. これはつまり, かなり自然な前提の相当部分において, 競争市場の均衡はかなりよい性質を持つということだからだ. 私たちがここで強調する結果もそれだ. これは厳密な形でアダム・スミスの直観を裏づけている. その有名な論文はKenneth J. Arrow and Gerard Debreu, "Existence of an Equilibrium for a Competitive Economy," *Econometrica* 22, no. 3 (July 1954): 265–90.

19) もちろん経済に対する「欠点」として考えられるものはほかにもある. たとえば独占や寡占だ. これは経済学者たちに大いに注目された. でもこれは「自由市場の欠点」ではなく, むしろ自由市場からの逸脱だ.

20) Milton Friedman and Rose D. Friedman, *Free to Choose: A Personal Statement* (New York: Harcourt Brace Jovanovich, 1980). 邦訳ミルトン&ローズ・フリードマン『選択の自由：自立社会への挑戦』(西山千明訳, 日本経済新聞社, 1980).

21) Vance Packard, *The Hidden Persuaders: What Makes Us Buy, Believe—and Even Vote—the Way We Do* (Brooklyn: Ig Publishing, 2007; original ed., New York: McKay, 1957), pp. 90–91 (ケーキのミックス); p. 94 (保険). 邦訳パッカード『かくれた説得者』(パッカード著作集1, 林周二訳, ダイヤモンド社, 1958).

22) Robert B. Cialdini, *Influence: The Psychology of Persuasion* (New York: HarperCollins, 2007). 邦訳チャルディーニ『影響力の武器：なぜ, 人は動かされるのか』(社会行動研究会訳, 誠信書房, 2014).

23) これはチャルディーニの「返報性」「好意」「権威：導かれる服従」「社会的証明」「コミットメントと一貫性」「希少性」に対応する. 私たちは「希少性」を「損失忌避」と呼んでいる. というのもチャルディーニは「何かを愛するための方法は, それが失われかねないと気がつくことだ」(ibid., p. 204 邦訳p. 287) と強調しているからだ. 行動経済学者たちは, ちょっとちがった分類をするのではないか.

24) Ibid., pp. 229–30 邦訳pp. 318–19.

25) ロンドン・スクール・オブ・エコノミクスの経済学者Eric Eysterがアカロフに語ってくれたところでは, この手品がシカゴの地下鉄でのいかさま勝負に使われるのを見たという. ペテン師たちがかれの乗っていた地下鉄車両にやってきて, コップを床に並べ, それを左右に動かして, 乗客たちにコインがどこにあるか当てるよう促した. 何回かやってみせて正解を示した後で, ペテン師たちはだれかに, 次の回でコインがどこに出てくるかを当てられるかどうか, 100ドルかけてみろと言う. そしてまたかれらはコップを左右に動かすけれど, コインは別のコップの下にある. ペテン師たちは100

ドルを受け取り，次の駅ですばやく降車したという．2011年6月の私的な会話．

26) 何が言いたいかを示すために，いくつか例を挙げると有益だろう．ヴァンス・パッカードの場合だと，ケーキを焼く主婦たちは，自分たちがクリエイティブだという物語に自分を埋め込んでいる．保険を買う男は，自分が文字どおり「絵の中にいる」物語の中に己を埋め込んでいる．チャルディーニの行動の一覧は，行動経済学のバイアスを形成するほとんどの心理バイアスをカバーしているので，それを見ておくと有益だ．チャルディーニによれば，かれの兄弟リチャードの車の買い手たちは，自分たちが車を「失う」という可能性を考えている物語に己を埋め込んでいる（かれらはカーネマンの言う損失忌避だ）．私たちが物語とここで呼んでいるものを，かれは「心の枠組み」と呼ぶ．チャルディーニの一覧にある他の5つのアイテムについては，やはり人々が「物語」の観点から決断を下しているのだと見ることができる．人々は贈り物や親切を返報したがる．そのためには，だれかが贈り物を与えたら，お返しをしないのはまちがっているような物語に参加していなくてはならない．人々は好かれたい．そのためには，自分が好かれるか好かれないかという物語に参加しなくてはならない．人は権威に従う．その感情を保つためには，だれかが自分たちに対して権威を保つような物語の一部だと思わなくてはならない．たとえば，スタンリー・ミルグラムによる有名な実験では「教師」が被験者に対して「学習者」に電撃を与えるよう命じるけれど，このとき被験者は「権威」を保っていた「教師」と自分を同一視して，服従したくないという気持ちに強く抵抗した（Stanley Milgram, *Obedience to Authority: An Experimental View* (New York: Harper & Row, 1974). 邦訳ミルグラム『服従の心理』（山形浩生訳，河出文庫，2012）．人々は他人に追従したがる（社会的承認）．この場合，かれらは自分たちに対し，その他人のほうが自分よりよい判断力や情報を保っているという物語を語っているか（情報的説明），あるいは従属しないことにより不興を引き起こしたくない（社会従属説明）．人々は決断に一貫性を求める．そのためには，個別判断の間で一貫性に関する物語に参加していなければならない．もちろんフロイト心理学は，意識的，無意識的に人々の心の中を走っている暗黙の物語だらけだ．

第1章　人生至るところ誘惑だらけ

1) Suze Orman, *The 9 Steps to Financial Freedom: Practical and Spiritual Steps So You Can Stop Worrying*, 2nd paperback ed. (New York: Crown/Random House, 2006). 300万部以上売れたというのはスージー・オーマンのウェブサイトに書かれている．最終アクセス2014年11月4日，http://www.suzeorman.com/books-kits/books/the-9-steps-to-financial-freedom/.

2) そうした教科書を見ると有益だ．N. Gregory Mankiw, *Principles of Economics* (New York: Harcourt, Brace, 1998). 邦訳マンキュー『マンキュー 入門経済学』（第2版，足立英之他訳，東洋経済新報社，2014）は現在の経済学に対する実によい入門なので，見事な例となっているけれど，かわりに使える例はたくさんある．「消費者選択の理論」についての第21章がその好例だ．ほとんどの現代教科書と同じく，かれはありがちなリンゴとみかんの例は使わず，コーラとピザを使っている．「予算制約」は，消費者の1000ドルの所得とされる．ペプシ2ドルとピザ一切れ1ドルでの消費者の「最適な選択」がグラフで示される（p. 456）．章末の結論にはこうある．「人々は本当にこんなふうに考えるんだろうか？　でもどこかで，消費者選択の理論を多少の疑念をもって扱いたくなるかもしれない．（中略）それに，自分が決断を下すときには予算制約だの無差別曲線だのを描いたりしないのも知っている．自分自身の意思決定についてのこの知識が，この理論を否定する証拠にならないだろうか？　答えはノーだ．消費者選択の理論は，人々の意思決定方法についての文字どおりの記述を提供しようとするものではない．それはモデルだ．（中略）理論の検証はその応用にある」．これは現代経済学では「予測」とも呼ばれる．これはよいレトリックだけれど，でもこの「モデル」がスージー・オーマンの不安な顧客や，それと似た何十億もの人々を予測できないという話は聞かされない．このモデルはあることについてはよい予測になるかもしれないけれど，それがいつ

使えないかは教えてくれない．経済学者アラン・ブラインダーはモデルの限界を説明した．それは地図のようなものだ．ご近所の地図を使って南極旅行をしたりはしないし，南極の地図を使って近所の雑貨屋にでかけたりもしない．

マンキューはさらに正しくも続ける．「経済学のもっと進んだ課程では（中略）この理論はさらなる追加の分析のための枠組みを提供する」．ここでかれは「これはモデルに過ぎない」という注意書きがこの先二度と出てこないことを言い損ねている（あの初版ではp. 471）．

3) Orman, *9 Steps to Financial Freedom*, "Step 3, Being Honest with Yourself," 特にpp. 38, 42を参照．「あたしの顧客のほとんどは，自分たちが（自分の支出を）どれほど過小評価していたかにショックを受けるし，これはかれらができるだけ正直に推測した場合なんです」と彼女は語っている．

4) Board of Governors of the Federal Reserve, Current Release, Consumer Credit, table G-19, for August 2014, 2014年10月7日公表，2014年12月5日アクセス，http://www.federalreserve.gov/releases/g19/current/.

5) Annamaria Lusardi, Daniel Schneider, and Peter Tufano, "Financially Fragile Households: Evidence and Implications," *Brookings Papers on Economic Activity* (Spring 2011): 84.

6) Greg Kaplan, Giovanni Violante, and Justin Weidner, "The Wealthy Hand-to-Mouth," *Brookings Papers on Economic Activity* (Spring 2014): 98, table 2, "Household Income, Liquid Income, Liquid and Illiquid Wealth Holdings, and Portfolio Composition, Sample Countries." かれらの報告だと，2010年消費者家計調査でのメジアン家計所得は4万7040ドルだったけれど，家計の現金や当座，貯蓄，マネーマーケット口座での貯金は2640ドル（あるいは月収の3分の2ほど）だったという．

7) David Huffman and Matias Barenstein, "A Monthly Struggle for Self-Control? Hyperbolic Discounting, Mental Accounting, and the Fall in Consumption between Paydays," Institute for the Study of Labor (IZA) Discussion Paper 1430 (December 2005): 3.

8) FINRA Investor Education Foundation, *Financial Capability in the United States: Report of Findings from the 2012 National Financial Capability Study*, p. 23, 最終アクセス2015年5月14日，http://www.usfinancialcapability.org/downloads/NFCS_2012_Report_Natl_Findings.pdf.

9) Ibid., p. 26. 2012年になると，経済の停滞が続いたことで，この比率は3.5パーセントに上がった．

10) 50年にわたり，2年ごとに2.5パーセントだと，平均で人々は成人後生涯の間に0.625回の破産を経験する．でも1回破産した人は3回破産する（2回のくり返し）し，破産を1回以上経験する人は20.83パーセントになる．この場合も2回追加で破産が生じる．反復破産についての統計的な情報源は見つからなかった．人が破産申告して，負債を完全に免除してもらえる頻度については法で規定されている．

11) Matthew Desmond, "Eviction and the Reproduction of Urban Poverty," *American Journal of Sociology* 118, no. 1 (July 2012): 88–133. デズモンドの報告では，平均的な年だと人口60万のうち強制退去は大人・子ども含めて1万6000人に起きるという（p. 91）．全地域での入居賃貸家屋における強制退去率は3.5パーセントで，高貧困地域だと7.2パーセントだ（p. 97）．デズモンドは強制退去を受ける人々の困難を描いており，裁判所の記録のせいで次に借りるのがむずかしくなるという．こうした数字がひょっとして高すぎる場合でも，私の主張は通る．つまり多くの世帯は住居から放り出され，次の家を見つけるのはむずかしくなる，ということだ．

12) John Maynard Keynes, "Economic Possibilities for Our Grandchildren," in *Essays in Persuasion* (London: Macmillan, 1931), pp. 358–73. 邦訳ケインズ「孫たちの経済的可能性」（山形浩生訳 http://genpaku.org/keynes/misc/keynesfuture.pdf）他多数．

13) 8倍：ibid., p. 365. アメリカの1人当たり所得成長については，1930–2000年区間のアンガス・マディソンの計算を使用（"US Real Per Capita GDP from 1870–2001," September 24, 2012, 2014年12月1日アクセス，http://socialdemocracy21stcentury.blogspot.com/2012/09/us-real-per-capita-gdp-from-18702001.html）．2000年から2010年の所得成長については，*Economic Report of the President 2013,* table B-2でのCouncil of Economic AdvisorsによるGDPのチェーンなし加重推計を使い，人口成長については同じ報告のtable B-34を使用（2014年12月1日アクセス，http://www.whitehouse.gov/sites/default/files/docs/erp2013/full_2013_economic_report_of_the_president.pdf）．この計算によると1人当たり実質所得増加率は，2010年と1930年の間で5.6となる．

14) Keynes, "Economic Possibilities," p. 369.

15) Ibid., pp. 366–67.

16) アメリカの主婦に余暇がない記録としてはArlie Russell Hochschild, *The Second Shift: Working Parents and the Revolution at Home*（New York: Viking, 1989）．

17) 歌詞は以下参照：http://www.oldielyrics.com/lyrics/patti_page/how_much_is_that_doggy_in_the_window.html. 最終アクセス2014年11月5日．

18) Paco Underhill, *Why We Buy: The Science of Shopping*（New York: Simon and Schuster, 1999）, p. 85. 邦訳アンダーヒル『なぜこの店で買ってしまうのか：ショッピングの科学』（鈴木主税訳，早川書房，2001）．

19) たとえばOren Bar-Gill and Elizabeth Warren, "Making Credit Safer," *University of Pennsylvania Law Review* 157, no. 1（November 2008）: 1–101を参照．本書でもクレジットカードについての釣りをたくさん紹介したけれどBar-Gill and Warrenは消費者ローン市場での釣りを，他の融資についてもたくさん事例紹介している．

第2章　評判マイニングと金融危機

1) マクロ経済についてはAlan S. Blinder, *After the Music Stopped: The Financial Crisis, the Response, and the Work Ahead*（New York: Penguin Press, 2013）; 金融投機についてはRoddy Boyd, *Fatal Risk: A Cautionary Tale of AIG's Corporate Suicide*（Hoboken, NJ: Wiley, 2011）; William D. Cohan, *Money and Power: How Goldman Sachs Came to Rule the World*（New York: Doubleday, 2011）; Greg Farrell, *Crash of the Titans: Greed, Hubris, the Fall of Merrill Lynch, and the Near-Collapse of Bank of America*（New York: Crown Business, 2010）; Kate Kelly, *Street Fighters: The Last 72 Hours of Bear Stearns, the Toughest Firm on Wall Street*（New York: Penguin, 2009）; Michael Lewis, *Boomerang: Travels in the New Third World*（New York: W. W. Norton, 2011）. 邦訳ルイス『ブーメラン：欧州から恐慌が返ってくる』（東江一紀訳，文春文庫，2014）および*The Big Short: Inside the Doomsday Machine*（New York: W. W. Norton, 2010）. 邦訳ルイス『世紀の空売り』（東江一紀訳，文春文庫，2013）; ファニーメイとフレディマックについてはLawrence G. McDonald, with Patrick Robinson, *A Colossal Failure of Common Sense: The Inside Story of the Collapse of Lehman Brothers*（New York: Crown Business, 2009）; Gretchen Morgenson and Joshua A. Rosner, *Reckless Endangerment: How Outsized Ambition, Greed, and Corruption Led to Economic Armageddon*（New York: Times Books/Henry Holt, 2011）; アメリカ財務省についてはHenry M. Paulson, *On the Brink: Inside the Race to Stop the Collapse of the Global Financial System*（New York: Business Plus, 2010）. 邦訳ポールソン『ポールソン回顧録』（有賀裕子訳，日本経済新聞出版社，2010）; 金融システムについてはRaghuram Rajan, *Fault Lines: How Hidden Fractures Still Threaten the World Economy*（Princeton: Princeton University Press, 2010）. 邦訳ラジャン『フォールト・ラ

インズ：「大断層」が金融危機を再び招く』（伏見威蕃他訳，新潮社，2011）; Robert J. Shiller, *Subprime Solution: How Today's Global Financial Crisis Happened and What to Do about It* (Princeton: Princeton University Press, 2008). 邦訳シラー『バブルの正しい防ぎかた：金融民主主義のすすめ』（黒坂佳央監訳，日本評論社，2014）; アメリカ財務省についてはAndrew Ross Sorkin, *Too Big to Fail: The Inside Story of How Wall Street and Washington Fought to Save the Financial System* (New York: Viking, 2009). 邦訳ソーキン『リーマン・ショック・コンフィデンシャル』（加賀山卓朗訳，ハヤカワ文庫，2014）; Gillian Tett, *Fool's Gold: How the Bold Dream of a Small Tribe at J. P. Morgan Was Corrupted by Wall Street Greed* (New York: Free Press, 2009). 邦訳テット『愚者の黄金』（土方奈美訳，日本経済新聞出版社，2009）; David Wessel, *In Fed We Trust: Ben Bernanke's War on the Great Panic* (New York: Crown Business, 2009). 邦訳ウェッセル『バーナンキは正しかったか？：FRBの真相』（藤井清美訳，朝日新聞出版，2010）. 特に有用だったのは，驚くほど明快でしっかり記述された以下の報告だ. *Financial Crisis Inquiry Report: Final Report of the National Commission on the Causes of the Financial and Economic Crisis in the United States* (Washington, DC: Government Printing Office, 2011), http://www.gpo.gov/fdsys/pkg/GPO-FCIC/pdf/GPO-FCIC.pdf. これらの本はすべて，この章で私たちが語る解釈を加えた物語の重要な背景となっている.

2) Carl Shapiro, "Consumer Information, Product Quality, and Seller Reputation," *Bell Journal of Economics* 13, no. 1 (1982): 20–35.

3) Tobias Adrian and Hyun Song Shin, "Liquidity and Leverage," *Journal of Financial Intermediation* 19, no. 3 (July 2010): 418–37. Adrian and Shinは1990年代のある時点（銀行ごとに異なる）について計算した平均バランスシートと，2008年の第1四半期のバランスシートを，5大投資銀行について比べてみた. その銀行は，ベアスターンズ，ゴールドマン・サックス，リーマン・ブラザーズ，メリルリンチ，モルガン・スタンレーだ. かれらの平均資産は3450億ドル，平均負債は3310億ドル，平均エクイティは133億ドルだ. table 2, "Investment Bank Summary Statistics" を参照.

4) Paulson, *On the Brink*, and Blinder, *After the Music Stopped*, 邦訳ポールソン『ポールソン回顧録』などを参照.

5) Charles Ellis, *The Partnership: The Making of Goldman Sachs* (New York: Penguin Press, 2008), p. 97. 邦訳エリス『ゴールドマン・サックス：王国の光と影』（斉藤聖美訳，日本経済新聞出版社，2010）上巻p. 152を参照. ある金融企業の中で何が起きているかについての，驚くべき，正確で詳細な構図を知るために私たちはエリスの著書を大いに使っている. こうした記述は匿名希望で行われることが多いので珍しい.

6) Goldman Sachs, Annual Report 2005, p. 65, table on "Consolidated Statement of Financial Conditions," 2014年12月6日アクセス，http://www.goldmansachs.com/investor-relations/financials/archived/annual-reports/2005-annual-report.html. ゴールドマン・サックスのエクイティは280.02億ドルで，総資産は7068.04億ドルだった.

7) Council of Economic Advisors, *Economic Report of the President 2007*, table B-26, http://www.gpo.gov/fdsys/pkg/ERP-2007/pdf/ERP-2007.pdf. この数字は後に2013年報告では，ちょっと上方改訂されて12.2になった.

8) エリスが*The Partnership*（邦訳『ゴールドマン・サックス』）で述べている. 第4章「フォード：世界最大のIPO」pp. 53–72 邦訳上巻pp. 87–100を参照.

9) ややこしい税制上の条件があった. というのも一家は議決権の独占をあきらめていたからで，財団はいまや配当を受け取れなくなるからだ. Ibid., p. 55 邦訳上巻p. 90.

10) Ibid., pp. 60–61 邦訳上巻p. 97.

11) Ibid., p. 185 邦訳上巻p. 275.

12) Ibid., p. 347 邦訳下巻p. 9も参照. それによれば「シンジケート参加を律するルールは，ごうつくばりのパフォーマンス支払い的なビジネスのルールよりは，学友会のルールに似ていた」.

13) だから危機のときに，マイケル・M・トーマスは，ムーディーズの主任債権格付人であるアルバート・エソカイトとドミニック・デパルマが「身持ち正しく買収不能だった」かつての日々を懐かしく詠嘆している. Thomas, "Rated by Idiots," *Forbes*, September 16, 2008.

14) Ellis, *The Partnership*, p. 103. 邦訳エリス『ゴールドマン・サックス』上巻p. 159.

15) Ibid., 支払額と，同社の資本が底をついたかもしれないという見方についてはp. 114 邦訳上巻p. 176; 同社の資本はすべてパートナーに帰属するという見方についてはp. 103 邦訳上巻p. 160.

16) Ellis, *The Partnership*, pp. 569–70, 邦訳エリス『ゴールドマン・サックス』下巻pp. 319–20によれば，ゴールドマン・サックスが株式公開したとき，「多くのゴールドマン・サックス社員は総資産の85パーセント以上を同社に投資していた」. だからその頃には，同社の負債が限られたものだったといっても，パートナーたちは破産したら失うものが大きかった.

17) "Today Is Moving Day for Goldman Sachs," *New York Times*, April 1, 1957.

18) Goldman Sachs, "Who We Are," "What We Do," "Our Thinking," すべて2014年12月1日アクセス，http://www.goldmansachs.com/index.html.

19) 開店日の出所：“200 West Street,” Wikipedia, 2014年10月22日アクセス，http://en.wikipedia.org/wiki/200_West_Street.

20) Paul Goldberger, "The Shadow Building: The House That Goldman Built," *New Yorker*, May 17, 2010, アクセス2014年10月22日，http://www.newyorker.com/magazine/2010/05/17/shadow-building.

21) 銀行の取り決めが，デフォルトしたときの市中銀行における一般預金についての巨額のヘアカットを企業がどれだけ懸念しているかに左右されるという洞察を共有してくれた，ゾルタン・ポッザーに感謝する. 出所：2010–11年のIMFにおけるジョージ・アカロフとの私的会話.

22) Catherine Clifford and Chris Isidore, "The Fall of IndyMac," Cable News Network, July 13, 2008, 2014年12月1日アクセス，http://money.cnn.com/2008/07/12/news/companies/indy mac_fdic/.

23) Ellis, *The Partnership*, p. 78. 邦訳エリス『ゴールドマン・サックス』上巻pp. 122–23.

24) Ibid., p. 5 邦訳上巻p. 16.

25) Cohan, *Money and Power*, p. 602.

26) Moody's, "Moody's History: A Century of Market Leadership," 2014年11月9日アクセス，https://www.moodys.com/Pages/atc001.aspxを参照. この出所によれば「この変化の理由は，今も昔も，市場アクセスの点で客観的な格付がもたらす大幅な価値に対して発行者が支払いを行うべきだというものです」. 他のビッグスリーのメンバーも明らかに似たようなことをした. Christopher Alessi, Roya Wolverson, and Mohammed Aly Sergie, "The Credit Rating Controversy," Council on Foreign Relations, Backgrounder, October 22, 2013更新，2014年11月8日アクセス，http://www.cfr.org/financial-crises/credit-rating-controversy/p22328.

27) 「ウォール街と金融危機」に関するアメリカ上院公聴会からの証拠では「投資銀行からかけられる圧力がしばしば格付プロセスに影響し，銀行は本来よりもよい扱いを受けられるようになった」と示している. US Senate, Committee on Homeland Security and Government Affairs, Permanent Subcommittee on Investigations, *Wall Street and the Financial Crisis: Anatomy of a Financial Collapse*, Majority and Minority Staff Report, April 13, 2011, p. 278, http://www.hsgac.senate.gov//imo/media/doc/Financial_Crisis/FinancialCrisisReport.pdf?attempt=2.

28) だからたとえば*Financial Crisis Inquiry Report*は次のように述べる（p. 126）：「格付機関は証券

取引委員会など各種規制機関から，格付の品質と精度を確保するような規制を受けていなかった．この分野における委員会の事例研究はムーディーズを扱ったが，同社は欠陥ある古いモデルを使って，住宅ローン関連証券にまちがった格付を発行し，証券の基盤となる資産に対する意味あるデューディリジェンスを実施せず，そのモデルがまちがっていることが明らかになった後ですら，それらのモデルを使い続けた」．

29) Kristopher Gerardi, Andreas Lehnert, Shane M. Sherlund, and Paul Willen, "Making Sense of the Subprime Crisis," *Brookings Papers on Economic Activity* (Fall 2008): 69–139は，将来の価格低下を予見できなかったことが，過度に高い格付の主要な原因だったと強調している．その後起こった住宅価格の暴落は「メルトダウン」と思われ，きわめて考えにくいとされていた（p. 142）．

30) *Financial Crisis Inquiry Report*, p. xxv. 加えて，Charles W. Calomiris ("The Subprime Crisis: What's Old, What's New, and What's Next," Federal Reserve Bank of St. Louis Economic Symposium, "Maintaining Stability in a Changing Financial System," Jackson Hole, WY, August 2008, p. 21）によれば，サブプライム住宅ローンの8割は，AAA格付のコンデュイットに入れられた．95パーセントはA以上だ．*The Financial Crisis Inquiry Report* (p. xxv) はさらにこう述べる：「またムーディーズ崩壊の背後で働く力についても読むことになるだろう．これは欠陥あるコンピュータモデル，格付にお金を出した金融機関からの圧力，市場シェアの盲目的な追求，記録的な利潤を出していたのに仕事を実施するリソースがなかったこと，意味ある監督の不在を含む」．

31) US Senate, Committee on Homeland Security and Government Affairs, Permanent Subcommittee on Investigations, *Wall Street and the Financial Crisis*, p. 245.

32) Lewis, *The Big Short*. 邦訳ルイス『世紀の空売り』．

33) かれは，ジョン・ポールソンによる住宅ローン市場の空売りの大きな取引によりこれに気がついたけれど，当時は独自のモデルを使って調査を行っていた．Cohan, *Money and Power*, pp. 493–95.

34) Ibid., p. 567.

35) Ibid., p. 595.

36) Associated Press, "Timeline of United Airlines' Bankruptcy," *USA Today*, February 1, 2006, 2014年11月9日アクセス，http://usatoday30.usatoday.com/travel/flights/2006-02-01-united-timeline_x.htm; Bloomberg News, "United Airlines Financial Plan Gains Approval from Creditors," *New York Times*, December 31, 2005; and Micheline Maynard, "United Air Wins Right to Default on Its Employee Pension Plans," *New York Times*, May 11, 2005.

37) Ellis, *The Partnership*, p. 2, footnote. 邦訳エリス『ゴールドマン・サックス』．

38) Bloomberg News, "Cuomo Announces Reform Agreements with 3 Credit Rating Agencies," June 2, 2008, http://www.bloomberg.com/apps/news?pid=newsarchive&sid=a1N1TUVbL2bQ. 取り決めの42カ月間についてはMichael Virtanen, "NY Attorney General Looks at Ratings Agencies," Associated Press, February 8, 2013, 2014年3月21日アクセス，http://bigstory.ap.org/article/ny-attorney-general-looks-ratings-agencies-0を参照．

39) Danielle Carbone, "The Impact of the Dodd-Frank Act's Credit-Rating Agency Reform on Public Companies," *Corporate and Securities Law Advisor* 24, no. 9 (September 2010): 1–7, http://www.shearman.com/~/media/Files/NewsInsights/Publications/2010/09/The-Impact-of-the-DoddFrank-Acts-Credit-Rating-A__/Files/View-full-article-The-Impact-of-the-DoddFrank-Ac__/FileAttachment/CM022211InsightsCarbone.pdf.

40) Boyd, *Fatal Risk*.

41) *Financial Crisis Inquiry Report*, pp. 141 and 267.

42) Ibid., p. 267.

43) Ibid., p. 141.

44) Ibid.

45) Ibid.

46) Boyd, *Fatal Risk*, p. 196.

47) Ibid., p. 182.

48) *Financial Crisis Inquiry Report*, pp. 347–50.

49) US Department of the Treasury, "Investment in AIG," 2015年3月11日アクセス, http://www.treasury.gov/initiatives/financial-stability/TARP-Programs/aig/Pages/status.aspx.

50) 数字はRené M. Stulz, "Credit Default Swaps and the Credit Crisis," *Journal of Economic Perspectives* 24, no. 1 (Winter 2010): 80が, 2008年6月30日について示しているもの.

51) Ibid., p. 82.

第3章 広告業者, 人の弱点を突く方法を発見

1) Lemelson Center, "Edison Invents!" 著者のファイルに保存. 元々は以下にあった：http://invention.smithsonian.org/centerpieces/edison/000_story_02.asp.

2) Roger C. Schank and Robert P. Abelson, *Scripts, Plans, Goals, and Understanding: An Inquiry into Human Knowledge Structures* (Hillsdale, NJ: L. Erlbaum Associates, 1977) を参照.

3) 私たちの視点は物語の心理学に関するJerome Brunerの解釈と対応している.「行動は信念, 欲望, 道徳的コミットメントに基づいている」「人を理解するにはその人の経験と行動がその志向状態によりどう形成されているかを理解しなければならない」. Bruner, *Acts of Meaning: Four Lectures on Mind and Culture* (Cambridge, MA: Harvard University Press, 1990), pp. 23, 33. だからBrunerが「人が内心に抱える, 粗っぽい常に変わり続ける自伝の草稿」(p. 33) と呼ぶものは, 人々の行動を大きく決定する. この「内心の自伝」について私たちは, 人々が自分に聞かせる「物語」で, 意思決定に大きな役割を果たすとしている. Brunerはこうした物語を決めるのに「文化」の役割を強調するが, 私たちは文化を, 多くの決定要因の1つでしかないと考える.「物語心理学」のレビューとしては, たとえばMichele L. Crossley, "Introducing Narrative Psychology," in *Narrative, Memory and Life Transitions* ed. Christine Horrocks, Kate Milnes, Brian Roberts, and David Robinson (Huddersfield: University of Huddersfield Press, 2002), pp. 1–13などを参照.

　こうした物語の役割はまた経済学にも前例がある. 私たちの片方 (シラー) は投機バブルの拡散において, 伝染病のように広がる物語の重要性を検討している. たとえばRobert J. Shiller, *Irrational Exuberance* (Princeton: Princeton University Press, 2000) のpp. 161, 163などを参照. 邦訳シラー『投機バブル：根拠なき熱狂』(植草一秀監他訳, ダイヤモンド社, 2001). 同じ主題はまた私たちの共著*Animal Spirits: How Human Psychology Drives the Economy, and Why It Matters for Global Capitalism* (Princeton: Princeton University Press, 2009) 邦訳アカロフ&シラー『アニマルスピリット』(山形浩生訳, 東洋経済新報社, 2009) でも重要なテーマだった. 物語はまたアイデンティティ経済学にも関連している. これはアカロフがRachel Kranton と"Economics and Identity," *Quarterly Journal of Economics* 115, no. 3 (August 2000): 715–53および*Identity Economics: How Our Identities Shape Our Work, Wages, and Well-Being* (Princeton: Princeton University Press, 2010), 邦訳アカロフ&クラントン『アイデンティティ経済学』(山形浩生他訳, 東洋経済新報社, 2011) でも検討したものだ. アイデンティティ経済学との関連で言うと, Brunerが「内心の自伝」と呼ぶものはその人物たちの「社会カテゴリー」も含む. これは「その人が何者であるか」と, それらに影響する規範のことだ. そしてもちろん, 社会カテゴリーもその規範も, 人々の意図に影響する. このように, Brunerの物語心理学の記述と一貫性ある形で, 人々

が自分に言い聞かせる「物語」はかれらの行動に影響する. 人々による自分自身の社会カテゴリーとその規範の見方は変化することがあるし, それも急変することもあるので, アイデンティティ経済学はブルーナーがそうした物語の内部で起こると呼んでいるものをさらに捉えている——そうした変化を私たちは本書で強調している. またアイデンティティ経済学に物語心理学を使うことについて最近の貢献もある. Steven Bosworth, Tania Singer, Dennis J. Snowerは, アイデンティティが単に「人生の物語」に関するだけでなく, ずっと頻度の高い物語(「時間, 空間, 状況, 社会的役割の中で文脈化された個人的適応」)にも関連するものだと描写している. かれらの論文"Cooperation, Motivation and Social Balance" (American Economic Association 総会での発表, Boston, January 3, 2015) を参照. そしてかれらはアイデンティティが変化するものだということを強調する. ポール・コリアーは, もっと狭い意味で物語という用語を使って, その個別物語自体だとしているけれど, でもかれも同じ分野を耕している. というのも「アイデンティティ, 物語, 規範」の相互作用を検討し, 特にこの3つすべてが社会ネットワークを通じて送信されるかを強調しているからだ. Collier, "The Cultural Foundations of Economic Failure: A Conceptual Toolkit" (mimeo, Oxford University, February 2015), p. 6 を参照. コリアーは「語り」が「観察」に比べてどこまで重要になれるかを強調している (p. 5).

4) マーケティングの主導的教科書, フィリップ・コトラーとゲーリー・アームストロングによるPhilip Kotler and Gary Armstrong, *Principles of Marketing*, 14th ed. (Upper Saddle River, NJ: Prentice Hall, 2010) 邦訳『コトラー, アームストロング, 恩藏のマーケティング原理』(丸善出版, 2014) は, 広告について本章で私たちがとっている立場をかなり反映した見方をしている. OgilvyOneのケーススタディでかれらはこう書く:「広告の究極の狙いは賞を取ることではないし, 人々にその広告を気に入ってもらうことですらない. その広告にさらされたあとで, 人々にある形で考え, 感じ, 行動させることだ. 最終的に, その広告がいかにおもしろく, 芸術的であっても, 商品が売れなければクリエイティブとはいえない」(p. 460). また, コトラーとアームストロングが定義するマーケティングの分野全体で, 広告はたった1つの側面でしかないことは指摘しておくべきだろう. 全体で613ページのこの本のうち, 広告とPRについての章はたった28ページしかない.

5) この歌の2番はこう続く:

あたしはカリフォルニアに出張で
哀れな恋人は1人で留守番
イヌがいれば寂しくないし
ワンちゃんもいいおうちができる

そしてこの歌は,「恋人」がイヌから得る便益について述べ, イヌの吠え声が泥棒を怖がらせて追い払う, と述べる. http://www.oldielyrics.com/lyrics/patti_page/how_much_is_that_doggy_in_the_window.html.

6) Jane Austen, *Pride and Prejudice* (New York: Modern Library, 1995), chap. 15 of volume 3, または本全体のchapter 57. 邦訳オースティン『高慢と偏見』邦訳多数.

7) 一部の統計で, 経済とその流通における広告の全体的な規模感がわかる. ただしこれから示すように, データベースごとにその推計はちがっている. Coen Structured Advertising Expenditure Dataset (www.galbithink.org/cs-ad-dataset.xls) は長期的な時系列データを示すもので, それによると1970年の総広告支出はGDP1兆383億ドルの195.5億ドル, つまり1.9パーセントほどだった. 2007年の総広告支出はGDP14兆287億ドルのうち2796.12億ドル, つまり2パーセントだった. だからGDPに占める広告支出の割合は5パーセントほど増えた. 増加とはいえそんなに劇的なものではない.

でも各種の媒体の構成比は大幅に変わり, 特に印刷物は激減した. このデータセットの関連部分を使うと, 以下のことがわかる. 新聞と雑誌は, 1970年には広告支出の35.79パーセントだったの

に，2007年にはたった20.00パーセント，つまり構成比は45 パーセント近く減った．ラジオとテレビ（2007年には放送とケーブルテレビの両方を含む）は，25.1パーセントから32.2パーセントへと大きく増えた．一方，ダイレクトメール広告のシェアも50パーセント以上増え，14.1パーセントが21.5パーセントになった（本章の後のほうでは，ダイレクトメール広告がこんなに増えた理由について見る）．このデータセットによると，2007年のインターネットはまだ広告収入の4パーセント以下（105億ドル）だったのに，そこから急速に変化した．私たちが挙げた変化と，ある種の広告規模の総額のGDP比推計は，おそらくかなりよい全体像を与えてくれるけれど，絶対数値は少し眉にツバをつけて見るべきだ．たとえば，別の情報源はインターネット広告が，2007年についていまの金額の2倍以上の212億ドルとしている．PricewaterhouseCoopers（PwC）の委託によるInteractive Advertising Bureau, *Internet Advertising Revenue Report: 2013 Full-Year Results,* 2015年3月7日アクセス，http://www.iab.net/media/file/IAB_Internet_Advertising_Revenue_Report_FY_2013.pdf. それ以来，同じ情報源によると，インターネット広告収入は2倍以上となり，2013年には428億ドルだった．これはCoen Structured Advertising Expenditure Datasetが示す，2007年のすべての新聞広告をあわせた額（421億ドル）より大きい．新聞収入についての別の情報源としてはNewspaper Association of America, "The American Newspaper Media Industry Revenue Profile 2012," April 8, 2013, 2015年3月7日アクセス，http://www.naa.org/trends-and-numbers/newspaper-revenue/newspaper-media-industry-revenue-profile-2012.aspxを参照．

8）Jeffrey L. Cruikshank and Arthur W. Schultz, *The Man Who Sold America* (Boston: Harvard Business Review Press, 2010), p. 17.

9）"The Personal Reminiscences of Albert Lasker," *American Heritage* 6, no. 1 (December 1954), 2015年5月21日アクセス，http://www.americanheritage.com/content/personal-reminiscences-albert-lasker?page=2.

10）Cruikshank and Schultz, *The Man Who Sold America,* pp. 31–32.

11）Ibid., p. 33.

12）広告の後の変種としてはpp. 152 and 153の間の写真．

13）Ibid., p. 52.

14）"The Propaganda for Reform," *Journal of the American Medical Association* 61, no. 18 (November 1, 1913): 1648.

15）Claude Hopkins, *My Life in Advertising and Scientific Advertising: Two Works by Claude C. Hopkins* (New York: McGraw Hill, 1997), p. 20.

16）Ibid., pp. 43–44.

17）Ibid., pp. 46–47.

18）Ibid., p. 61.

19）Cruikshank and Schultz, *The Man Who Sold America,* p. 95.

20）Ibid., pp. 91–92.

21）Ibid., p. 97.

22）Stephen R. Fox, *The Mirror Makers: A History of American Advertising and Its Creators* (Urbana: University of Illinois Press, 1984), p. 192.

23）Cruikshank and Schultz, *The Man Who Sold America,* p. 100.

24）Ibid., p. 106.

25）*Scientific Advertising*でホプキンスはこのクーポン利用を説明し，さらに科学的手法の利用全般についても述べている（*My Life in Advertising and Scientific Advertising,* pp. 215–16).

26）Cruikshank and Schultz, *The Man Who Sold America,* pp. 115–21.

27) David Ogilvy, *Confessions of an Advertising Man* (New York: Atheneum, 1988), p. 30. 邦訳オグルヴィ『ある広告人の告白』(山内あゆ子訳，海と月社，2006), p. 29.

28) Kenneth Roman, *The King of Madison Avenue: David Ogilvy and the Making of Modern Advertising* (New York: Macmillan, 2009), p. 44.

29) Ogilvy, *Confessions of an Advertising Man*, p. 51. 邦訳オグルヴィ『ある広告人の告白』p. 42.

30) Ibid.

31) David Ogilvy, *Ogilvy on Advertising* (New York: Random House/Vintage Books, 1985), p. 10 邦訳オグルヴィ『「売る」広告』(山内あゆ子訳，海と月社，2010), p. 8を参照.

32) Ibid., pp. 59および79. 邦訳pp. 55と71.

33) Fox, *The Mirror Makers*, p. 231.

34) Ogilvy, *Confessions of an Advertising Man*, pp. 145–46. 邦訳オグルヴィ『ある広告人の告白』pp. 202–4. オグルヴィはその「物語的なアピール」について語っているのに注目. 「ハロルド・ルドルフはこの魔法の要素を『物語的なアピール』と呼び，それを写真に注入すればするほど，人々は広告を見てくれることを実証した」(p. 144 邦訳p. 203).

35) Hopkins, *My Life in Advertising and Scientific Advertising*, p. 34.

36) Ogilvy, *Confessions of an Advertising Man*, p. 20. 邦訳オグルヴィ『ある広告人の告白』p. 18.

37) これはかれのモットーである「広告の語彙で最も重要な単語は『テスト』である」に従うものだ. Ibid., p. 114 邦訳p. 159.

38) 最近の2つの論文，Song Han, Benjamin Keys, and Geng Li, "Credit Supply to Bankruptcy Filers: Evidence from Credit Card Mailings" (U.S. Federal Reserve Board, Finance and Economics Discussion Paper Series Paper No. 2011–29, 2011), http://www.federalreserve.gov/pubs/feds/2011/201129/201129pap.pdf, およびHong Ru and Antoinette Schoar, "Do Credit Card Companies Screen for Behavioral Biases?" (American Finance Association会合でのプレゼンテーション，January 2014) は，民間ビジネスがどのようにビッグデータを使うか示している. クレジットカード会社は自分たちの商品をちがう消費者に提供してみる. たとえば低いティーザー金利 (これは広告で大きく宣伝) と，その後の金利引き上げ (これは細かい字の注意書きにしかない) は，貧困で教育水準の低い消費者を系統的に狙っていた. こうした消費者は，自分がどんな契約を交わしているのか，署名時点では理解できない可能性が高い. 別の点で，Ru and Schoarはまた金融危機以前の2006年には，アメリカのクレジットカード会社は月に6億通のクレジットカード勧誘を送っていたと報告している. アメリカの平均的な大人は，年に新規のクレジットカードを36枚も得られることになる. この過剰な勧誘は，クレジットカードの全体支出に関する次章での私たちの議論を支持するものだ. もし企業がこんな勧誘を送っているなら，そうした郵便代の費用は私たちから回収しているはずなのだ.

39) John A. Morello, *Selling the President, 1920: Albert D. Lasker, Advertising and the Election of Warren G. Harding* (Westport, CT: Praeger, 2001), Kindle locations 831–48 and following out of 1801を参照.

40) Ibid., Kindle locations 1074–84.

41) Ibid., Kindle locations 942–90.

42) Sasha Issenberg, *The Victory Lab: The Secret Science of Winning Campaigns*, 1st paperback ed. (New York: Crown/Random House, 2012), pp. 244–46. 有権者1億人というのは，前の(2008年の) 大統領選だということに注意. これは2012年の大統領選ではもっと増えた.

43) Issenbergはデータの使われ方を説明している. かれは，調査されなかった有権者の行動は「シミュレート」されたと述べている. Ibid., p. 248.

44) Issenbergがかれの技法を説明している. Ibid., pp. 129–30.

45) Ronald B. Tobias, *Twenty Master Plots: And How to Build Them*, 2nd paperback edition (Blue Ash, OH: F + W Media, 1993), p. 139.

第4章 自動車，住宅，クレジットカードをめぐるぼったくり

1) すでに述べたとおり（はじめに，注20），私たちはぼったくりという用語を，人々が受けるサービスに対して高値を払っているという意味で使っている．

2) 新車（中古車）販売台数を世帯数で割ったもの．2013年新車販売台数：1560万台（Zacks Equity Research, "Strong U.S. Auto Sales for 2013," January 6, 2014, 2014年12月1日アクセス，http://www.zacks.com/stock/news/118754/strong-us-auto-sales-for-2013）．2013年中古車販売台数：4100万台（Keith Griffin, "Used Car Sales Figures from 2000 to 2014," 2014年12月1日アクセス，http://usedcars.about.com/od/research/a/Used-Car-Sales-Figures-From-2000-To-2014.htm）．2013年アメリカ世帯数（単身世帯含む）：1億2250万世帯（US Census Bureau, "America's Families and Living Arrangements: 2013," table H1, 2014年12月1日アクセス，https://www.census.gov/hhes/families/data/cps2013.html）．

3) Ian Ayres and Peter Siegelman, "Race and Gender Discrimination in Bargaining for a New Car," *American Economic Review* 85, no. 3 (June 1995): 304–21.

4) Ibid., p. 309, table 2. 名目ドルは1989年価格をもとに2014年に調整してある．1989年はこの調査が実施された年についての私たちの最善の推定だ．Bureau of Labor Statistics CPIデフレータを使った：http://data.bls.gov/cgi-bin/cpicalc.pl?cost1=635.6&year1=1989&year2=2014. 最終アクセス2014年3月25日．最終ドル利潤数値の固定的影響を示す結果を挙げている．

5) Ayres and Siegelman, "Race and Gender Discrimination," table 2.

6) Ibid, p. 317.

7) 最終的に提示された価格の分布が正規分布の足きり版だと想定している．利潤ゼロのところ以下になったら，ディーラーは取引をやめてしまうということだ．

8) Ian Ayres, "Fair Driving: Gender and Race Discrimination in Retail Car Negotiations," *Harvard Law Review* 104, no. 4 (February 1991): 854.

9) ここでも，私たちがぼったくりと言うとき，人々が購入する財やサービスについて高値を払っているという意味で使っている．

10) US Census Bureau, *Statistical Abstracts of the United States* 2012, table 992, "Homeownership Rates by Age of Householder and Household Type: 1990 to 2010," 最終アクセス2015年5月22日，https://www.census.gov/compendia/statab/2012/tables/12s0992.pdfを参照．2010年には60–64歳人口の世帯主の80.4パーセントは持ち家だった．

11) 24年というのは驚くほど長期に思えるかもしれない．というのもずっと有名でまったくちがう統計があるからだ．こちらはアメリカ人たちがずっとたくさん引っ越しているというまちがった印象を与えてしまう．この数字は私たちが引用したのとはちがい，所有者たちが平均で今の家に暮らし続ける期間を示したものではない．むしろそれは，現在の買い手が買おうとしている家にとどまる期間だ．でもこの両者が大きくちがうのにはきちんとした理由がある．家をもっと頻繁に買い替える人々は，それに対応して買い手の平均居住期間についても大きな加重を受けることになるということだ．たとえば，2年ごとに家を買い替える人は，24年ごとに買い替える人の加重の12倍になる．これは，かれらが12倍も頻繁に家を買うからというだけのことでしかない．でも人々がどれだけ頻繁に引っ越すかの見取り図を得るには，人々が買った家にどれほどとどまるかはどうでもいい．むしろ普通の人（または普通の所有者）がいま住んでいる家にいつまでいるかが知りたい．このため，私たちの使った，現在の所有者たちが転出するときに何年その家に住んでいたかという指標は適切なものだ．

私たちは「24年以上」というのをPeter Mateyka and Matthew Marlay, "Residential Dura-

tion by Race and Ethnicity: 2009" (American Sociological Association年次総会発表論文, Las Vegas, 2011), p. 29, table 3で報告されている, 持ち家の現在の居住年数分布から計算した. 計算は, 報告された分布をもとに, 元居住者の居住年数平均を2倍することで得た. 2倍することで, 転出時の居住年数のよい近似が得られる. というのも安定状態なら, 持ち家居住者は, 標本抽出されたときにはその家に住む期間のだいたい半ばになるからだ(この推計は期待居住年数を過小に見積もっている. というのもこれは持ち家率の成長を無視しているからだ. でもその過小分は小さなものだ. 持ち家率の上昇はゆっくりしたものだからだ).

住宅購入者が買ったばかりの単世帯住宅に住む年数は, 別の手法で推計されている. 私たちの推計では, これは13.1年だ. この推計は, 2000年の単世帯住宅ストック総数(7631.3万; 出所:US Census Bureau, "Historical Census of Housing Tables," October 31, 2011, 2014年12月1日アクセス, https://www.census.gov/hhes/www/housing/census/historic/units.html)を同年の単世帯住宅販売戸数推計, 584万で割った. 出所:中古住宅販売と新規民間所有単世帯住宅販売戸数(US Census Bureau, *Statistical Abstracts of the United States* 2012, 2014年12月1日アクセス, https://www.census.gov/prod/www/statistical_abstract.html, tables 979 and 974)を足し, マンションやアパート販売(table 980)を引いた.

賃貸人も含めたあらゆる転入者の滞在期間に関する別の指標がある. この指標だと, アメリカの転入者が新規に賃借したか購入した家での平均生活期間は8.3年ほどだ. でもここでも, この統計は人々がどれだけ引っ越すかについて誤解を招くものだ. というのもそれは, 人々の引っ越し回数に応じて人々に加重してしまうからだ(私たちはこの推計を, 総人口を1年に引っ越す人の数で割って求めた. 全米の引っ越し率:US Census Bureau, "Census Bureau Reports National Mover Rates Increases after a Record Low in 2011," December 10, 2012, 2014年12月1日アクセス, https://www.census.gov/newsroom/releases/archives/mobility_of_the_population/cb12-240.html).

12) Susan E. Woodward, *A Study of Closing Costs for FHA Mortgages*, prepared for US Department of Housing and Urban Development, Office of Policy Development and Research, May 2008, http://www.urban.org/UploadedPDF/411682_fha_mortgages.pdf.

13) 理屈は簡単だ. 売り手も買い手も, 不動産手数料1.8万ドルを買い手が支払って30万ドルの家を売買するのと, 不動産手数料を売り手が支払って31.8万ドルの家を売買するのは同じことだと考え無差別となる. 手数料を売り手が支払う取引に両者が合意するなら, 買い手が手数料を払うほうにも合意するはずだ.

14) 融資制約が下がる以前から, 初の住宅購入者に対する平均頭金はかなり低いものだった. 1980年代初期には15パーセントほどだったし, それがだんだん下がって, 危機直前の2007年には10パーセント未満となった. John V. Duca, John Muellbauer, and Anthony Murphy, "House Prices and Credit Constraints: Making Sense of the US Experience," *Economic Journal* 121 (May 2011): 534, fig. 1.

15) 経済学者にとって, 不動産仲介手数料がアメリカでなぜこんなに高く, 平均で他の先進国より1.5–2.5パーセント高いのは謎だった. Robert W. Hahn, Robert E. Litan, and Jesse Gurman, "Bringing More Competition to Real Estate Brokerage," *Real Estate Law Journal* 34 (Summer 2006): 89. どうもこの手数料は, インターネットを通じた競争の可能性があっても高いままらしい. Alex Tabarrok, "The Real Estate Commission Puzzle," April 12, 2013, 2014年12月1日アクセス, http://marginalrevolution.com/marginalrevolution/2013/04/the-real-estate-commission-puzzle.html.

16) またもや1990年代末から2000年代はじめのWoodwardの標本によると, 住宅ローンの契約手数料は平均で3400ドルだ(*A Study of Closing Costs for FHA Mortgages*, p. viii). また登記手数料

は平均1200ドルだ (p. xii). 住宅ローンの平均融資額は10万5000ドルなので, こうした手数料は平均でローン金額の4.4パーセントほどということになる (p. viii).

17) 最終的な判決についてはUS Bureau of Financial Protection, "Loan Originator Compensation Requirements under the Truth in Lending Act" (Regulation Z), 12 CFR Part 1026, Docket No. CFPB—2012-0037, RIN 3170-AA132, 2014年11月11日アクセス, http://files.consumerfinance.gov/f/201301_cfpb_final-rule_loan-originator-compensation.pdfを参照. 重要な点として「ローンについて消費者の負担を『上積み』するインセンティブを防ぐため, 最終的な判決は一般に取引や取引プールの利潤率に基づくローンオリジネーター補償を禁じている」(p. 4).

18) Susan E. Woodward and Robert E. Hall, "Consumer Confusion in the Mortgage Market: Evidence of Less Than a Perfectly Transparent and Competitive Market," *American Economic Review* 100, no. 2 (May 2010): 511–15.

19) Ibid., p. 513. 93パーセントという数字は, 融資元が1つだけの借り手2600件の平均88パーセントと, FHAの標本である借り手6300件の95パーセントを加重平均したもの (table 2).

20) イールドスプレッドプレミアム (YSP) というのが, 平均よりおいしいローンが組まれた場合に銀行が住宅ローンブローカーに支払うキックバックの名前だ.

21) Carolyn Warren, *Mortgage Rip-offs and Money Savers: An Industry Insider Explains How to Save Thousands on Your Mortgage and Re-Finance* (Hoboken, NJ: Wiley, 2007), pp. xviii–xix.

22) アラスカ州は, アメリカの人口の0.25パーセントほどしかいない. 潜在的な買い手は近くのペンシルバニア州やニューヨーク州からくる可能性のほうがずっと高いだろう.

23) Richard A. Feinberg, "Credit Cards as Spending Facilitating Stimuli: A Conditioning Interpretation," *Journal of Consumer Research* 13, no. 3 (December 1986): p. 349, table 1. 平均的な, チップは, クレジットカードの場合だと代金の16.95パーセントで, 現金だとたった14.95パーセントだった.

24) Elizabeth C. Hirschman, "Differences in Consumer Purchase Behavior by Credit Card Payment System," *Journal of Consumer Research* 6, no. 1 (June 1979): 58–66. 特にHypothesis 2a の結果を参照, p. 62.

25) Matias F. Barensteinによれば, 1988–1999年のFederal Reserve Consumer Expenditure Surveyで, クレジットカード保有者の平均所得は4万3396ドルで, 保有しない人の平均は2万5155ドルだった. Barenstein, "Credit Cards and Consumption: An Urge to Splurge?" "Essays on Household Consumption" (PhD diss., University of California, Berkeley, 2004), p. 44, table A2.

26) どうもこの実験は1982年かその少し前に実施されたらしい. というのもFeinbergはその年のプレゼンテーションに言及しているからだ. 私たちは名目ドル金額の算出にこの年を使っている.

27) Feinberg, "Credit Cards as Spending Facilitating Stimuli," p. 352, table 1.

28) Drazen Prelec and Duncan Simester, "Always Leave Home without It: A Further Investigation," *Marketing Letters* 12, no. 1 (2001): 8.

29) 「商人はクレジットカードの利用者に対し, 同じ商品について現金顧客よりも高く課金できるだろうか」という質問への答えを参照. "Making Purchases with Credit Cards—The Best Credit Cards to Use," August 26, 2014, 2014年11月14日アクセス, http://www.creditinfocenter.com/cards/crcd_buy.shtml#Question6.

30) FINRA Investor Education Foundation, *Financial Capability in the United States: Report of Findings from the 2012 National Financial Capability Study*, May 2013, p. 21, 最終アクセス2015年5月14日, http://www.usfinancialcapability.org/downloads/NFCS_2012_Report_Natl_Findings.pdf.

31) Robin Sidel, "Credit Card Issuers Are Charging Higher," *Wall Street Journal*, October 12, 2014.

32) 持ち家や貸家住宅の住宅ローン金利総額は2012年には4210億ドルだった. Bureau of Economic Analysis, "Mortgage Interest Paid, Owner- and Tenant-Occupied Residential Housing," 2014年10月29日アクセス, https://www.google.com/#q=BEA+mortgage+interest+payments+ 2010.

33) 2012年の外食消費総額は8550億ドルだった. 自動車やその部品に対する個人消費支出は3950億ドルだ. Bureau of Economic Analysis, "National Income and Product Accounts," table 2.3.5, "Personal Consumption Expenditures by Major Type of Product," for 2012, 2014年11月15日アクセス, http://www.bea.gov/iTable/iTable.cfm?ReqID=9&step=1#reqid=9&step=3&isuri=1&904=2010&903=65&906=a&905=2011&910=x&911=0.

34) この大ざっぱな構成比は, いくつかの情報源のツギハギで算出している. 2010年については, クレジットカードによる金利支出の大ざっぱな総額をUS Census Bureau, *Statistical Abstracts of the United States*, 2012から得ている. 総クレジットカード負債は2009年にはVISA, マスターカード, ディスカバー, アメリカン・エキスプレスについては7740億ドルだった (table 1188) クレジットカードのリボ払い金利は0.1340で, これは*Statistical Abstracts*, table 1190にある. すると金利支出1037億ドルが出てくる. 2009年については, *New York Times*が罰金205億ドルと報じている (Ron Lieber and Andrew Martin, "Overspending on Debit Cards Is a Boon for Banks," *New York Times*, September 8, 2009, 2015年5月2日アクセス, http://www.nytimes.com/2009/09/09/your-money/credit-and-debit-cards/09debit.html?pagewanted=all&_r=0). クレジットカード手数料「年額480億ドル」という数字はJohn Tozzi, "Merchants Seek Lower Credit Card Interchange Fees," *Businessweek Archives*, October 6, 2009, 2015年5月2日アクセス, http://www.bloomberg.com/bw/stories/2009-10-06/merchants-seek-lower-credit-card-interchange-feesから得た. この3つの数字を足すと1710億ドルになり, これはその年についてのRobin Sidel, "Credit Card Issuers Are Charging Higher" の1670億ドルという数字とまあまあ近い. 支払い遅れの罰金や手数料がおおむね一定だけれど, 金利手数料は変動とすると, この構成のだいたいのところが出てくる (2012年の1500億ドルの収入のうち).

35) http://truecostofcredit.com/400926. このウェブサイトはすでに閉鎖されている. ハーパーはその後, 商人たちに取引手数料を最小化する手法を教えるコンサルティング会社を起業した (その後買収された). かれが報告した高い手数料を考えれば, これはかなり有益なサービスだ. ハーパーが挙げるこうした手数料の例は, いまでもインターネットのあちこちに散在している. 著者たちはまた, もとのブログのコピーを手元にファイルとして持っている.

36) Integra Information Systemsから得た業界研究によると, 雑貨店での平均総マージンは10.47パーセントなので, 原価に対するマークアップは12パーセントを下回る. Tim Berry, "On Average, How Much Do Stores Mark Up Products?" December 2, 2008, 2014年10月23日アクセス, http://www.entrepreneur.com/answer/221767を参照.

37) Michelle J. White, "Bankruptcy Reform and Credit Cards," *Journal of Economic Perspectives* 21, no. 4 (Fall 2007): 178.

38) Ibid., p. 177.

39) Ibid., p. 179.

第5章　政治でも見られる釣り

1) 真面目に私たちの助言を求め, 公職に立候補しようとしている人物すべてに助言を提供するというのは, 私たちの党派性なしの公共サービス的約束だ. これは元生徒の親も含む.

2) Iowa Legislature, "Legislators," 2014年12月1日アクセス, https://www.legis.iowa.gov/legisla-

tors/legislator/legislatorAllYears?personID=116.

3) Sue Morris, "Small Runs for Senate," *Le Mars Daily Sentinel*, March 24, 2004.

4) 2001年現在の推定費用についてはJoint Committee on Taxation, "Estimated Budget Effects of the Conference Agreement for H.R. 1836," May 26, 2001, p. 8, 2014年12月1日アクセス, https://www.jct.gov/publications.html?func=startdown&id=2001 を参照; そして2003年現在の推定費用については "Estimated Budget Effects of the Conference Agreement for H.R. 2, the 'Jobs and Growth Tax Relief Reconciliation Act of 2003,'" May 22, 2003, p. 2, 2014年12月1日アクセス, https://www.jct.gov/publications.html?func=startdown&id=1746を参照. さらにまたGlen Kessler, "Revisiting the Cost of the Bush Tax Cuts," *Washington Post*, May 10, 2011, http://www.washingtonpost.com/blogs/fact-checker/post/revisiting-the-cost-of-the-bush-tax-cuts/2011/05/09/AFxTFtbG_blog.htmlも参照.

5) 私たちの計算では, 2009年から2012年にブッシュ減税のお金を使えれば大不況の影響をかなり抑えられたはずだ. 計算は可能な形で進む. この1.7兆ドルの全額が, 2008年以前に支出されたわけではない. その費用のうち6000億ドルほどは2008年以降に削減されることになっていた (総費用とそのタイミングに関する情報源は注4で挙げた2つの税制共同委員会の刊行物だ). 目安として, ゼロ金利だと政府支出乗数はおよそ2だ (International Monetary Fund, *World Economic Outlook*, April 2012, 2014年12月1日アクセス, http://www.imf.org/external/pubs/ft/weo/2012/01/, chap. 1, part 3). これは筋が通っている. 税乗数はおよそ1と考えられるし, 金利一定の財政均衡乗数も1に近いからだ. これはつまり政府支出1000億ドルの増価は, GDPを2000億ドルほど増やすということだ. 2008年のアメリカのGDPは14.3兆ドルだった (Council of Economic Advisors, *Economic Report of the President* 2013, table B-1, 2014年12月1日アクセス, http://www.whitehouse.gov/sites/default/files/docs/erp2013/full_2013_economic_report_of_the_president.pdf). だから政府支出の1000億ドル増加は, GDPを1.4パーセントほど高めたことになる. オーカンの法則による目安は, いまでも有効らしく (Laurence Ball, João Tovar Jalles, and Prakash Loungani, "Do Forecasters Believe in Okun's Law? An Assessment of Unemployment and Output Forecasts," *IMF Working Paper* 14/24 [February 2014]: 7, table 1を参照), GDPの2パーセント増加は失業率の1パーセント減少と相関しているということになる. その1.1兆ドルは失業を減らすのに使えただろう. 失業は2009年から2012年の4年間で9.0パーセントをちょっと下回る水準だったけれど, これを7パーセント強にまで下げられたはずだ.

6) Center for Responsive Politics, "Sen. Chuck Grassley," 2014年11月16日アクセス, http://www.opensecrets.org/politicians/summatry.php?cycle=2004&type=I&cid=n00001758&newMem=N.

7) Jessica Miller, "Ads Prove Grassley's Greener on His Side of the Ballot," *Waterloo-Cedar Falls Courier*, October 25, 2004, 2014年11月16日アクセス, http://wcfcourier.com/news/metro/article_fdd73608-4f6d-54be-aa34-28f3417273e9.html.

8) 票決については "Statistics of the Presidential and Congressional Election of November 2, 2004," June 7, 2005, 2014年11月16日アクセス, http://clerk.house.gov/member_info/electionInfo/2004election.pdfを参照.

9) 以下のデータから計算: US Census Bureau, *Statistical Abstracts of the United States*, 2012, table 426, "Congressional Campaign Finances—Receipts and Disbursements," 2014年12月1日アクセス, https://www.census.gov/prod/www/statistical_abstract.html, そして議席数に関するデータには異論が出されている.

10) Anthony Downs, "An Economic Theory of Political Action in a Democracy," *Journal of Political Economy* 65, no. 2 (April 1957): 135–50. メジアン有権者理論はまた, それ以前にも以下

で発見されている. Duncan Black, “On the Rationale of Group Decision-making,” *Journal of Political Economy* 56, no. 1 (February 1948): 23–34.

11) この結果はまた, 選好には1つのピークしかないという想定を必要とする. つまり, 右派と左派のそれぞれで, 有権者の最も望む結果から離れれば, それだけ満足度が下がるということだ.

12) Lawrence Lessig, *Republic Lost: How Money Corrupts Congress—And a Plan to Stop It* (New York: Hachette Book Group, 2011) が, 見つけることのできた各種文献の中で最も近い描写をしている. 政治学者たちは無知な有権者を強調してきた. Arthur Lupia, “Busy Voters, Agenda Control, and the Power of Information,” *American Political Science Review* 86, no. 2 (June 1992): 390–403は, 有権者たちを不完全な情報を持つ存在であり, 利益団体は欺瞞的な情報を広める存在として描いている. LupiaがMathew D. McCubbinsと共著した*The Democratic Dilemma: Can Citizens Learn What They Really Need to Know?* (New York: Cambridge University Press, 1998) もまた, 市民が正しい判断のために本当に必要な情報を手に入れる困難と, 欺瞞的な手法を使う必要のある人々による欺瞞的な手口についての証拠を提供している. Gene M. Grossman and Elhanan Helpman, *Special Interest Politics* (Cambridge, MA: MIT Press, 2001) もまた, 十分な情報を持っていない有権者の場合の選挙戦献金に関するモデルを提供している.

13) James R. Healey, “Government Sells Last of Its GM Shares,” *USA Today*, December 10, 2013.

14) Emergency Economic Stabilization Act of 2008, H.R. 1424, 110th US Congress, https://www.govtrack.us/congress/bills/110/hr1424/textでアクセス可能. 全文は以下の通り:「連邦政府が経済と金融システムの安定性をもたらし混乱を防ぎ, 納税者を保護するためにある種の問題資産を購入し保証する権限を連邦政府に与えるため, 1986年内国歳入法を改定してエネルギー生産と省エネルギーのインセンティブを与え, 一部の期限切れとなる条項を延期し, 個人所得税免税を提供し, その他の目的を実現するため」.

15) 各種当局についての厳密な解釈と, 法案がどのように解釈されたかを教えてくれたPhillip Swagelに感謝する. ジョージ・アカロフへの電子メール, 2012年4月2日.

16) 財務省での劇的な会合で, 9大銀行はTARPの下で資金注入を受ける一覧に入っていると告げられた. そこには財務長官ヘンリー・ポールソンによる, いささかも曖昧なところのない脅しがあった. ウェルズファーゴ銀行のCEOリチャード・コヴァセビッチに, もしこの話を受け入れなければ「翌日に[規制当局から]電話が入り, 資本過小だと言われ」, ウェルズファーゴ銀行は民間市場で資金調達ができなくなるぞと告げられたのだという. Alan S. Blinder, *After the Music Stopped: The Financial Crisis, the Response, and the Work Ahead* (New York: Penguin Press, 2013), p. 201. シティコープ, ウェルズ・ファーゴ, JP モルガン・チェースはそれぞれ250億ドルの資金注入を受けた. バンク・オブ・アメリカは150億ドル. ゴールドマン・サックス, メリルリンチ, モルガン・スタンレーはそれぞれ100億ドル, ニューヨークメロン銀行は30億ドル, ステートストリート銀行は20億ドルだ. 総額1250億ドルとなる. Henry M. Paulson, *On the Brink: Inside the Race to Stop the Collapse of the Global Financial System* (New York: Business Plus, 2010), p. 364. 邦訳ポールソン『ポールソン回顧録』p. 462.

17) Emergency Economic Stabilization Act, H.R. 1424, p. 3, https://www.govtrack.us/congress/bills/110/hr1424/text.

18) Ibid.

19) Center for Responsive Politics, “Lobbying Database,” 2014年12月1日アクセス, https://www.opensecrets.org/lobby/.

20) De Figueiredoはその後, Duke University School of Law and Fuqua School of Businessに移

籍した.

21) Center for Responsive Politics, "Lobbying Database." この数字は1999−2000年の選挙期間についてのもので, Stephen Ansolabehere, John M. de Figueiredo, and James M. Snyder, "Why Is There So Little Money in U.S. Politics?" *Journal of Economic Perspectives* 17, no. 1 (Winter 2003): 105−30からとった.

22) Ansolabehere, de Figueiredo, and Snyder, "Why Is There So Little Money in U.S. Politics?" p. 108. 重要な点として, かれらの発見では1999−2000年の議会と大統領選挙戦では30億ドルが費やされたとのこと. このうち, 企業, 労組などの組織が支払ったのはたった3.8億ドルだ.

23) Robert G. Kaiser, *So Damn Much Money: The Triumph of Lobbying and the Corrosion of American Government* (New York: Vintage Books/Random House, 2010).

24) Steven V. Roberts, "House Votes Funds Permitting Study on MX to Continue," *New York Times*, December 9, 1982. アスピンがこの印象的な発言を行ったのは, MXミサイルへの予算を否決する投票後のことで, かれはこう述べた.「これは意義深い投票であり, 重要な投票でもある. でもだからといってMXがおしまいということではない」.

25) MoJo News Team, "Full Transcript of the Mitt Romney Secret Video," *Mother Jones*, September 19, 2012, 2014年12月1日アクセス, http://www.motherjones.com/politics/2012/09/full-transcript-mitt-romney-secret-video.

26) Mayhill Fowler, "Obama: No Surprise That Hard-Pressed Pennsylvanians Turn Bitter," *Huffington Post*, November 17, 2008, 最終アクセス2015年4月30日, http://www.huffingtonpost.com/mayhill-fowler/obama-no-surprise-that-ha_b_96188.html.

27) Marianne Bertrand, Matilde Bombardini, and Francesco Trebbiは, ロビイングは何を知っているかよりは誰を知っているかに依存することを発見している. "Is It Whom You Know or What You Know? An Empirical Assessment of the Lobbying Process," *American Economic Review* 104, no. 12 (December 2014): 3885−920. 同様に, Jordi Blanes i Vidal, Mirko Draca, and Christian Fons-Rosenによれば, アメリカ上院議員とつながっているロビイストは, そのコネが議員でなくなると, 収入が24パーセント減るという (p. 3731): "Revolving Door Lobbyists," *American Economic Review* 102, no. 7 (December 2012): 3731−48.

28) 本書結論でのCitizens United v. Federal Elections Commission 裁判についての記述参照. 政治学では, 有権者が「情報」を持っていないかもしれないという見方は, 情報ある有権者と情報のない有権者というありがちな区別に暗黙に含まれている.

29) Elliot Gerson, "To Make America Great Again, We Need to Leave the Country," *Atlantic Monthly*, July 10, 2012, 2015年5月22日アクセス, http://www.theatlantic.com/national/archive/2012/07/to-make-america-great-again-we-need-to-leave-the-country/259653/.

30) Jeff Connaughton, *The Payoff: Why Wall Street Always Wins* (Westport, CT: Prospecta Press, 2012), Kindle locations 304−5, out of 2996.

31) Ibid., Kindle locations 343−45.

32) Ibid., Kindle locations 408−12.

33) 2013年度の連邦予算支出は約3.8兆ドルだった. Council of Economic Advisors, *Economic Report of the President* 2013, table B-78.

34) Kaiser, *So Damn Much Money*.

35) Ibid., p. 238.

36) Ibid., pp. 228 and 232.

37) Raquel Meyer Alexander, Stephen W. Mazza, and Susan Scholz, "Measuring Rates of Return for Lobbying Expenditures: An Empirical Case Study of Tax Breaks for Multinational

Corporations," *Journal of Law and Politics* 25, no. 401 (2009): 401–57. 免除なしでの35パーセントの比率と5.25パーセントの数字についてはp. 412 参照.

38) Ibid., p. 427, table 1. ロビイングはしても連合に参加しなかった他の企業の場合, ロビイング費用に対する節減費用の比率は低かったけれど, それでも154対1になっている. 競争的政策センター(CCP) のJason Farrellは, こうした数字が収益を「過大に示している」と述べる. ロビイングのお金が議会での票を1票たりとも変えたという証拠はないとかれは述べており, そのとおりかもしれない. そしてもちろん, 稼ぎを本国に戻していた企業は, ロビイングがなければ35パーセントという満額とはちがう率を受けていたかもしれない. Farrell, "Return on Lobbying Overstated by Report," August 23, 2011, 2014年11月18日アクセス, http://www.campaignfreedom.org/2011/08/23/return-on-lobbying-overstated-by-report/. でも私たちは他のところから, ロビイングがたしかに投票を変えるという証拠を大量に持っている. そしてロビイングがこの大盤振る舞いを本当に引き起こしたとすると, その収益は255対1よりもっと高いかもしれない. というのもこの1.8億ドルの大半は連合に参加した企業のロビイング総額なので, そのロビイングはAJCAの965条以外のロビイングプロジェクトに向けられていた可能性もあるからだ.

39) Kaiser, *So Damn Much Money*, p. 227.

40) Ibid., p. 228.

41) Sonia Reyes, "Ocean Spray Rides Diet Wave," *Adweek*, February 6, 2006, 2014年11月18日アクセス, http://www.adweek.com/news/advertising/ocean-spray-rides-diet-wave-83901.

42) キャシディーたちは, 大学の専用予算のためにロビイングを行うパイオニアだった. John de Figueiredo and Brian Silvermanは, かれらの収益について計量経済学的な調査を行った. 大学の契約オーバーヘッド率を, ロビイング支出の指標にして, 上院予算配分委員会に名を連ねる上院議員が代表する大学の場合, ロビイング費用を1ドル増やすと予算配分が5.24ドル増えると推計した. 下院予算配分委員会の議員が代表する大学だと, ロビイング費用1ドルの増加で予算配分は4.52ドル増える. 議員が代表していない他の大学は, 1.57ドルしか予算が増えないが, 多くの場合にこれは有意ではない. Figueiredo and Silverman, "Academic Earmarks and the Returns to Lobbying," *Journal of Law and Economics* 49, no. 2 (2006): 597–625.

43) Stephen Pizzo, Mary Fricker, and Paul Muolo, *Inside Job: The Looting of America's Savings and Loans* (New York: Harper Perennial, 1991), p. 410.

44) これは上院議員Dennis DeConciniの開会発言だった. Ibid., p. 416.

45) Nathaniel C. Nash, "Savings Institution Milked by Its Chief, Regulators Say," *New York Times*, November 1, 1989.

46) Jason Linkins, "Wall Street Cash Rules Everything around the House Financial Services Committee, Apparently," *Huffington Post*, July 22, 2013, 2015年5月22日アクセス, http://www.huffingtonpost.com/2013/07/22/wall-street-lobbyists_n_3635759.html.

47) US Internal Revenue Service, "Tax Gap for Tax Year 2006: Overview," table 1, Net Tax Gap for Tax-Year 2006. January 6, 2012, 2014年11月18日アクセス, http://www.irs.gov/pub/irs-soi/06rastg12overvw.pdf.

第6章　食品, 医薬品での釣り

1) Anthony Arthur, *Radical Innocent: Upton Sinclair* (New York: Random House, 2006), Kindle locations 883–86 out of 7719; また912–16.

2) シンクレアが精肉企業のJ・オグデン・アーマーに訴訟すると脅されたとき, かれは*New York Times*への投書で答えた. シンクレアは, 自分が見たものを述べている

　　結核, 放線菌症, 壊疽を宣告されて殺された牛や豚の死骸を人間の食べ物として販売. そうし

た死骸をソーセージやラードに転換．腐ったハムをホウ酸やサリチル酸で保存．缶詰や瓶詰めの肉をアニリン染料で染色．ソーセージの防腐や水増し――こうしたことすべては，何百人，何千人もの老若男女に，突然のひどい苦しい死を売りつけているということなのだ，と．

さらにシンクレアは不遜にもこう述べている．「私が糾弾したことの100分の1であっても，それが真実なら，それをやった罪人は牢屋送りだ．私が糾弾したものの100分の1でも，まちがいだったら，私も監獄に入れられるに十分であるはずだ」．*New York Times*, May 6, 1906.

3) 毒殺されたネズミがソーセージに入っている話はUpton Sinclair, *The Jungle* (Mineola, NY: Dover Thrift Editions, 2001; 原著出版1906年)，邦訳シンクレア『ジャングル』(大井浩二訳，松柏書房，2009))，p. 112 邦訳p. 198; ラードの中の残留物についてはp. 82 邦訳p. 112.

4) James Harvey Young, *The Toadstool Millionaires: A Social History of Patent Medicines in America before Federal Regulation* (Princeton: Princeton University Press, 1961), p. 239.

5) Ibid., p. 59.

6) Ibid., pp. 65–66.

7) Ibid., pp. 144–57.

8) 6種類の添加物すべての一覧は以下の通り．ホウ酸とホウ素，サリチル酸とサリチル基，硫酸と硫黄類，安息香酸と安息香類，ホルムアルデヒド，銅や硝石の硫化物．Harvey W. Wiley, *An Autobiography* (Indianapolis: Bobbs-Merrill, 1930), p. 220.

9) Ibid., pp. 215–20.

10) はじめにで述べたように，私たちは読者に特にMichael Moss, *Sugar, Salt and Fat* (New York: Random House, 2013) を参照するよう勧めたい．

11) Garret A. FitzGerald, "How Super Are the 'Super Aspirins'? New COX-2 Inhibitors May Elevate Cardiovascular Risk," University of Pennsylvania Health System Press Release, January 14, 1999.

12) Gurkirpal Singh, "Recent Considerations in Nonsteroidal Anti-Inflammatory Drug Gastropathy," *American Journal of Medicine* 105, no. 1, supp. 2 (July 27, 1998): 31S–38S. SinghはNSAID類の胃腸被害は控えめに見積もっても年に1万6500人の死者を引き起こしたという．これは，別枠で計算すれば，アメリカでの死因の15位に入る．

13) John Abramson, *Overdosed America: The Broken Promise of American Medicine*, 3rd ed. (New York: Harper Perennial, 2008), p. 25. またTom Nesi, *Poison Pills: The Untold Story of the Vioxx Scandal* (New York: Thomas Dunne Books, 2008), pp. 25–28も参照．

14) Nesi, *Poison Pills*, p. 134参照．

15) Abramson, *Overdosed America*, p. 106.

16) Justin E. Bekelman, Yan Li, and Cary P. Gross, "Scope and Impact of Financial Conflicts of Interest in Biomedical Research: A Systematic Review," *Journal of the American Medical Association* 289, no. 4 (January 22, 2003): 454–65; Joel Lexchin, Lisa A. Bero, Benjamin Djulbegovic, and Otavio Clark, "Pharmaceutical Industry Sponsorship and Research Outcome and Quality: Systematic Review," *British Medical Journal* 326, no. 7400 (May 31, 2003): 1167. Bekelman, Li, and Grossはまた，「プラスの結果を示す調査を二重カウントすることで，さらに出版バイアスを悪化させている」例の研究2つを指摘している．

17) Bob Grant, "Elsevier Published 6 Fake Journals," *The Scientist*, May 7, 2009, 2014年11月24日アクセス，http://classic.the-scientist.com/blog/display/55679/. またBen Goldacre, *Bad Pharma: How Drug Companies Mislead Doctors and Harm Patients* (New York: Faber and Faber/Farrar, Straus and Giroux, 2012), pp. 309–10も参照．

18) Claire Bombardier et al., "Comparison of Upper Gastrointestinal Toxicity of Rofecoxib and

Naproxen in Patients with Rheumatoid Arthritis," *New England Journal of Medicine* 343, no. 21 (November 23, 2000): 1520–28.

19) Ibid., p. 1522.

20) Ibid., p. 1525, table 4.

21) 17と4という数字はどうも原論文には見当たらない. むしろそれは, ヴィオックス群とナプロキセン群で心筋梗塞を起こした比率から概算できるだけだ. 17と4は後に, *New England Journal of Medicine*で追加で出た編集部コメントのtable 1で発表された. Gregory D. Curfman, Stephen Morrissey, and Jeffrey M. Drazen, "Expression of Concern: Bombardier et al., 'Comparison of Upper Gastrointestinal Toxicity of Rofecoxib and Naproxen in Patients with Rheumatoid Arthritis,' N Engl J Med 2000; 343: 1520–8," *New England Journal of Medicine* 353, no. 26 (December 29, 2005): 2813–14. 追加の曖昧さは, 追加された3件のヴィオックス群に見られるVIGORからの強度心筋梗塞と心臓発作だ. これらは刊行時点でマーク社が把握していたものだが, 検討された17件の心臓発作以外の追加件数となった. 著者たちの回答は, こうした観測は標本の締め切り以後に生じたものであり, このため除外されたというものだった.

22) Bombardier et al. ("Comparison of Upper Gastrointestinal Toxicity of Rofecoxib and Naproxen in Patients with Rheumatoid Arthritis," pp. 1527 and 1526) によれば, ナプロキセンは心臓病に対しアスピリンと同じような影響を与える. この主張は驚くべきものだ. というのもアリーブのマーケティング担当者はこれを広告に使ったことがないからだ.

23) Gregory D. Curfman, Stephen Morrissey, and Jeffrey M. Drazen, "Expression of Concern Reaffirmed," *New England Journal of Medicine* 354, no.11 (March 16, 2006): 1193, supplementary appendix 1, table 3, "Summary of Adjudicated Cardiovascular Serious Adverse Experience."

24) Nesi, *Poison Pills*, pp. 109–10.

25) マーク社はフィッツジェラルドや共著者たちの研究に出資したことがあり,「その刊行を何年も遅らせていた」. Ibid., n. 19, p. 110.

26) FitzGerald, "How Super Are the 'Super Aspirins'?"

27) Nesi, *Poison Pills*, pp. 96–97. SearleはCelebrexを開発したけれど, VIGORが終わった頃にはサール社はファイザーに買収されていた.

28) Ibid. 呼び込まれた主要な学者 : p. 35; 60人 : p. 41; カパウラ・リッツカールトンホテル : p. 34.

29) Ibid., pp. 22–23.

30) Carolyn B. Sufrin and Joseph S. Ross, "Pharmaceutical Industry Marketing: Understanding Its Impact on Women's Health," *Obstetrical and Gynecological Survey* 63, no. 9 (2008): 585–96. この数字は論文の時点よりは減っているかもしれない. 医師たちはもっとウェブで情報を得るようになっているからだ.

31) US Congress, Representative Henry A. Waxman, Memorandum to Democratic Members of the Government Reform Committee Re: The Marketing of Vioxx to Physicians, May 5, 2005, with accompanying documents, p. 3, http://oversight-archive.waxman.house.gov/documents /20050505114932-41272.pdf.

32) Ibid., p. 17.

33) Ibid., p. 18.

34) Eric J. Topol, "Failing the Public Health—Rofecoxib, Merck, and the FDA," *New England Journal of Medicine* 351, no. 17 (October 21, 2004): 1707–9.

35) Nesi, *Poison Pills*, p. 155.

36) Topol, "Failing the Public Health," p. 1707.

37) David J. Graham et al., "Risk of Acute Myocardial Infarction and Sudden Cardiac Death in Patients Treated with Cyclo-oxygenase 2 Selective and Non-selective Non-steroidal Anti-inflammatory Drugs: Nested Case-Control Study," *Lancet* 365, no. 9458 (February 5–11, 2005): 475–81. この調査は，Kaiser Permanente の入院患者でヴィオックスを処方された人々の結果と，そうでない同じ性質の患者たちの結果とを比べたものだ．ヴィオックス摂取者の心筋梗塞発生率は，対照群に比べて1より有意に大きかった．また示唆的なこととして，この比率は，ヴィオックスの投与量が増えると激増した．この調査は2005年2月まで刊行されなかったけれど，1999年1月1日から2001年12月31日の間のKaiser Permanente入院患者についてのものだ．グレアムはFDAにいたので，こうした結果はこの刊行日以前にわかっていたはずであり，したがってマーク社がヴィオックスを市場から引き揚げた以前にわかっていたことになる．

38) Nesi, *Poison Pills*, p. 11.

39) Topol, "Failing the Public Health," p. 1707.

40) 2004年11月18日のグレアムの上院金融委員会での証言．http://www.finance.senate.gov/imo/media/doc/111804dgtest.pdf を参照．

41) US Food and Drug Administration, Center for Drug Evaluation and Research (CDER), *Guidance for Industry Providing Clinical Evidence of Effectiveness for Human Drugs and Biological Products*, May 1998, 2014年12月1日アクセス，http://www.fda.gov/downloads/Drugs/.../Guidances/ucm078749.pdf. そこにはこうある．「品質について言えば，FDAの立場は，議会が一般に最低でも2つの適切できちんと対照化された研究を必要としているのだ，というものである．そのそれぞれが独自に，有効性を確立するものである必要がある」(p. 3)．またDavid Healy, *Pharmageddon* (Berkeley: University of California Press, 2012), p. 77も参照．

42) Nesi, *Poison Pills*, p. 14.

43) Curfman, Morrissey, and Drazen, "Expression of Concern Reaffirmed," p. 1193. かれらは不満げにこう書いている．「この日付は，出資者たちが試験完了の直前に選んだもので，消化器系の望ましくない事象報告のカットオフ日より1カ月早かった．この試験設計の筋の通らない特徴は，まちがいなく結果を歪めているが，この研究の学術著者たちや編集者たちには明かされていなかった」．

44) Bombardier et al., "Comparison of Upper Gastrointestinal Toxicity of Rofecoxib and Naproxen in Patients with Rheumatoid Arthritis," p. 1526.

45) Abramson, *Overdosed America*, p. 102は，鎮痛剤オキシコンチンとプラシーボとを対照した研究について述べている．当然ながらオキシコンチンは有効とされた．というのもオキシコンチンを投与された患者たちは，鎮痛剤をまったく処方されなかった患者たちよりも少ない痛みを訴えたからだ．でも当然ながら，他の鎮痛剤を与えることもできたはずだ．

46) Quotation from Nesi, *Poison Pills*, p. 163.

47) Goldacre, *Bad Pharma*, p. 113.

48) Adriane Fugh-Berman, "Prescription Tracking and Public Health," *Journal of General Internal Medicine* 23, no. 8 (August 2008): 1277–80, 2008年5月13日オンライン刊行，2015年5月24日アクセス，http://www.ncbi.nlm.nih.gov/pmc/articles/PMC2517975/. この情報は，医師たちが何を処方しているかについて目安が得られるので，営業担当者たちに有益となる．また医学教育の手配にも使える．

49) はじめにの注26を参照．

50) Susanna N. Visser et al., "Trends in the Parent-Report of Health Care Provider–Diagnosed and Medicated Attention-Deficit/Hyperactivity Disorder: United States, 2003–2011," *Journal of the American Academy of Child and Adolescent Psychiatry* 53, no. 1 (January 2014):

34-46. 州ごとの差についてはfig. 1を参照. 親が報告する薬品使用率は, 親が報告する診断よりかなり低いけれど, 診断と医薬品代との間には州ごとに高い相関がある. fig. 2を参照.

51) Center for Responsive Politics, "Lobbying: Top Industries," 最終アクセス2014年4月30日, https://www.opensecrets.org/lobby/top.php?showYear=1998&indexType=i. All years, 1998 –2015. ヘルスケアの総額は30億ドル以上だった.

52) Robert Pear, "Bill to Let Medicare Negotiate Drug Prices Is Blocked," *New York Times*, April 18, 2007, 最終アクセス2015年4月30日, http://www.nytimes.com/2007/04/18/washington/18cnd-medicare.html?_r=0. また650万人について薬代の負担はメディケイドからメディケアに移転された. こちらでは医薬品の負担がかなり高くなり, これまた製薬会社にとっては棚ぼた だ. Milt Freudenheim, "Market Place: A Windfall from Shifts to Medicare," *New York Times*, July 18, 2006, 2014年11月4日アクセス, http://www.nytimes.com/2006/07/18/business/18place.html?_r=1&pagewanted=printを参照.

53) http://www.amazon.com/Principles-Economics-N-Gregory-Mankiw/dp/0538453052, 最終アクセス2015年4月30日(こうした値段の数字はほぼまちがいなく変わる). 教科書と医薬品との間には別の類似点がある. ちょうど教科書が著作権で守られているように, 医薬品は特許で守られている. ちょっとちがう点として, すでに飲まれた錠剤の市場というのは, 古本教科書とはちがって存在しない. でも製薬会社は, 医薬品の特許が20年で失効するという問題に対処しなければならない. この問題について, かれらは教科書編集者が古本市場に対処するのとほぼ同じやり方で対処する. 製薬会社はちょっとだけ変更を加えた新しい版を出してくるのだ. プリロセック／ネクシウムの例が明確な事例となる. プリロセックの特許が切れてジェネリック医薬品として生産できるようになる直前, その生産者アストラ・ゼネカ社は, ネクシウムという新薬を発表した. 一部の分子は「キラリティ(対掌性)」を持つ. つまり右利き型か左利き型のどちらかだ. ネクシウムとプリロセックの唯一の差は, 一部の分子の旋光性だけだ(Goldacre, *Bad Pharma*, pp. 146–48を参照). そしてマーケティング部門が駆り出された. 善良な医師たちに, この新しい薬を処方するよう説得するのだ. ちょうどよい教師が良心的に最新版の教科書を指定するのと同じだ.

第7章　イノベーション：よいもの, 悪いもの, 醜いもの

1) 米国勢調査局は世界成人人口(20歳以上)を2014年半ば時点で47.25億人と推計している. US Census Bureau, "World Population by Age and Sex," 最終アクセス2014年12月1日, http://www.census.gov/cgi-bin/broker (売り手と買い手のペアの計算で, 私たちはこれを50億人と概算している).

2) 平均世界成人人口規模をおよそ30億人としている. 計算は, 1915年総人口を18億人とし, 現在の成人比率を成人人口計算に使い, その期間の人口成長率を一定としている.

3) これは先進国での現在の期待余命80年と見た場合の1人当たり所得の成長率が2.2パーセントをわずかに上回るものに対応している.

4) Angus Maddisonによれば, アメリカの1人当たりGDPは1940年というかなり最近の時点でも6838ドルだった(国際Geary-Khamis 1990ドルでの数字). この同じ測り方だと, 2008年のメキシコにおける1人当たりGDPは7919ドルだ. Maddison, "Historical Statistics of the World Economy: Per Capita GDP," 2014年11月26日アクセス, http://www.google.com/url?sa=t&rct=j&q=&esrc=s&source=web&cd=6&ved=0CEIQFjAF&url=http%3A%2F%2Fwww.ggdc.net%2Fmaddison%2FHistorical_Statistics%2Fhorizontal-file_02-2010.xls&ei=4t11VJfsG4uZNoG9gGA&usg=AFQjCNFFKKZ1UysTOutlY4NsZF9qwdu2Hg&bvm=bv.80642063,d.eXY. 2008年から2013年にかけて, メキシコの1人当たり所得をインフレ調整済み米ドルで表したものはほとんど変わっていない. World Bank, "GDP Per Capita (Current US$)," 2014年11月26日

アクセス, http://data.worldbank.org/indicator/NY.GDP.PCAP.CD.

5) 残念ながら, 経済学における世界資本には複数の意味がある. Investopediaは資本の定義を2つ挙げている. 「1. 金融資産または現金などの資産の金融価値. 2. 事業が所有して生産に使っている工場, 機械, 設備」. Investopedia, "Definition of Capital," 2015年5月25日アクセス, http://www.investopedia.com/terms/c/capital.asp. 何百年もさかのぼる経済学者たちの典型として, ファイナンス関係者とはちがい, ここでの私たちは2番目の定義を使っており, ある国の全事業が持つそうした資本の合計を指している.

6) Robert M. Solow, "Technical Change and the Aggregate Production Function," *Review of Economics and Statistics* 39, no. 3 (August 1957): 312-20. ソローは1909年から1949年のアメリカを検討した. かれは資本の増加がどれだけ生産性を高めたかを推計する方法を持っていた. 雇用された労働1時間当たり資本は, およそ31パーセント増えた. 総産出に占める資本の稼ぎ分(つまり配当に賃料に利潤の内部留保)の比率はだいたい3分の1だった. かれは, この「資本のシェア」がその産出への貢献を表すという粗い想定を置いた(市場が本当に競争的ならこれは成り立つ). 細かい計算の結果, かれは資本変化がなければ, 労働1時間当たりの産出は80パーセント変わっただろうと示した. つまり, 雇用労働1時間当たりの資本ストック変化31パーセントは, 労働1時間当たり産出の10パーセントほどの変化に相当し, したがってこの期間の総変化の8分の1程度を占めるということになった.

7) アメリカ先住民とアフリカ系アメリカ人の音楽の役割を大きく採り上げたのがJoseph Horowitz, *Dvořák in America: In Search of the New World* (Chicago: Cricket Books, 2003) だ.

8) Hanna Krasnova, Helena Wenninger, Thomas Widjaja, and Peter Buxmann, "Envy on Facebook: A Hidden Threat to Users' Life Satisfaction?" *Wirtschaftsinformatik Proceedings* 2013, Paper 92, p. 4, table 1, and p. 5, table 2, http://aisel.aisnet.org/wi2013/92. 回答者は「フラストレーション」の理由を複数挙げていいことになっていた. table 2は各種の「社会的要因」が「フラストレーション」だと考えた回答者の割合を挙げている. 残念ながら著者たちは, 「社会的要因」の中で複数回答がどんなふうに分布していたかを明らかにせず, 表全体についての数字だけを示している. 全体として, 回答者の80.7パーセントは「フラストレーション」の理由をたった1つしか挙げていない. 17.3パーセントは2つ挙げた. 2.0パーセントが3つ挙げている. この比率を使い, 私たちは「社会要因」を1つ以上挙げた人がおよそ60パーセントと推計した.

9) Steve Annear, "The 'Pavlov Poke' Shocks People Who Spend Too Much Time on Facebook: It's Meant to Condition Social Media 'Addicts' to Step Away from the Screen and Enjoy the Real World," *Boston Daily*, August 23, 2013, 2014年11月26日アクセス, http://www.bostonmagazine.com/news/blog/2013/08/23/pavlov-poke-shocks-people-who-spend-too-much-time-on-facebook/.

10) ユナイテッド航空のウェブサイトは搭乗プロセスを以下のように説明している:

> 事前搭乗は[身体障害を持つ乗客の後に]行われます. この集団にはグローバルサービス会員と制服の軍人が含まれます. 事前搭乗が完了したら, 自分の搭乗グループ番号が呼ばれるのをお待ちください. 自分のグループ番号の目安として, エコノミクラスーとビジネスクラスだけの航空機についての一覧を以下に挙げます. これはプレミアアクセス会員レベルに基づく順番です.
>
> グループ1: プレミアアクセス搭乗
>
> ・グローバルサービス(事前搭乗で搭乗されなかった方)
>
> ・プレミア1K
>
> ・プレミアプラチナ
>
> ・プレミアキャビン, ユナイテッドファーストを含む

注：ファーストクラスもある航空機では，ユナイテッドビジネス会員もこのグループでのご搭乗となります（またファーストクラスのある航空機でも，一部の国際線では，ユナイテッドファーストはユナイテッドグローバルファーストと呼ばれ，ユナイテッドビジネスはユナイテッドビジネスファーストと呼ばれます）.

グループ2：プレミアアクセス搭乗

・プレミアゴールド

・スターアライアンスゴールド

・プレミアシルバー

・マイレージプラスクラブ会員

・プレジデンシャルプラスカード会員

・マイレージプラスエクスプローラーカード会員

・マイレージプラスアワードカード会員

グループ3，4，5：一般搭乗

注：幼児，4歳以下のお子様連れのご家族は，ご自分のグループ番号が呼ばれたときにご搭乗いただけます.

"Arriving at a Single Boarding Process," April 22, 2013, 2014年11月26日アクセス，https://hub.united.com/en-us/news/company-operations/pages/arriving-at-a-single-boarding-process.aspx.

11) ここでさらに思い出されるのがJeffrey Butlerがバークレーでの博士号のために行った別の実験だ．Butlerは，実験室でステータスの感覚を引き起こせるか検討した．被験者はランダムに高い地位と低い地位という2つの集団に割り振られた．これは，袋からオレンジのポーカーチップを引くか，紫のポーカーチップを引くかで決めた．高い地位の被験者たちは1列3シートの席を与えられ，すてきな飲料を提供された．低い地位の被験者はこれに対し，1列5シートの席に座らされ，名前の一覧をABC順に並べるというつまらない仕事を与えられた．被験者がその後，いわゆる「信頼ゲーム」をやると，こうした地位に基づく割り振りで差が出たのも当然だろう．高い地位に割り当てられた者たちは，自分たちの間でも低い地位の人々に対してでも，信頼を破ると罰を下す率が高かった．Jeffrey Vincent Butler, "Status and Confidence," in "Essays on Identity and Economics" (PhD diss., University of California, Berkeley, 2008).

12) Nicholas Lemann, *The Big Test: The Secret History of the American Meritocracy*, 1st rev. paperback ed. (New York: Farrar, Straus and Giroux, 2000).

13) Ibid., pp. 7–8.

14) Garey Ramey and Valerie A. Ramey, "The Rug Rat Race," *Brookings Papers on Economic Activity* (Spring 2010): 129–99. この論文の題名は，アメリカのテレビアニメ「ラグラッツ」(1991–2004年) からきている．これは賢い乳幼児期の子どもたちの活動を描いたものだ．またこの題名は「rat race」という，果てしない無意味な活動を指す用語（たとえば実験用のラットが科学者の迷路や車輪の中を走るよう仕向けられたりすること）をアニメの題名と組み合わせ，この2つのイメージで，現代社会が子どもに対して成功の圧力をかけることに対する指摘としている．

15) 最も有名なのはおそらく*US News and World Report*からのものだろう．http://colleges.usnews.rankingsandreviews.com/best-collegesを参照.

16) 5つのちがった基準で雑誌ランキングを得られるウェブサイトさえある．分野，分類，地域，国，順序の基準別，雑誌引用数に基づくもの．SCImago Journal and Country Rank, "Journal Rankings," 2014年11月26日アクセス，http://www.scimagojr.com/journalrank.php?country =US.

17) たとえば "h-index" は教授たちを論文引用数でランク付けする.

18) Thom Patterson, "United Airlines Ends Coach Preboarding for Children," CNN, May 23,

2012, 2015年4月30日アクセス, http://www.cnn.com/2012/05/23/travel/united-children-preboarding/.

19) Prosper Mérimée, *Carmen and Other Stories* (Oxford: Oxford University Press, 1989). 邦訳メリメ『カルメン』(岩波文庫他多数).

20) Allan M. Brandt, *The Cigarette Century: The Rise, Fall, and Deadly Persistence of the Product That Defined America* (New York: Basic Books, 2007), p. 27.

第8章 たばこと酒と釣り均衡

1) これは中毒(嗜癖)に関する神経学的な証拠で見つかっている. この観点と, それを支持する証拠のレビューとしてはB. Douglas Bernheim and Antonio Rangel, "Addiction and Cue-Triggered Decision Processes," *American Economic Review* 94, no. 5 (December 2004): 1558–90を参照. かれらが書いているように「中毒(嗜癖)の最近の研究は, 中毒性物質の消費をめぐる結論について系統的なまちがいを引き起こすらしく脳の具体的な特性を指摘している」(p. 1562).

2) Centers for Disease Control and Prevention, "Smoking and Tobacco Use: Fast Facts," 2014年12月9日アクセス, http://www.cdc.gov/tobacco/data_statistics/fact_sheets/fast_facts/.

3) Allan M. Brandt, *The Cigarette Century: The Rise, Fall, and Deadly Persistence of the Product That Defined America* (New York: Basic Books, 2007), pp. 184 and 185の間の写真.

4) US Surgeon General, *Smoking and Health: Report of the Advisory Committee to the Surgeon General of the Public Health Service* (1964), p. 5, 2014年11月28日アクセス, http://www.surgeongeneral.gov/library/reports/.

5) 15歳以上の人口の中での1人当たりたばこ消費量: ibid., chap. 5, p. 45, table 1.

6) Ibid., p. 25. 1955年にはほとんど2万7000人; 1962年には4万1000人以上.

7) Brandt, *The Cigarette Century*, pp. 131–34.

8) Ernst L. Wynder and Evarts A. Graham, "Tobacco Smoking as a Possible Etiologic Factor in Bronchogenic Carcinoma Study of Six Hundred and Eighty-Four Proved Cases," *Journal of the American Medical Association* 143, no. 4 (May 27, 1950): 329–36. かれらによれば, がん患者の中で「長年にわたりそこそこ重度のチェーンスモーカー」でなかった人はたった3.5パーセントしかいなかった. マッチングさせた男性入院患者についての同じ数字は26.3パーセントだ (p. 336).

9) Brandt, *The Cigarette Century*, pp. 131–32.

10) Ibid., p. 157. でも悲しいかな, グレアムは喫煙歴が長すぎた. 後に肺がんで死亡した.

11) 男性の場合, たばこを0本しか喫煙しない人々は, 肺がん標本の中で占める比率と, マッチングした標本の中で占める比率との割合は0.075だった. 1日1–4本の喫煙者だと0.56だ; 1日5–14本だと0.87だ. 15–24本だと1.03, 25–49本では1.91; 1日50本以上だと2.5だ. Richard Doll and A. Bradford Hill, "Smoking and Carcinoma of the Lung: Preliminary Report," *British Medical Journal* 2, no. 4682 (September 30, 1950): 742, fig. 1. 女性についての結果も同様に増加傾向にあったが, 増え方は少しノイズが多い. これは女性が肺がん患者の6パーセントしか占めなかったことから当然予想されることではある. 肺がん患者688人のうち, 女性は41人しかいなかった (p. 742, table 5).

12) Ernst L. Wynder, Evarts A. Graham, and Adele B. Croninger, "Experimental Production of Carcinoma with Cigarette Tar," *Cancer Research* 13, no. 12 (1953): 863.

13) Oscar Auerbach et al., "Changes in the Bronchial Epithelium in Relation to Smoking and Cancer of the Lung: A Report of Progress," *New England Journal of Medicine* 256, no. 3 (January 17, 1957): 97–104.

14) Jeffrey K. Cruikshank and Arthur W. Schultz, *The Man Who Sold America* (Boston: Harvard Business Review Press, 2010), pp. 354–56.

15) Kenneth Roman, *The King of Madison Avenue: David Ogilvy and the Making of Modern Advertising*, paperback ed. (New York: Macmillan, 2009), p. 223.

16) Brandt, *The Cigarette Century*, p. 165; Naomi Oreskes and Erik M. Conway, *Merchants of Doubt: How a Handful of Scientists Obscured the Truth on Issues from Tobacco Smoke to Global Warming* (New York: Bloomsbury, 2010), p. 15. Oreskes and Conwayは，喫煙の影響だけでなく，酸性雨，オゾンホール，地球温暖化，DDTをめぐる影響に関する疑念の創出についても記録している．こうした分野のそれぞれについて，公共的な言論の中に戦略的に懐疑論を導入するのが実に簡単であることが示されている．

17) Brandt, *The Cigarette Century*, pp. 171 and 175.

18) "Little, Clarence Cook, Sc.D. (CTR Scientific Director, 1954–1971)," 2014年11月28日アクセス，http://tobaccodocuments.org/profiles/little_clarence_cook.html. すでにウェブ上にはない．著者の手持ちファイルにコピーがある．

19) Ibid.; *Time Magazine*, "Clarence Cook Little": Cover Story, April 22, 1937; George D. Snell, "Clarence D. Little, 1888–1971: A Biographical Memoir by George D. Snell" (Washington, DC: National Academy of Sciences, 1971).

20) Brandt, *The Cigarette Century*, p. 176.

21) Ibid., p. 175.

22) Ibid., p. 177.

23) これはもちろん，1970年公共健康喫煙法で義務づけられた公共保健の警告であり，すべてのたばこの箱に印刷されねばならない．"Public Health Cigarette Smoking Act," Wikipedia, 2015年3月28日アクセス，http://en.wikipedia.org/wiki/Public_Health_Cigarette_Smoking_Act.

24) US Surgeon General, *The Health Consequences of Smoking—50 Years of Progress* (2014), pp. 21–22, 2015年3月6日アクセス，http://www.surgeongeneral.gov/library/reports/50-years-of-progress/full-report.pdf.

25) US Surgeon General, *Smoking and Health* (1964), p. 102, table 19.

26) Jason Bardi, "Cigarette Pack Health Warning Labels in US Lag behind World: Internal Tobacco Company Documents Reveal Multinational Effort to Block Strong Warnings to Smokers," University of California at San Francisco, November 16, 2012, 2014年12月8日アクセス，http://www.ucsf.edu/news/2012/11/13151/cigarette-pack-health-warning-labels-us-lag-behind-world. アメリカについてはまた，Mark Joseph Stern, "The FDA's New Cigarette Labels Go Up in Smoke," *Wall Street Journal*, September 9, 2012, 2015年3月28日アクセス，http://www.wsj.com/articles/SB10000872396390443819404577633580009556096; およびUS Food and Drug Administration, "Tobacco Products: Final Rule 'Required Warnings for Cigarette Packages and Advertisements,'" 2015年3月28日アクセス，http://www.fda.gov/TobaccoProducts/Labeling/Labeling/CigaretteWarningLabels/ucm259953.htmも参照．オーストラリアについてはTobacco Labelling Resource Center, "Australia: Health Warnings, 2012 to Present," 2015年3月28日アクセス，http://www.tobaccolabels.ca/countries/australia/を参照．

27) テレビとラジオの広告は1970年4月の公共健康喫煙法で禁止された．それに続く2009年たばこ規制法は追加の制限を加えた．"Tobacco Advertising," Wikipedia, 2014年12月8日アクセス，http://en.wikipedia.org/wiki/Tobacco_advertising.

28) Brandt, *The Cigarette Century*, pp. 432–37. 46州との和解に加え，ミシシッピー州，フロリダ州，テキサス州，ミネソタ州とも和解があり，追加の400億ドルが支払われている．

29) Ibid., pp. 267–69.

30) Ibid., p. 271.

31) Ibid., p. 288.

32) US Surgeon General, *Smoking and Health: A Report of the Surgeon General* (1979), "Appendix: Cigarette Smoking in the United States, 1950–1978," p. A-10, table 2, 2014年11月28日アクセス, http://www.surgeongeneral.gov/library/reports/.

33) Figures for 2014, Centers for Disease Control and Prevention, "Cigarette Smoking in the United States: Current Cigarette Smoking among U.S. Adults 18 Years and Older," 2015年3月28日アクセス, http://www.cdc.gov/tobacco/campaign/tips/resources/data/cigarette-smoking-in-united-states.html.

34) Centers for Disease Control and Prevention, "Trends in Current Cigarette Smoking among High School Students and Adults, United States, 1965–2011," November 14, 2013, 2014年12月9日アクセス, http://www.cdc.gov/tobacco/data_statistics/tables/trends/cig_smoking/.

35) http://www.lung.org/finding-cures/our-research/trend-reports/Tobacco-Trend-Report.pdfのtable 2を使うと, 1人当たりたばこ消費（18歳以上）は1965年には4259で, 2011年には1232だった. http://www.lung.org/finding-cures/our-research/trend-reports/Tobacco-Trend-Report.pdfのtable 4によれば, 1965年には成人人口の42.4パーセントが喫煙者であり, 2011年には成人人口の19.0パーセントが喫煙者だった（http://www.cdc.gov/tobacco/data_statistics/tables/trends/cig_smoking/）. だから1965年には平均的な喫煙者は1日にたばこを27.52本, 2011年には17.76本, あるいは1965年には1.376箱を吸い, 2011年には0.89箱を吸っていることになる. 2015年世界保健機関（WHO）の推計を見ると, たとえばブラジルでは15歳以上の人口の15.2パーセントが喫煙する. 中国では26.3パーセント, フランスでは24.7パーセント, ドイツでは26.2パーセント, ロシアでは37.3パーセントだ.

36) Centers for Disease Control and Prevention, "Smoking and Tobacco Use: Tobacco-Related Mortality," 2015年3月28日アクセス, http://www.cdc.gov/tobacco/data_statistics/fact_sheets/health_effects/tobacco_related_mortality/. 推計値は2005–2009年のたばこ喫煙による平均年間死者数についてのもの. 喫煙による年間総死者数は48万317人と推計されている. 喫煙は直接の肺がんにより12万7700人の死者を出した. 呼吸器系疾患で11万3100人. 心肺系および代謝系疾患では16万人の死者だ. 副次喫煙による死者は4万1300人だ. そのうち7300人は肺がん, 3万4000人は冠動脈疾患による.

37) Bridget F. Grant et al., "The 12-Month Prevalence and Trends in DSMIV Alcohol Abuse and Dependence: United States, 1991–1992 and 2001–2002," *Drug and Alcohol Dependence* 74, no. 3 (2004): 228, table 2.

38) Mandy Stahre et al., "Contribution of Excessive Alcohol Consumption to Deaths and Years of Potential Life Lost in the United States," *Preventing Chronic Disease* 11 (2014), 2014年3月28日アクセス, http://www.cdc.gov/pcd/issues/2014/13_0293.htm. 私たちはStahreによるアルコールに起因する死者数の推計を, 同じ期間の総死者数で割った.

39) George E. Vaillant, *Triumphs of Experience: The Men of the Harvard Grant Study* (Cambridge, MA: Harvard University Press, 2012), pp. 54–55.

40) Ibid., p. 67: これらの若者はハーバード大学の卒業生の中で「『成功した』生活を送る見込みがことさら高い」として選ばれた.

41) Ibid., p. 66.

42) Ibid., p. 54.

43) Ibid., p. 296.

44) Ibid., p. 298. 23パーセントという数字は，濫用者と依存者をまとめたもの．この数字の根拠として私たちはプログラムを継続したインタビュー対象者（242人）を使い，最初にインタビューを受けた人の総数268人は使っていない．

45) Ibid., p. 301.

46) Ibid., pp. 303–7.

47) グラント調査の男性の離婚のうち57パーセントでは，夫婦の少なくとも片方がアル中だった（ibid., p. 358）．アル中が女性より男性のほうが圧倒的に多く（これはたとえばNESARCなどからわかっている）ハーバード卒男性のアルコール濫用者や依存者の割合は23パーセントほどだということを考えると，これは突出した数字だ．またFred Arne Thorberg and Michael Lyvers, "Attachment, Fear of Intimacy and Differentiation of Self among Clients in Substance Disorder Treatment Facilities," *Addictive Behaviors* 31, no. 4（April 2006）: 732–37; およびFrank P. Troise, "The Capacity for Experiencing Intimacy in Wives of Alcoholics or Codependents," *Alcohol Treatment Quarterly* 9, no. 3（October 2008）: 39–55を参照．

48) Vaillant, *Triumphs of Experience*, pp. 321–26.

49) Dave Newhouse, *Old Bears: The Class of 1956 Reaches Its Fiftieth Reunion, Reflecting on the Happy Days and the Unhappy Days*（Berkeley: North Atlantic Books, 2007）.

50) Ibid., pp. 17–31.

51) Ibid., pp. 33–39.

52) Ibid., pp. 290–91.

53) Ibid., pp. 127–28.

54) Ibid., pp. 57 and 316.

55) National Institutes of Health, National Institute on Alcohol Abuse and Alcoholism, *Alcohol Use and Alcohol Use Disorders in the United States: Main Findings from the 2001–2002 National Epidemiologic Survey on Alcohol and Related Conditions*（*NESARC*）, January 2006, "Exhibit 2, National Epidemiologic Survey on Alcohol and Related Conditions（Section 2B）: DSM-IV Alcohol Abuse and Dependence Diagnostic Criteria and Associated Questionnaire Items," pp. 8–9, 2014年11月12日アクセス, http://pubs.niaaa.nih.gov/publications/NESARC_DRM/NESARCDRM.pdf.

56) Philip J. Cook, *Paying the Tab: The Costs and Benefits of Alcohol Control*（Princeton: Princeton University Press, 2007）, p. 210, n. 14.

57) Ibid., p. 71.

58) Ibid., pp. 72–73.

59) Ibid., pp. 103–5 and tables 6.4, 6.5.

60) US Department of the Treasury, Alcohol and Tobacco Tax and Trade Bureau, "Tax and Fee Rates," 2015年4月30日アクセス, www.ttb.govtax_audit/atftaxes.shtml.

61) Urban Institute and the Brookings Institution, Tax Policy Center, "State Alcohol Excise Tax Rates 2014," 2014年12月13日アクセス, http://www.taxpolicycenter.org/taxfacts/displayafact.cfm?Docid=349.

62) Jeanette DeForge, "Ballot Question to Revoke Sales Tax on Alcohol Approved by Massachusetts Voters," *Republican*, November 3, 2010, 2014年12月13日アクセス, http://www.masslive.com/news/index.ssf/2010/11/ballot_question_to_revoke_sale.html; およびDan Ring, "Massachusetts Senate Approves State Sales Tax Increase to 6.25 Percent as Part of $1 Billion Tax Hike," *Republican*, May 20, 2009, 2014年12月13日アクセス, http://www.masslive.com/news/index.ssf/2009/05/massachusetts_senate_approves.html.

63) Mothers against Drunk Driving, "History and Mission Statement," 2015年3月28日アクセス, http://www.madd.orgを参照.

64) "Drunk Driving Statistics," 2014年12月13日アクセス, http://www.alcoholalert.com/drunk-driving-statistics.html. 使った比較時期は1982年から2011年だ. この時期の終わり頃にはしらふの運転手たちはずっと多く運転していた. というのも車両移動距離総数は, 人口よりずっと急速に増えたからだ. だからこれもかれらにとっては, そんなに悪くない安全記録と言えるかもしれない. 人口統計はCouncil of Economic Advisors, Economic Report of the President 2013, p. 365, table B-34, 2014年12月1日アクセス, http://www.whitehouse.gov/sites/default/files/docs/erp2013/full_2013_economic_report_of_the_president.pdfより.

65) US Department of Transportation, National Highway Traffic Safety Administration, "Traffic Safety Facts, 2011: Alcohol Impaired Driving," December 2012, 2015年5月25日アクセス, http://www-nrd.nhtsa.dot.gov/Pubs/811700.pdf.

66) MADD公式ウェブサイトの "Voices of Victims", 2014年12月13日アクセス, http://www.madd.org/drunk-driving/voices-of-victims/を参照.

67) National Institutes of Health, National Institute on Alcohol Abuse and Alcoholism, *Surveillance Report #95 Apparent Per Capita Ethanol Consumption, United States, 1850–2010* (August 2012), table 1, http://pubs.niaaa.nih.gov/publications/Surveillance95/CONS10.htm.

第9章　倒産して儲けを得る

1) George A. Akerlof and Paul M. Romer, "Looting: The Economic Underworld of Bankruptcy for Profit," *Brookings Papers on Economic Activity* 2 (1993): 36. National Commission on Financial Institution Reform, Recovery and Enforcement による別の費用推計は7–11パーセント高かった.

2) James H. Stock and Mark W. Watson, "Forecasting Output and Inflation: The Role of Asset Prices," *Journal of Economic Literature* 41 (2003): 797. ビジネスサイクル (景気循環) の日付についてはNational Bureau of Economic Research, "U.S. Business Cycle Expansions and Contractions," 2015年1月13日アクセス, http://www.nber.org/cycles.html.

3) Akerlof and Romer, "Looting."

4) "tunneling," というコンセプトの使用については, Simon Johnson, Rafael La Porta, Florencio López de Silanes, and Andrei Shleifer, "Tunneling," *American Economic Review* 90, no. 2 (May 2000): 22–27参照.

5) Council of Economic Advisors, *Economic Report of the President* 2013, table B-64, "Year-to-Year Inflation of the Consumer Price Index," 2014年12月1日アクセス, http://www.whitehouse.gov/sites/default/files/docs/erp2013/full_2013_economic_report_of_the_president.pdf.

6) Ibid., table B-73, "Bond Yields and Interest Rates, 1942–2012," column 1.

7) US Department of Labor, Bureau of Labor Statistics, Tables and Calculators by Subject; Unemployment Rates by Month, http://data.bls.gov/pdq/SurveyOutputServlet.

8) Council of Economic Advisors, *Economic Report of the President* 2013, table B-73, column 9.

9) マネーマーケットファンドは1980年度には資産がほぼゼロだった. "The Future of Money Market Funds," September 24, 2012, http://www.winthropcm.com/TheFutureofMoneyMarketFunds.pdfのグラフ参照. このグラフの数字はInvestment Company Instituteの2014 Fact Bookの数字と一致している. このデータは1980年から1984年にかけてのデータは含んでいないけれど, 1990年にはマネーマーケットファンドの資産が4980億ドルに達したことは示している.

http://www.icifactbook.org/fb_data.html. 最終アクセス2015年1月1日.

10) Akerlof and Romer, "Looting," p. 23.

11) Ibid., p. 34. 解決費用の計算は200億ドルから300億ドルという1993年ドルでの数字をいまのドルに換算した.

12) テキサス州のダラスにおけるバブルとその崩壊についての記述はibid., pp. 39–42を参照.

13) Ibid., pp. 23–24.

14) R. Alton Gilbert, "Requiem for Regulation Q: What It Did and Why It Passed Away," *Federal Reserve Bank of St. Louis Review* (February 1986): 22–37. S&Lの金利上限は, 銀行の貯蓄預金に対する規制上の上限よりは少し高かった. 1980年の銀行の金利上限は, だいたい5.25パーセントだった. p. 29, chart 3を参照.

15) Akerlof and Romer, "Looting," p. 24.

16) Garn–St. Germainからの10パーセントについてはCarl Felsenfeld and David L. Glass, *Banking Regulation in the United States*, 3rd ed. (New York: Juris, 2011), pp. 424–25を参照. S&Lが担保として融資を行いたがった各種資産についての10パーセントのいい加減な解釈については "Top Ten U.S. Banking Laws of the 20th Century," 2014年12月1日アクセス, http://www.oswego.edu/~dighe/topten.htmを参照.

17) Akerlof and Romer, "Looting," p. 27. すてきなおまけとして, 開発業者はプロジェクトを創始したことによる「開発手数料」(たとえば2.5パーセント) を要求できる.

18) James E. O'Shea, *The Daisy Chain: How Borrowed Billions Sank a Texas S&L* (New York: Pocket Books, 1991), 特にpp. 29–34. そこで述べられている例では, お金はちがう形で株の購入から吸い出されている.

19) O'Sheaの例では, 開発業者たちは資材をS&L所有者から高値で買い入れたという.

20) Stephen Pizzo, Mary Fricker, and Paul Muolo, *Inside Job: The Looting of America's Savings and Loans* (New York: Harper Perennial, 1991), p. 108.

21) Ibid., p. 14.

22) Akerlof and Romer, "Looting," p. 40, table 11.2. もちろん, ダラスの建設も尻すぼみにはなったが, ヒューストンよりはずっと遅く, その落ち方も穏やかだった.

23) Steve Brown, "Office Market Outlook: Dallas," *National Real Estate Investor News*, June 1982, p. 46.

24) Steve Brown, "City Review: Dallas," *National Real Estate Investor News*, October 1983, p. 127.

25) Steve Brown, "City Review: Dallas," *National Real Estate Investor News*, October 1984, pp. 183 and 192.

26) Steve Brown, "City Review: Dallas," *National Real Estate Investor News*, June 1985, pp. 98–100.

27) Pizzo, Fricker, and Muolo, *Inside Job*.

第10章　マイケル・ミルケンがジャンクボンドを餌に釣り

1) Bryan Burrough and John Helyar, *Barbarians at the Gate: The Fall of RJR Nabisco* (New York: Random House, 2010), Kindle locations 10069–72 out of 11172.

2) ジョンソンはこの乗っ取りで5000万ドル以上を受け取ったと言われる. Bryan Burrough, "RJR Nabisco: An Epilogue," *New York Times*, March 12, 1999, http://www.nytimes.com/1999/03/12/opinion/rjr-nabisco-an-epilogue.html.

3) Graef S. Crystal, *In Search of Excess: The Overcompensation of American Executives* (New

York: W. W. Norton, 1991), 特にpp. 46–47. Jenny Chu, Jonathan Faasse, and P. Raghavendra Rauは, 経営陣が雇ったコンサルタントは（理事会が雇ったコンサルタントに比べて）経営陣報酬の大幅増大をもたらすことを発見している. Chu, Faasse, and Rau, "Do Compensation Consultants Enable Higher CEO Pay? New Evidence from Recent Disclosure Rule Changes" (September 23, 2014), p. 23, 2015年3月27日アクセス, http://papers.ssrn.com/sol3/Papers.cfm?abstract_id=2500054.

4) W. Braddock Hickman, *Corporate Bond Quality and Investor Experience* (Princeton: National Bureau of Economic Research and Princeton University Press, 1958). table 1はp. 10にある.

5) George Anders and Constance Mitchell, "Junk King's Legacy: Milken Sales Pitch on High-Yield Bonds Is Contradicted by Data," *Wall Street Journal*, November 20, 1990, p. A1.

6) Lindley B. Richert, "One Man's Junk Is Another's Bonanza in the Bond Market," *Wall Street Journal*, March 27, 1975.

7) John Locke, *An Essay Concerning Human Understanding*, 30th ed. (London: William Tegg, 1849):「私はできる限り, 己自身を, 言葉をモノと取りちがえることで生じてしまうこうした誤謬から逃れるよう努めてきた」(p. 104).

8) Gary Smith, *Standard Deviations: Flawed Assumptions, Tortured Data, and Other Ways to Lie with Statistics* (New York: Duckworth Overlook, 2014).

9) Jesse Kornbluth, *Highly Confident: The Crime and Punishment of Michael Milken* (New York: William Morrow, 1992), p. 45.

10) Hickman, *Corporate Bond Quality and Investor Experience*, p. 10.

11) Jeremy J. Siegel and Richard H. Thaler, "Anomalies: The Equity Premium Puzzle," *Journal of Economic Perspectives* 11, no. 1 (Winter 1997): 191.

12) United States Federal Deposit Insurance Corporation et al. v. Michael R. Milken et al. (1991), Southern District of New York (January 18), Amended Complaint Class Action, Civ. No. 91-0433 (MP), pp. 70–71.

13) James B. Stewart, *Den of Thieves* (New York: Simon and Schuster, 1992), pp. 521–22; およびBenjamin Stein, *A License to Steal: The Untold Story of Michael Milken and the Conspiracy to Bilk the Nation* (New York: Simon and Schuster, 1992) を参照.

14) Kornbluth, *Highly Confident*, p. 64. 後にドレクセル社は, RJRナビスコ社の買収のため, ものの数時間で50億ドルを調達できた. Burrough and Helyar, *Barbarians at the Gate*, Kindle locations 10069–72.

15) FDIC v. Milken, pp. 146–47.

16) Ibid., pp. 149–50.

17) Stein, *License to Steal*, pp. 89–92.

18) キーティングに対する刑事裁判は, かれが4年半の懲役をすませ, 他の犯罪について自白したことで, 上告で棄却された. D. McFadden, "Charles Keating, 90, Key Figure in '80s Savings and Loan Crisis, Dies," *New York Times*, April 2, 2014, 2015年5月27日アクセス, http://www.nytimes.com/2014/04/02/business/charles-keating-key-figure-in-the-1980s-savings-and-loan-crisis-dies-at-90.html?_r=0. スピーゲルは, 多くの犯罪で起訴されたものの, 7週間にわたる裁判の後に無罪放免となった. Thomas S. Mulligan, "Spiegel Found Not Guilty of Looting S&L," *Los Angeles Times*, December 13, 1994, 2015年5月1日アクセス, http://articles.latimes.com/1994-12-13/news/mn-8437_1_thomas-spiegel. カーは捜査は受けたものの, 起訴はされなかった. Scot J. Paltrow, "Executive Life Seizure: The Costly Comeuppance of Fred Carr," *Los Angeles Times*, April 12, 1991, 2015年5月1日アクセス, http://articles.latimes.com/1991-04-

12/business/fi-342_1_executive-life.

19) この問題は以下の論文で記述されている. Sanford J. Grossman and Oliver D. Hart, "Takeover Bids, the Free-Rider Problem, and the Theory of the Corporation," *Bell Journal of Economics* 11, no. 1 (1980): 42–64.

20) Connie Bruck, *The Predators' Ball: The Inside Story of Drexel Burnham and the Rise of the Junk Bond Raiders* (New York: Penguin Books, 1989), pp. 193–240; Robert J. Cole, "Pantry Pride Revlon Bid Raised by $1.75 a Share," *New York Times*, October 19, 1985, 2015年3月17日アクセス, http://www.nytimes.com/1985/10/19/business/pantry-pride-revlon-bid-raised-by-1.75-a-share.html.

21) Paul Asquith, David W. Mullins Jr., and Eric D. Wolff, "Original Issue High Yield Bonds: Aging Analyses of Defaults, Exchanges and Calls," *Journal of Finance* 44, no. 4 (1989): 924.

22) Bruck, *The Predators' Ball*, p. 76.

23) Asquith, Mullins, and Wolff, "Original Issue High Yield Bonds," p. 929, table 2: 右手列の最初の4つの数字を加重平均したもの.

24) Ibid. 1977年から1980年の新規発行の中でデフォルトしたものの成功した取引件数 (table 7, p. 935では16件) を, 1977年から1980年の新規発行件数 (table 1, p. 928では155件) で割ったもの.

25) Bruck, *The Predators' Ball*, p. 10.

26) Stewart, *Den of Thieves*, p. 243.

27) Kurt Eichenwald, "Wages Even Wall St. Can't Stomach," *New York Times*, April 3, 1989は, ミルケンがアメリカ史上で最高の単年度報酬を得たと主張している.

28) たとえばMichael C. Jensen, "Takeovers: Their Causes and Consequences," *Journal of Economic Perspectives* 2, no. 1 (Winter 1988): 21–48などを参照.

29) このコインの裏面はAndrei Shleifer and Lawrence H. Summers, "Breach of Trust in Hostile Takeovers," in *Corporate Takeovers: Causes and Consequences* ed. Alan J. Auerbach (Chicago: University of Chicago Press, 1988), pp. 33–68で論じられている.

30) Brian Hindo and Moira Herbst, "Personal Best Timeline, 1986: 'Greed Is Good,'" *BusinessWeek*, http://www.bloomberg.com/ss/06/08/personalbest_timeline/source/7.htm.

31) Bruck, *The Predators' Ball*, p. 320.

32) Bruck, *The Predators' Ball*.

33) FDIC v. Milken, pp. 70–71.

34) Alison Leigh Cowan, "F.D.I.C. Backs Deal by Milken," *New York Times*, March 10, 1992.

35) Thomas Piketty, *Capital in the Twenty-First Century* (Cambridge, MA: Harvard University Press, 2014), p. 291, fig. 8.5, and p. 292, fig. 8.6.

36) Andrei Shleifer and Robert W. Vishny, "The Takeover Wave of the 1980s," *Science* 249, no. 4970 (1990): 745–49.

第11章　釣りと戦う英雄たち

1) 2013年について. World Bank, "Life Expectancy at Birth, Male (Years)" および "Life Expectancy at Birth, Female (Years)," 2015年3月29日アクセス, http://data.worldbank.org/indicator/SP.DYN.LE00.MA.IN/countries および http://data.worldbank.org/indicator/SP.DYN.LE 00.FE.IN/countries.

2) Ralph Nader, *Unsafe at Any Speed: The Designed-In Dangers of the American Automobile* (New York: Grossman, 1965).

3) Jad Mouawad and Christopher Drew, "Airline Industry at Its Safest since the Dawn of the Jet Age," *New York Times*, February 11, 2013, http://www.nytimes.com/2013/02/12/business/2012-was-the-safest-year-for-airlines-globally-since-1945.html?pagewanted=all&_r=0.
4) US Food and Drug Administration, "About FDA: Commissioner's Page. Harvey Washington Wiley, MD," http://www.fda.gov/AboutFDA/CommissionersPage/ucm113692.htm. Wileyはこれを，自伝で帝国保健研究所と呼んでいる：Harvey W. Wiley, *An Autobiography* (Indianapolis: Bobbs-Merrill, 1930), p. 150.
5) Stuart Chase and Frederick J. Schlink, *Your Money's Worth: A Study of the Waste of the Consumer's Dollar* (New York: Macmillan, 1927), pp. 4–5.
6) Ibid.
7) US Department of Agriculture, Grain Inspection, Packing, and Stockyard Administration, "Subpart M—United States Standards for Wheat," 2015年5月1日アクセス，http://www.gipsa.usda.gov/fgis/standards/810wheat.pdf.
8) GIPSAのAnthony Goodemanとのインタビュー，January 2015; US Department of Agriculture, Grain Inspection, Packing, and Stockyards Administration, "Explanatory Notes," table 5, "Inspection and Weighing Program Overview," pp. 20–33, 2015年5月1日アクセス，http://www.obpa.usda.gov/exnotes/FY2014/20gipsa2014notes.pdf. どれだけの穀物が検査されているかについて，表には多少のあいまいさがある．というのも特に輸出用のものは2回検査されているかもしれないからだ．
9) GIPSAのAnthony Goodemanとのインタビュー．
10) US Department of Agriculture, Farm Service Administration, "Commodity Operations: United States Warehouse Act," 2015年3月14日アクセス，http://www.fsa.usda.gov/FSA/webapp?area=home&subject=coop&topic=was-ua; *Kansas Statutes Annotated* (2009), chap. 34, "Grain and Forage," article 2, "Inspecting, Sampling, Storing, Weighing and Grading Grain; Terminal and Local Warehouses, 34–228: Warehouseman's License; Application; Financial Statement; Waiver; Qualifications; License Fee; Examination of Warehouse," 2015年5月1日アクセス，http://law.justia.com/codes/kansas/2011/Chapter34/Article2/34-228.html.
11) Underwriters Laboratories, "Our History" および "What We Do," 2015年3月3日アクセス，http://ul.com/aboutul/history/ および http://ul.com/aboutul/what-we-do/.
12) American National Standards Institute, "About ANSI" および "ANSI: Historical Overview," 2015年3月14日アクセス，http://www.ansi.org/about_ansi/overview/overview.aspx?menuid=1 および http://www.ansi.org/about_ansi/introduction/history.aspx?menuid=1.
13) Lawrence B. Glickman, *Buying Power: A History of Consumer Activism in America* (Chicago: University of Chicago Press, 2009), p. 195.
14) Ibid., p. 212.
15) Gwendolyn Bounds, "Meet the Sticklers: New Demands Test Consumer Reports," *Wall Street Journal*, May 5, 2010, 2015年3月14日アクセス，http://www.wsj.com/articles/SB10001424052748703866704575224093017379202#mod=todays_us_personal_journal. この730万という数字は電子購読も含む．
16) Consumer Federation of America, "Membership," 2015年3月14日アクセス，http://www.consumerfed.org/about-cfa/membership.
17) Glickman, *Buying Power*, pp. 31–32とその後，およびp. 69とその後．
18) Florence Kelley, *Notes of Sixty Years: The Autobiography of Florence Kelley*, ed. Kathryn Kish Sklar (Chicago: Illinois Labor History Society, 1986).

19) Glickman, *Buying Power*. pp. 182–83.

20) National Consumers League, "Our Issues: Outrage! End Child Labor in American Tobacco Fields," November 14, 2014, 2015年3月15日アクセス, http://www.nclnet.org/outrage_end_child_labor_in_american_tobacco_fields.

21) *The Guardians, or Society for the Protection of Trade against Swindlers and Sharpers* (おそらくLondon, 1776), https://library.villanova.edu/Find/Record/1027765.

22) David Owen, "The Pay Problem," *New Yorker*, October 12, 2009, 2015年3月12日アクセス, http://www.newyorker.com/magazine/2009/10/12/the-pay-problem; David A. Skeel Jr., "Shaming in Corporate Law," *University of Pennsylvania Law Review* 149, no. 6 (June 2001): 1811–68.

23) Skeel, "Shaming in Corporate Law," p. 1812.

24) National Association of Realtors, "Code of Ethics," 2015年3月15日アクセス, http://www.realtor.org/governance/governing. 16.25ページという数字はワード文書として印刷した場合のもの.

25) M. H. Hoeflich, "Laidlaw v. Organ, Gulian C. Verplanck, and the Shaping of Early Nineteenth Century Contract Law: A Tale of a Case and a Commentary," *University of Illinois Law Review* (Winter 1991): 55–66. またこの判決そのものも参照:Laidlaw v. Organ, 15 U.S. 178, 4 L. Ed. 214, 1817 U.S. LEXIS 396 (Supreme Court 1817).

26) この解釈は当時影響力のある法学者だったVerplanckが「マーシャルが法に道徳を盛り込み損ねたと思っていたわけではなく, この個別の裁判ではかれが事実関係と, 事実の法の問題としてこの隠匿がどこまで詐欺を構成するかについての程度を理解し損ねたと思っていたことによる.『したがって隠蔽は不正直であり詐欺的であった. 結果として, 取引はもし売り手がその執行に異議を唱えたのであれば良心に照らして無効である』」というHoeflichの細かい見方に基づいている (Hoeflich, "Laidlaw v. Organ," p. 62). 詐欺はOrganの主張を無効にしたはずだ. マーシャルの判決における詐欺という用語の役割は,「それぞれの当事者は, 相方に課そうと意図することを何も言わないように注意する」(Laidlaw v. Organ) という言い方に見られる.

27) Sally H. Clarke, "Unmanageable Risks: MacPherson v. Buick and the Emergence of a Mass Consumer Market," *Law and History Review* 23, no. 1 (2005): 1.

28) Ibid., p. 2.

29) MacPherson v. Buick Motor Co., New York Court of Appeals, 2015年3月15日 アクセス, http://www.courts.state.ny.us/reporter/archives/macpherson_buick.htm.

30) US Legal Inc., "U.S. Commercial Code," 2015年3月15日アクセス, http://uniformcommercialcode.uslegal.com/.

31) Ibid.

32) LawInfo, "Legal Resource Library: What Is the U.C.C.?" 2015年3月15日アクセス, http://resources.lawinfo.com/business-law/uniform-commercial-code/does-article-2-treat-merchants-the-same-as-no.html.

33) DealBook, "Goldman Settles with S.E.C. for $550 Million," *New York Times*, July 15, 2010.

34) Knowledge@Wharton, "Goldman Sachs and Abacus 2007-AC1: A Look beyond the Numbers," April 28, 2010, 2015年3月15日アクセス, http://knowledge.wharton.upenn.edu/article/goldman-sachs-and-abacus-2007-ac1-a-look-beyond-the-numbers/.

35) Ibid.

36) US Securities and Exchange Commission, "Goldman Sachs to Pay Record $550 Million to Settle SEC Charges Related to Subprime Mortgage CDO," July 15, 2010, 2015年3月15日ア

クセス, http://www.sec.gov/news/press/2010/2010-123.htm.

37) Christine Harper, "Goldman's Tourre E-Mail Describes 'Frankenstein' Derivatives," Bloomberg Business, April 25, 2010, 2015年3月15日アクセス, http://www.bloomberg.com/news/articles/2010-04-24/-frankenstein-derivatives-described-in-e-mail-by-goldman-s-fabrice-tourre.

38) Justin Baer, Chad Bray, and Jean Eaglesham, "'Fab' Trader Liable in Fraud: Jury Finds Ex-Goldman Employee Tourre Misled Investors in Mortgage Security," *Wall Street Journal*, August 2, 2013, 2015年3月15日アクセス, http://www.wsj.com/articles/SB10001424127887323681904578641843284450004.

39) Nate Raymond and Jonathan Stempel, "Big Fine Imposed on Ex-Goldman Trader Tourre in SEC Case," Reuters, March 12, 2014, 2015年3月15日アクセス, http://www.reuters.com/article/2014/03/12/us-goldmansachs-sec-tourre-idUSBREA2B11220140312.

40) Karen Freifeld, "Fraud Claims Versus Goldman over Abacus CDO Are Dismissed," Reuters, May 14, 2013, 2015年3月15日アクセス. http://www.reuters.com/article/2013/05/14/us-goldman-abacus-idUSBRE94D10120130514.

41) Joshua Bernhardt, *Interstate Commerce Commission: Its History, Activities and Organization* (Baltimore: Johns Hopkins University Press, 1923).

42) Christine Bauer-Ramazani, BU113: Critical Thinking and Communication in Business, "Major U.S. Regulatory Agencies," 2015年3月15日アクセス, http://academics.smcvt.edu/cbauer-ramazani/BU113/fed_agencies.htm.

43) Marver H. Bernstein, *Regulating Business by Independent Commission* (Princeton: Princeton University Press, 1955).

44) George J. Stigler, "The Theory of Economic Regulation," *Bell Journal of Economics and Management Science* 2, no. 1 (1971): 3; Richard A. Posner, "Theories of Economic Regulation," *Bell Journal of Economics and Management Science* 5, no. 2 (1974): 335.

45) 「この論文の中心的な主張は, 一般的に規制は産業によって捕獲され, 主に業界の利益になるよう設計運用されるというものである. 規制される産業にとってまちがいなく面倒となる規制の例はある. 簡単な例としては, その業界の製品に対する重い課税がある (ウィスキー, トランプ). しかしこうした面倒な規制は例外的であり, 有益 (「獲得された」と言ってもいい) な規制と同じ理論で説明がつく」. Stigler, "The Theory of Economic Regulation," p. 3.

46) Daniel Carpenter and David A. Moss, "Introduction," pp. 5–8, およびCarpenter, "Detecting and Measuring Capture," pp. 57–70, in Carpenter and Moss eds., *Preventing Regulatory Capture: Special Interest Influence and How to Limit It* (New York: Cambridge University Press/The Tobin Project, 2014).

47) Carpenter and Moss, "Introduction," p. 9.

48) Ibid., p. 5. Carpenter and Mossは次のように書く. 「決定的な問題は, 捕獲が存在する場合にそれが緩和または防止できるかということだ. 私たちは証拠から見てその答えが『イエス』だと強く示唆されると信じている」. この本の各論文は, 規制緩和することなくさまざまな形で規制捕獲を緩めた成功例を挙げている. 「連邦の通知とコメントにおける地方政府役人の関与, 規制当局と結びついた消費者支援プログラムの創設, 多様で独立した専門家の育成, 機関内であえて悪い面を見るような人々を制度化する, OIRAを拡大して機関の活動だけでなく, 不活動についてもレビューを行う」("Conclusion," p. 453, in Carpenter and Moss, *Preventing Regulatory Capture*). (OIRAというのは情報規制問題局で, 1980年にアメリカ議会によって作られ, 大統領府の一部となっている). この本で検討されている多くの事例の一つが, テキサス公共保険評議会局 (OPIC) で, これ

は1991年に規制当局としてではなく（テキサス保険局とは完全に独立している）規制当局と規制対象業界との交渉における消費者代表となる存在だ．OPICは規制捕獲を防ぐのに何度も成功している．たとえば保険金支払いを，限られた司法レビューのあるものに限ることを保険事業者に認める条項の禁止，消費者に対して拘束力ある仲裁を受け入れるよう要求する一部の法律の禁止などだ．Daniel Schwarcz, "Preventing Capture through Consumer Empowerment Programs: Some Evidence from Insurance Regulation," pp. 365–96, Carpenter and Moss, *Preventing Regulatory Capture* 所収を参照．

49） Benjamin N. Cardozo, "The Altruist in Politics"（就任演説Columbia University, 1889), https://www.gutenberg.org/files/1341/1341-h/1341-h.htm.

結論　自由市場のすばらしい物語を見直そう

1） *American Journal of Psychiatry*は，インターネット中毒が，Diagnostic and Statistical Manual of Mental Disordersに障害として含めることを「検討する余地がある」という編集論説を掲載した．Jerald J. Block, "Issues for DSM-V: Internet Addiction," *American Journal of Psychiatry* 165, no. 3 (2008): 306–7. インターネット中毒は，特に韓国で詳しく研究されている．同国では，高校生が週に平均で23時間をゲームに費やしているのだ．韓国がこの中毒の治療のためカウンセラー1000人を要請し，病院や治療センターの協力を得て，学校に予防プログラムを導入したことは特筆すべきだろう．中国についての推計では，中国における思春期の若者インターネット利用者の13.7パーセントが「インターネット中毒の診察基準を満たす」．

2） たとえばRichard Hofstadter, *The Age of Reform: From Bryan to FDR* (New York: Random House, 1955) を参照．そしてニューディール期についてはWilliam E. Leuchtenburg, *Franklin D. Roosevelt and the New Deal* (New York: Harper and Row, 1963) も参照．

3） David E. Rosenbaum, "The Supreme Court: News Analysis; Presidents May Disagree, but Justices Are Generally Loyal to Them," *New York Times*, April 7, 1994. アイゼンハワー大統領は，Earl Warren（とWilliam J. Brennan Jr.）を指名したのが自分の「最大のまちがい」の1つだと述べている．

4） Social Security Perspectives, "President #6: Richard M. Nixon (1969–1974)," May 8, 2011, http://socialsecurityperspectives.blogspot.com/2011/05/president-6-richard-m-nixon-1969-1974.html.

5） Bruno Boccaraによる最近のすばらしい本が，国民物語を生成してその後政策目標を阻害してしまう精神分析的な力の役割を描いている．Boccara, *Socio-Analytic Dialogue: Incorporating Psychosocial Dynamics into Public Policies* (Lanham, MD: Lexington Books, 2014) を参照．

6） James T. Pattersonは，1974年から2004年をカバーする*Oxford History of the United States* の自分の担当巻で，レーガンが「何度も繰り返し」「政府が解決策ではない．政府は問題の側だ」と述べたと書いている．Patterson, *Restless Giant: The United States from Watergate to Bush v. Gore* (New York: Oxford University Press, 2005), p. 162. この問題について私たちのいちばんのお気に入り発言は，1986年記者会見のものかもしれない．「英語で最も恐ろしいことばは，『私は政府の人間であり，助けにきました』というものだ」．これはほかにもいろいろなバージョンがある．Ray Hennessey, "The 15 Ronald Reagan Quotes Every Business Leader Must Know," 2015年1月16日アクセス，http://www.entrepreneur.com/article/234547.

7） Elizabeth Warren and Amelia Warren Tyagi, *All Your Worth: The Ultimate Lifetime Money Plan* (New York: Simon and Schuster, 2005), p. 26.

8） Stephen Miller, "Income Subject to FICA Payroll Tax Increases in 2015," Society for Human Resource Management, October 23, 2014, 2015年1月16日アクセス，http://www.shrm.

org/hrdisciplines/compensation/articles/pages/fica-social-security-tax-2015.aspx.

9) US Census Bureau, "Historical Poverty Tables—People," table 3, "Poverty Status, by Age, Race, and Hispanic Origin: 1959 to 2013," 2014年12月1日アクセス, https://www.census.gov/hhes/www/poverty/data/historical/people.html.

10) Ke Bin Wu, "Sources of Income for Older Americans, 2012" (Washington, DC: AARP Public Policy Institute, December 2013), p. 4.

11) Ibid., p. 1.

12) 第4章注10を参照.

13) Robert J. Shiller, "Life-Cycle Personal Accounts Proposal for Social Security: An Evaluation of President Bush's Proposal," *Journal of Policy Modeling* 28, no. 4 (2006): 428.

14) Ibid., pp. 428–29.

15) Ibid. シミュレーション結果はtable 2, p. 438以降に示されている.

16) Congressional Budget Office, "Long Term Analysis of a Budget Proposal by Chairman Ryan," April 5, 2011, pp. 2–4, 2014年12月1日アクセス, http://www.cbo.gov/publication/22085. ライアンの計画はまた, メディケイドを州への総額補助金とする. 財政収支均衡は, メディケアとメディケイドの支出削減で実現されるだけでなく, 政府歳入の増額でも実現されるというのだが, どうして増えるのかは明示されない. そのかなり多額の歳入増をもたらすのが, どんな政策変更なのかは不明確だった. この最後の点についてはPaul Krugman, "What's in the Ryan Plan?" *New York Times*, August 16, 2012; および "The Path to Prosperity," Wikipedia, 2014年12月15日アクセス, http://en.wikipedia.org/wiki/The_Path_to_Prosperityを参照.

17) 2013年度予算 (continuing resolution) は14億1751万4000ドルだった. US Securities and Exchange Commission, *FY 2014 Congressional Budget Justification*, p. 16, http://www.sec.gov/about/reports/secfy14congbudgjust.pdf. Budget Request Tables: "FY 2014 Budget Request by Strategic Goal and Program." 2013年1月現在で, 管理している資産は推定49.6兆ドルだ (p. 93).

18) Halah Touryalai, "10 Wall Street Expenses That Make the SEC's Budget Look Pathetic," *Forbes*, February 17, 2011, 2015年1月16日アクセス, http://www.forbes.com/fdc/welcome_mjx.shtml. 同じことがシティグループの広告宣伝費についても言える. それはSECの総予算よりも多いのだ.

19) Vanguard, "See the Difference Low-Cost Mutual Funds Can Make," 2015年1月7日アクセス, https://investor.vanguard.com/mutual-funds/low-cost.

20) Edward Wyatt, "Judge Blocks Citigroup Settlement With S.E.C.," *New York Times*, November 28, 2011, 2015年6月10日アクセス, http://www.nytimes.com/2011/11/29/business/judge-rejects-sec-accord-with-citi.html?pagewanted=all.

21) Jed S. Rakoff, "The Financial Crisis: Why Have No High-Level Executives Been Prosecuted?" *New York Review of Books*, January 9, 2014.

22) Harry Markopolos, *No One Would Listen: A True Financial Thriller* (Hoboken, NJ: Wiley, 2010), Kindle location 587.

23) これはプットオプションを買うことで損失をカットオフすることも含む (プットオプションは, 株価がある「ストライクプライス」以下に下がったときに株を売却できるようにしてくれた). そうしたプットを, コールオプション (これはその買い手が, 株価が「ストライクプライス」より高いときにかれから株を買えるようにする) の売却益で買うことになっていた.

24) Markopolos, *No One Would Listen*, Kindle locations 850–52.

25) David Kotz, *Investigation of Failure of the SEC to Uncover Bernard Madoff's Ponzi Scheme*,

Report of Investigation Case No. OIG-509, United States Securities and Exchange Commission, Office of Inspector General (2011), pp. 61–77, 2015年5月29日アクセス, https://www.sec.gov/news/studies/2009/oig-509.pdf.

26) James B. Stewart, "How They Failed to Catch Madoff," *Fortune*, May 10, 2011. 2015年5月2日アクセス. http://fortune.com/2011/05/10/how-they-failed-to-catch-madoff/.

27) Kotz, *Investigation of Failure of the SEC to Uncover Bernard Madoff's Ponzi Scheme*, p. 249.

28) Ibid., p. 247.

29) Ibid., p. 250. マーコポロスは自分の立場からの会話について赤裸々に述べている. *No One Would Listen*, Kindle locations 2585とその後. またこの問題についてのSuhの証言も参照:Kotz, *Investigation of Failure of the SEC to Uncover Bernard Madoff's Ponzi Scheme*, p. 251.

30) Lorena Mongelli, "The SEC Watchdog Who Missed Madoff," *New York Post*, January 7, 2009.

31) Jeffrey Toobin, "Annals of Law: Money Unlimited: How Chief Justice John Roberts Orchestrated the Citizens United Decision," *New Yorker*, May 21, 2012.

32) Cornell University Law School, Legal Information Institute, "Citizens United v. Federal Election Commission (08–205)," 2015年1月16日アクセス, http://www.law.cornell.edu/supct/cert/08-205. またToobin, "Annals of Law" も参照.

33) Toobin, "Annals of Law"; Oyez, "Citizens United v. Federal Election Commission," 2005年3月18日アクセス, http://www.oyez.org/cases/2000-2009/2008/2008_08_205.

34) Citizens United v. Federal Election Comm'n, 130 S. Ct. 876, 558 U.S. 310, 175 L. Ed. 2d 753 (2010).

35) Ibid.

36) Legal Institute, "Citizens United v. Federal Election Comm'n (No. 08-205)," 2015年6月10日アクセス, https://www.law.cornell.edu/supct/html/08-205.ZX.html.

37) Ibid.

38) Lawrence Lessig, *Republic Lost: How Money Corrupts Congress—And a Plan to Stop It* (New York: Hachette Book Group, 2011), p. 266.

39) Ibid., p. 268.

あとがき:釣り均衡の重要性

1) もちろんこの「一般的な理解」を受け入れていない者もかなりたくさんいる. この点で, 2大古典はThorstein Veblen, *The Theory of the Leisure Class: An Economic Study of the Evolution of Institutions* (New York: Macmillan, 1899), 邦訳ヴェブレン『有閑階級の理論』(新版, 村井章子訳, ちくま学芸文庫, 2016)とJohn Kenneth Galbraith, *The Affluent Society* (Boston: Houghton Mifflin, 1958), 邦訳ガルブレイス『ゆたかな社会』(決定版, 鈴木哲太郎訳, 岩波現代文庫, 2006) だ. もっと最近では, 相補的な2本の論文でJonHansonとDouglas Kysarは経済合理性からの逸脱 (特に行動心理学で描かれたもの) は「操作」されかねないことを指摘している. かれらは法律にとってこれが持つ意味を展開し, たばこ産業にとっての意味合いをことさら詳しく検討している. Hanson and Kysar, "Taking Behavioralism Seriously: The Problem of Market Manipulation," *New York University Law Review* 74, no. 3 (June 1999): 630–749, および "Taking Behavioralism Seriously: Some Evidence of Market Manipulation," *Harvard Law Review* 112, no. 7 (May 1999): 1420–1572.

2) 2008年金融危機を予言したらしい人々の一覧はDirk J. Bezemer, "'No One Saw This Coming': Understanding Financial Crisis through Accounting Models," *Munich Personal RePEc Ar-*

chive Paper 15892 (June 2009): 9, table 1, http://mpra.ub.uni-muenchen.de/15892/1/MPRA_paper_15892.pdfにある．残念ながら，口頭での厳密でない予言を評価するのはむずかしいし，各種予言は，挙げられた理由や危機の起こるタイミングについても大きく開きがある．私たちの1人も2005年にこう書いている．「悪い結果というのは，（バブル後の株式市場や住宅市場で）いずれ生じる下落が，個人破産の大幅な増大をもたらすということかもしれない．これは金融機関の2次的な連鎖破産をもたらしかねない．別の長期的な結果は，消費者と企業の安心感低下であり，別の影響は世界的不況ということもありうる」(p. xiii)．「またバブルの一部は能動的にはっきりと人々をだますように設計されており，多くの人々は意図的に一般投資家の中の考え方のまちがいを収奪するよう試みている．これを効果的にやるとしばしば違法行為が必要となる．でも司法プロセスが遅いことを考えると，こうした手口の下手人たちは，長年にわたりこうした詐術で逃げおおせるだろう．これまた投機バブルのプロセスの一部だ」(p. 76)．Robert J. Shiller, *Irrational Exuberance*, 2nd ed. (Princeton: Princeton University Press, 2005)．邦訳シラー『投機バブル：根拠なき熱狂』．

3) Google Scholarはもはや分野ごとの分類をさせてくれない．でも「経済学」「ファイナンス」という用語を含む論文の数を集計できた．これは2014年12月15日12:22PM ESTには227万本だった．もちろんこの中にはかなりの重複があるはずだ．これはGoogle Scholarが，抽出分野を経済学とファイナンスにしぼらせてくれたときの検索結果についてアカロフが記憶しているものとおおむね一致する．

4) Siddhartha Mukherjee, *The Emperor of All Maladies: A Biography of Cancer* (New York: Simon and Schuster, 2011)．邦訳ムカージー『病の皇帝「がん」に挑む：人類4000年の苦闘』(田中文訳，早川書房，2013)．

5) 引用はリチャード・M・ニクソン大統領の"Remarks on Signing of the National Cancer Act of 1971," December 23, 1971, The American Presidency Project, 2015年1月17日アクセス，http://www.presidency.ucsb.edu/ws/?pid=3275.

6) Mukherjee, *Emperor of All Maladies*, pp. 173–77．邦訳ムカージー『病の皇帝「がん」に挑む』上巻pp. 211–27.

7) Stefano DellaVigna and Ulrike Malmendier, "Contract Design and Self-Control: Theory and Evidence," *Quarterly Journal of Economics* 119, no.2 (May 2004), p. 354.

8) Xavier Gabaix and David Laibson, "Shrouded Attributes, Consumer Myopia, and Information Suppression in Competitive Markets," *Quarterly Journal of Economics* 121, no. 2 (May 2006): 505–40.

9) Robert E. Hall, "The Inkjet Aftermarket: An Economic Analysis" (Nu-kote Internationalを代表して作成，Stanford University, August 8, 1997), p. 2. この割合は，新しいプリンタ販売に対するインクカートリッジの売り上げの概算比率だ．

10) Gabaix and Laibson, "Shrouded Attributes, Consumer Myopia, and Information Suppression in Competitive Markets," p. 506でのHallの引用．

11) Hall, "The Inkjet Aftermarket," pp. 21–22; Gabaix and Laibson, "Shrouded Attributes, Consumer Myopia, and Information Suppression in Competitive Markets," p. 507.

12) Gabaix and LaibsonがSumit AgarwalとJohn C. Driscollと共著した後の論文は，人々のファイナンス能力の差を年齢ごとに検討した．その結果，若者はファイナンス能力に乏しい．経験不足なのだ．高齢者はファイナンス能力に乏しい．判断力を失いつつあるからだ．その間には「理性の年齢」がある．でももちろん，かれらの論文の最大のキモはそんなことではない．最大のキモは，あらゆる年齢で，程度の差こそあれ，人々を収奪しようとする人々の犠牲になる可能性はある，ということだ．これは競争自由市場の一般的な問題ではあるけれど，かれらが示すように，特に高齢者には

大きな問題だ. Agarwal, Driscoll, Gabaix, and Laibson, "The Age of Reason: Financial Decisions over the Life Cycle and Implications for Regulation," *Brookings Papers on Economic Activity* (Fall 2009): 51-101.

13) でももちろん, ライトニングがしゃべれるなら, 2歳児の親ならだれでも知っているように, その嗜好はもはや隠されてなどいなくなるだろう.

14) たとえばRobert J. Shiller, "Do Stock Prices Move Too Much to Be Justified by Subsequent Changes in Dividends?" *American Economic Review* 71, no. 3 (June 1981): 421-36; および John Y. Campbell and Robert J. Shiller, "Cointegration and Tests of Present Value Models," *Journal of Political Economy* 95, no. 5 (October 1987): 1062-88などを参照.

15) J. Bradford De Long, Andrei Shleifer, Lawrence H. Summers, and Robert J. Waldmann, "Noise Trader Risk in Financial Markets," *Journal of Political Economy* 98, no. 4 (August 1990): 703-38.

16) 二種類の人間を想定するファイナンスの他のバージョンでは, 情報のないトレーダーは, たまに緊急の予想外の流動性ニーズを持つ人間で置き換えられる. このため, かれらは, 期待将来収益を度外視して株を売却せざるをえない. 情報のない, あるいはもっとひどい不合理なトレーダーがいるかもしれないことをどうしても受け入れたくないファイナンス経済学者にとっての問題は, これで解決だ.

17) De Long, Shleifer, Summers, and Waldmann, "Noise Trader Risk in Financial Markets"を参照.

18) J. Bradford De Long, Andrei Shleifer, Lawrence H. Summers, and Robert J. Waldmann, "The Size and Incidence of the Losses from Noise Trading," *Journal of Finance* 44, no.3 (1989): 688と690にある, formula 21と25を参照.

19) Gabaix and Laibson, "Shrouded Attributes, Consumer Myopia, and Information Suppression in Competitive Markets," p. 514.

20) 主導的な教科書を書き, 第2次世界大戦後のほとんどの標準経済学の論調を決めたMITの教授は,「顕示選好」こそが消費理論の核心にあると見ていた. そこから導かれた数式について, かれはこう書いている.「この結果の重要性はいくら強調してもしたりない. この単純な数式に, 消費者選択の純粋理論全体の意味ある実証的意味合いのほぼすべてが含まれている」. Samuelson, *Foundations of Economic Analysis* (Cambridge, MA: Harvard University Press, 1947), p. 111. また, この主張の元になった雑誌掲載論文も参照. Samuelson, "Consumption Theory in Terms of Revealed Preference," *Economica*, n.s., 15, no. 60 (November 1948): 243-53. もちろん,「顕示」されるのは消費者の肩の上のサルの嗜好なのだ.